Nacionalidade
e Estrangeiros

Obras do autor:

África, Colonialismo e Socialismo, Seara Nova, 1974
O que foi a Descolonização Portuguesa?, editora Apúl, 1976
Apartheid em Crise, Seara Nova, 1977
27 de Maio: Síndroma de Angola, com a colaboração de João Van Dunem, edição de autor, 1978
Guia do Autarca, Almedina, 2006, 3ª edição
Consórcio, ACE e Outras Figuras, Almedina, 2007
Menores, Almedina, 2009
Custas Processuais, Almedina, 2009, 2ª edição
Execução de Empreitadas de Obras Públicas, Almedina, 2013
Prática Processual Civil, Almedina, 2022, 13ª edição
Atos Notariais do Advogado e do Solicitador, Almedina, 2021, 8ª edição
Contencioso Administrativo, Almedina, 2020, 4ª edição
Responsabilidade dos Gerentes e Administradores, Almedina, 2019, 3ª edição
Cobrança Judicial de Dívidas, Injunções e Respetivas Execuções, Almedina, 2018, 8ª edição
Guia Prático das Assembleias Gerais, Almedina, 2019, 2ª edição
Arrendamento Urbano – Constituição e Extinção, Almedina, 2020, 2ª edição
Nacionalidade e Estrangeiros, Almedina, 2022, 2ª edição

Nacionalidade e Estrangeiros

2022 • 2ª Edição

Edgar Valles
Advogado

ALMEDINA

NACIONALIDADE E ESTRANGEIROS
AUTOR
Edgar Valles
REVISÃO DE TEXTO
Suzana Ramos
EDITOR
EDIÇÕES ALMEDINA, S.A.
Rua Fernandes Tomás, nºs 76-80
3000-167 Coimbra
Tel.: 239 851 904 · Fax: 239 851 901
www.almedina.net · editora@almedina.net
DESIGN DE CAPA
EDIÇÕES ALMEDINA, S.A.
PRÉ-IMPRESSÃO
João Jegundo
IMPRESSÃO E ACABAMENTO
PENTAEDRO, LDA.
Fevereiro, 2022
DEPÓSITO LEGAL
494763/22

ALMEDINA | GRUPOALMEDINA

BIBLIOTECA NACIONAL DE PORTUGAL – CATALOGAÇÃO NA PUBLICAÇÃO

VALES, Edgar, 1953-

Nacionalidade e estrangeiros. – 2ª ed. - (Guias práticos)
ISBN 978-989-40-0319-9

CDU 342

INTRODUÇÃO

«Primeiro estranha-se, depois entranha-se», comentou a Isabel Rebelo, Conservadora do Registo Civil, ao referir-se à matéria de nacionalidade e estrangeiros. A estranheza resulta do facto de ser, de certo modo, uma matéria árida e pouco entusiasmante. Entranha-se pelo interesse que desperta, à medida que nos familiarizamos e conhecemos melhor não só as opções legislativas como, sobretudo, as imensas questões inerentes à resolução de casos concretos. Fernando Pessoa foi o autor do anúncio publicitário da então fracassada tentativa de entrada da *Coca-Cola* em Portugal, sendo o «entranha-se» considerado estranho, quiçá associado a substâncias perigosas.

Não estava no meu horizonte empreender esta obra. Porém, a confidência inicial do João Pedro, da biblioteca das Ordem dos Advogados, que me referiu as muitas solicitações dos utilizadores sobre o tema às quais não conseguia dar resposta, seguido do desafio da Almedina, levou-me a avançar numa tarefa bem mais árdua do que inicialmente previ.

O livro é composto por três partes: a primeira versa sobre nacionalidade, a segunda sobre estrangeiros e a terceira contém notas práticas sobre os conexos procedimentos administrativos e contenciosos.

Sendo matérias com elevada carga ideológica, não resistimos a expressar posições que extravasam o tecnicismo jurídico, nem tão-pouco em inserir informações que espelham a realidade que, muitas vezes, se sobrepõe ao normativo legal.

No final, indicamos bibliografia elementar e insere-se a Lei da Nacionalidade atualizada, de modo que a leitura do livro possa ser acompanhada pela consulta imediata do diploma.

Oxalá esta navegação por mares alterosos tenha resultado.

Parte I
Nacionalidade

Capítulo I
Evolução do Direito da Nacionalidade

1. O CONCEITO DE NACIONALIDADE

O vínculo jurídico que liga um indivíduo ao Estado é habitualmente designado por *nacionalidade* ou *cidadania*. Mas os dois conceitos não se confundem. Enquanto a nacionalidade acentua a ligação da pessoa ao Estado do qual faz parte, delimitando o círculo de pessoas sobre as quais se exerce a soberania, a cidadania tem em vista o conjunto de direitos e deveres que emergem da relação de nacionalidade, numa perspetiva de participação.

2. *JUS SOLI* E *JUS SANGUINIS*

Há duas formas clássicas de atribuição da nacionalidade: a primeira, expressa pela nacionalidade dos pais, é conhecida pela expressão latina *jus sanguinis* (direito de sangue), enquanto a segunda, *jus soli* (direito do solo ou do território), dá relevo ao país onde se nasce. Por vezes, utiliza-se uma combinação dos dois critérios, como acontece na atual Lei da Nacionalidade (Lei 37/81, de 3 de outubro).

3. DAS ORDENAÇÕES FILIPINAS AO CÓDIGO DE SEABRA

É nas Ordenações Filipinas que se encontra o primeiro conjunto de normas que se podem considerar definidoras da nacionalidade portuguesa, com a menção «das pessoas que devem ser havidas por naturaes destes Reinos». Institui-se uma conjugação do *jus soli* com o *jus sanguinis*.

Aqueles que não nasceram no Reino não serão considerados naturais dele, mesmo que morem, residam ou casem com mulheres naturais do Reino e possam aqui ter domicílio e bens, o que consagra a prevalência do *jus soli*.

Porém, os filhos legítimos de pai estrangeiro ou os filhos ilegítimos de mãe portuguesa e de pai estrangeiro não serão tidos como naturais do Reino, ainda que aqui nascidos, a não ser que o pai estrangeiro (ou a mãe estrangeira, se o filho for ilegítimo) tenha domicílio e bens no Reino e nele tivesse vivido durante dez anos.

No século XIX, no período designado por Constitucionalismo Monárquico, foram publicadas três leis importantes (Constituição de 1822, Carta Constitucional de 1826 e Constituição de 1838), que mantêm a conjugação do *jus soli* com o *jus sanguinis*, embora com um ligeiro pendor para o *jus sanguinis*.

O Código Civil de 1867, também conhecido por Código de Seabra, regula, na sua parte inicial, a matéria da nacionalidade, logo a seguir à capacidade. São desde logo originariamente portugueses os filhos de pai português, bem como os ilegítimos de mãe portuguesa (art. 18º, nº 1). São igualmente portugueses os filhos de pai estrangeiro, nascidos em Portugal (a não ser que o pai resida em Portugal ao serviço da sua Nação) e desde que não declarem (por si, sendo maiores ou emancipados e pelos seus legais representantes, sendo menores) que não querem ser portugueses (art. 18º, nº 2). São ainda portugueses os que nascerem em Portugal, filhos de pais incógnitos ou de nacionalidade desconhecida. Reflete-se nestas normas a influência do *jus soli*.

São considerados portugueses os filhos de pai português e os filhos ilegítimos de mãe portuguesa, que, tendo embora nascido no estrangeiro, estabeleçam domicílio em Portugal ou declarem, por si ou pelos seus representantes legais, que querem ser portugueses (art. 18º, nº 3). Reflete-se aqui a influência do *jus sanguinis*.

No que diz respeito à aquisição derivada, os requisitos para a concessão da naturalização são os seguintes: maioridade, um ano de residência em Portugal e capacidade de angariar meios de subsistência. Para os descendentes de sangue português que venham a fixar domicílio em Portugal, é dispensado o requisito de um ano de residência, sendo também eliminado ou reduzido esse prazo nos casos em que o estrangeiro seja casado com uma mulher portuguesa ou tenha feito à Nação – ou seja chamado para fazer – algum serviço relevante.

Quanto à naturalização, a mulher que case com um cidadão português adquire a nacionalidade portuguesa, garantindo-se, assim, a unidade do regime familiar sob a direção do marido.

4. A PRIMEIRA REPÚBLICA

A primeira alteração relevante ao regime instituído pelo Código de Seabra ocorre com o Decreto de 2 de dezembro de 1910, escassos dois meses após a implantação da República.

São aumentados os requisitos para a naturalização, impondo-se ao interessado que tenha cumprido o serviço militar no seu país e esteja liberto de qualquer responsabilidade criminal, elevando-se de um para três anos o prazo mínimo de residência em Portugal.

O Decreto de 2 de dezembro regulou também o conflito de nacionalidades, determinando que um cidadão português que tenha também a nacionalidade de outro Estado, se estiver a viver nesse Estado, não poderá invocar a nacionalidade portuguesa.

O Decreto nº 2355, de 23 de abril de 1916, é sintomático do período histórico em que se vivia, em plena Primeira Guerra Mundial, quando Portugal e a Alemanha se encontravam em campos opostos. O diploma declara a perda da nacionalidade portuguesa de todos os indivíduos nascidos em Portugal filhos de pai alemão após a data de declaração de guerra, anulando-se também as naturalizações concedidas a súbditos alemães antes da declaração do conflito.

Foi durante a Primeira República que se publicou o Código do Registo Civil, de 1911, sendo mais tarde criada a Conservatória dos Registos Centrais, registo central da nacionalidade onde passaram a ficar registadas a aquisição, a perda e a reaquisição da nacionalidade portuguesa, nos casos em que a produção de efeitos de tais factos depende do registo.

Na década de 50 do século passado, foi publicado o Decreto nº 40 980, de 17 de janeiro de 1957, que estabeleceu a presunção *juris tantum* segundo a qual eram portugueses os indivíduos que até essa data beneficiassem continuamente da proteção portuguesa por efeito da sua inscrição consular como portugueses.

4.1. Lei nº 2 098, de 29 de julho de 1959

Ainda que já estivesse prevista a publicação de um novo Código Civil, a Lei nº 2098, de 29 de julho de 1959, estabeleceu um novo regime de nacionalidade que condensou as alterações introduzidas após a publicação do Código de Seabra.

O novo diploma mantém um critério misto, mas no qual se nota o predomínio do *jus soli*. São portugueses os nascidos em Portugal, exceto se o pai (ou a mãe, caso o pai seja apátrida, de nacionalidade desconhecida ou incógnito) se encontrar em Portugal ao serviço do Estado a que pertence. Naquela altura, o território português tinha uma extensão enorme, pois abrangia as chamadas províncias ultramarinas. Bastava nascer numa parcela desse território para se ser nacional, pelo que se adotou o *jus soli*, tal como nos estados do continente americano se privilegiou este critério, na lógica do povoamento e da assimilação.

Note-se que a vigência do Estatuto dos Indígenas, aprovado pelo Decreto--Lei nº 39 666, de 20/05/1954, que conferia aos nativos de Angola, Moçambique e Guiné-Bissau um regime especial no que respeita ao exercício de direitos, não tinha repercussão na Lei da Nacionalidade, pois o regime especial apenas limitava os direitos cívicos sem retirar a nacionalidade. Permitia também aos «indígenas» práticas incompatíveis com a moral dominante.

Aos filhos de cidadãos portugueses que se encontram no estrangeiro ao serviço do Estado português é-lhes atribuída a nacionalidade portuguesa, ou seja, temos aqui o peso do *jus sanguinis*.

No que respeita à filiação, define-se que só a filiação estabelecida de acordo com a lei portuguesa produz efeitos em matéria de nacionalidade.

O diploma de 1959 manteve o casamento e a naturalização como causas de aquisição da nacionalidade. Quanto à naturalização, acrescentou-se como requisito o conhecimento suficiente da língua portuguesa, e, em vez da inexistência de responsabilidade criminal, introduziu-se a necessidade de bom comportamento moral e civil, o que abrangia naturalmente a inexistência de qualquer manifestação de oposição ou discordância em relação à política governamental. Possibilitou-se ao Governo a concessão da nacionalidade portuguesa «às pessoas pertencentes a comunidades que a si próprias atribuem ascendência portuguesa e manifestem vontade de se integrar na ordem política e social nacional».

A Lei nº 2 098 instituiu o mecanismo da oposição à atribuição, aquisição ou reaquisição da nacionalidade portuguesa a exercer nos casos em que, sendo o interessado também nacional de outro Estado, tenha praticado, a favor de um Estado estrangeiro, atos contrários à segurança nacional de Portugal ou crime punido na lei portuguesa com pena maior, exercício de funções públicas ou prestação de serviço militar no estrangeiro e falta de conhecimentos suficientes da língua portuguesa acompanhado de nascimento no estrangeiro de duas gerações de ascendentes imediatos.

O regime legal instituído pela Lei nº 2 098, de 29 de julho, baseou-se no *jus soli*, mas teve em consideração o então ainda incipiente fenómeno da emigração, que se generalizou na década seguinte para França e para outros países da Europa Central e Ocidental.

5. A CONSTITUIÇÃO DE 1976

A 1 de abril de 1976, já em plena democracia, entrou em vigor a nova Constituição, que consagrou a não discriminação entre os filhos nascidos do casamento e os filhos nascidos fora do casamento, instituindo a igualdade entre os sexos e a participação dos cidadãos na vida pública. Estes princípios tiveram repercussão na ainda vigente Lei da Nacionalidade (Lei nº 2 098, de 29 de julho), conduzindo à revogação de algumas das suas normas.

A Revolução do 25 de Abril originou uma transformação profunda na conceção da nacionalidade. De país pluricontinental, Portugal ficou reduzido a Portugal Continental e às Regiões Autónomas da Madeira e dos Açores, com a perda da nacionalidade portuguesa de muitos cidadãos que viviam nas ex-colónias, entretanto tornadas independentes.

6. DECRETO-LEI Nº 308-A/75, DE 24 DE JUNHO

Este diploma definiu as condições de conservação da nacionalidade portuguesa. No Capítulo VIII, dedicamos especial atenção às profundas alterações nas ex-colónias portuguesas.

7. LEI Nº 37/81, DE 3 DE OUTUBRO

A Lei nº 37/81, de 3 de outubro, correspondeu a uma mudança profunda, pondo termo à vigência da Lei nº 2 098. Refletiu os princípios constitucionais em matéria de Direito de Família e deu primazia ao *jus sanguinis*, diminuindo o peso do *jus soli*.

O nascimento em Portugal de um filho de progenitor estrangeiro apenas permite a atribuição da nacionalidade portuguesa se o progenitor residir em Portugal há pelo menos seis anos e se o interessado requerer a nacionalidade. Reconduzido Portugal à sua dimensão europeia, pretende-se evitar a atribuição da nacionalidade a quem não estivesse inserido em Portugal.

A oposição à aquisição da nacionalidade portuguesa deixou de existir no que diz respeito à atribuição. Relativamente à aquisição, os estrangeiros que se casem com um português, assim como os filhos menores de quem se torne português, adquirem, por simples declaração, a nacionalidade portuguesa.

Quanto à naturalização, foi aumentado de três para seis anos o prazo de residência necessária em Portugal para a aquisição da nacionalidade portuguesa.

Relativamente à perda da nacionalidade, foram suprimidas causas anteriormente previstas, como a aquisição de nacionalidade estrangeira, a aceitação de funções públicas ou a prestação de serviço militar não autorizado no estrangeiro, prática de crime contra a Segurança do Estado ou o comportamento como estrangeiro, para ser admitida apenas a perda da nacionalidade por efeito da renúncia e, ainda assim, desde que o renunciante possua outra nacionalidade.

A Lei da Nacionalidade de 1981 passou a admitir a dupla nacionalidade. A nacionalidade portuguesa deixou de ser considerada exclusiva, equivalente à lealdade para com Portugal e, de acordo com o princípio da universalidade, admitiu-se o vínculo a outros países.

A Lei nº 37/81, de 3 de outubro, ainda se mantém em vigor, tendo sofrido várias alterações, a última das quais ocorreu com a Lei Orgânica nº 2/2020, de 10 de novembro.

7.1. Alteração de 1994

A primeira modificação registou-se com a Lei nº 25/94, de 19 de agosto, que introduziu as seguintes alterações:

a) Na redação inicial da Lei nº 37/81, os indivíduos nascidos em território português, filhos de estrangeiros que aí residissem habitualmente há pelo menos seis anos e não estivessem ao serviço do respetivo Estado, podiam adquirir a nacionalidade portuguesa. Com a alteração, o progenitor passou a ter de ser titular de autorização de residência há pelo menos seis anos, tratando-se de cidadãos de países de língua oficial portuguesa ou de outros países, e desde que não se encontrem ao serviço do respetivo Estado.

b) Na redação inicial da Lei nº 37/81, o estrangeiro casado com nacional português podia adquirir a nacionalidade portuguesa logo após o casamento, sem dependência de prazo, enquanto a alteração passou a impor o prazo de três anos, a contar do casamento.

c) Na redação inicial da lei, os estrangeiros que residissem há seis anos em território português e preenchessem os demais requisitos podiam adquirir por naturalização a nacionalidade portuguesa, enquanto a alteração passou a exigir título válido de residência, há pelo menos seis ou dez anos, consoante se trate, respetivamente, de cidadãos dos países de língua oficial portuguesa ou de outros países, passando também a impor a existência de ligação efetiva à comunidade nacional.

Estas alterações profundas ocorreram no período de governação de Cavaco Silva, visando restringir ao máximo a chegada de imigrantes, numa altura de acentuada expansão, havendo ainda muita imigração ilegal, que, inclusivamente, dera lugar a um processo de regularização extraordinária em 1992.

Por outro lado, o escândalo dos casamentos brancos ou de conveniência de jogadores de futebol e de outras pessoas, destinados apenas à aquisição da nacionalidade portuguesa, originou a necessidade de moralização, com um período de «carência» de três anos.

7.2. Alteração de 2006

Entretanto, caiu o governo de Cavaco Silva, dando lugar à governação de António Guterres. As associações de imigrantes tinham constituído uma forte base de apoio do Partido Socialista (PS), principalmente na Área Metropolitana de Lisboa, sendo incluídas no programa eleitoral do PS algumas das suas reivindicações, gerando-se compromissos que não foram alheios às grandes alterações introduzidas pela Lei Orgânica nº 2/2006, de 17 de abril. Note-se também a visão profundamente humanista do dirigente socialista, que ocuparia, mais tarde, a função de Alto Comissário das Nações Unidas para os Refugiados, sendo atualmente Secretário-geral da ONU.

De entre as principais alterações introduzidas pela Lei Orgânica, que modificaram substancialmente os regimes da atribuição e da aquisição da nacionalidade portuguesa, constam:

a) O relevo assumido pelo reforço do princípio do *jus soli*, concretizando o objetivo assumido pelo Programa do Governo, do reconhecimento de um estatuto de cidadania a quem tem fortes laços com Portugal.
b) Atribuição da nacionalidade portuguesa de origem aos nascidos no território português, filhos de estrangeiros, se pelo menos um dos progenitores aqui também tiver nascido e aqui tiver residência, independentemente de título, ao tempo do nascimento do filho, bem como aos nascidos no território português, filhos de estrangeiros que não se encontrem ao serviço do respetivo Estado, se declararem que querem ser portugueses, desde que, no momento, um dos progenitores aqui resida legalmente há, pelo menos, cinco anos.
c) Previsão da aquisição da nacionalidade em caso de união de facto, após reconhecimento desta situação em ação cível.
d) No domínio das naturalizações, foi consagrado um direito subjetivo a esta forma de aquisição por parte dos menores nascidos em território português, filhos de estrangeiros, se, no momento do pedido, um dos proge-

nitores aqui residir legalmente há cinco anos ou se o menor aqui tiver concluído o primeiro ciclo do ensino básico.

e) Foi introduzido um novo conceito de residência legal, abrangendo, além das autorizações de residência, qualquer título válido.

No domínio da simplificação dos procedimentos, os autos de declaração para fins de atribuição, aquisição e perda de nacionalidade tornaram-se facultativos, sendo criados meios alternativos para que os interessados possam remeter as suas declarações diretamente para a Conservatória dos Registos Centrais. Esta inovação teve grande repercussão, pois facilitou a vida dos emigrantes portugueses que passaram a dispor da possibilidade de requerer atos de nacionalidade sem terem de se deslocar a Portugal.

Quanto à eliminação de atos inúteis, transformaram-se os registos de nacionalidade em registos de mero averbamento, eliminando-se a publicação no Diário da República do despacho de concessão de nacionalidade portuguesa, por naturalização.

Finalmente, registe-se o facto de os interessados terem ficado dispensados de apresentar certidões e outros documentos que a administração já disponha ou possam ser oficiosamente obtidos aquando dos pedidos de atribuição, aquisição e perda de nacionalidade.

Em matéria de contencioso da nacionalidade, a competência foi transferida para os tribunais administrativos e fiscais, tendo também sido introduzidas novas regras quanto à tramitação dos processos e no que respeita à impugnação das decisões do conservador dos Registos Centrais.

7.3. Alteração de 2013

A quinta alteração à Lei nº 37/81 foi conferida pela Lei Orgânica nº 1/2013, de 29 de julho, que criou um regime especial para os judeus sefarditas, que ainda se mantém (ver Capítulo VII).

7.4. Alteração de 2015

A sexta alteração foi introduzida pela Lei 8/2015, de 22 de junho, que aditou um novo requisito à aquisição por naturalização: «Não constituam perigo ou ameaça para a segurança ou a defesa nacional, pelo seu envolvimento em atividades relacionadas com a prática do terrorismo, nos termos da respetiva lei.»

7.5. Alteração de 2018

A 25 de julho, foi publicada a Lei Orgânica nº 2/2018, com importantes alterações, alargando o acesso à nacionalidade originária e à naturalização das pessoas nascidas em território português.

7.5.1. Atribuição de nacionalidade

No que respeita à atribuição da nacionalidade, a redação da al. f) do nº 1 do art. 1º foi alterada, no sentido de ser reduzido o tempo de residência legal do progenitor em Portugal de cinco para dois anos, de tal modo que são portugueses de origem os indivíduos nascidos no território português, filhos de estrangeiros que não se encontrem ao serviço do respetivo Estado, que não declarem não querer ser portugueses, desde que, no momento do nascimento, um dos progenitores aqui resida legalmente há pelo menos dois anos.

Na sequência desta alteração, foi acrescentado o nº 4, que refere que a prova da residência legal referida na alínea f) do nº 1 se faz mediante a exibição do documento competente de identificação do pai ou da mãe no momento do registo, que demonstre essa residência legal.

Deste modo, o progenitor que reside em território português, há pelo menos dois anos, deve exibir o respetivo documento de identificação no momento do registo, sob pena de, não o fazendo nesse momento, ficar prejudicada a possibilidade de, nos termos da alínea f), se requerer a atribuição de nacionalidade portuguesa.

7.5.2. Adoção

No que respeita à aquisição da nacionalidade por efeito da adoção, o art. 5º também sofreu alterações, preceituando agora que o adotado por nacional português adquire a nacionalidade portuguesa (na anterior redação, fazia-se referência à adoção plena, que foi suprimida em 2015).

Em consonância com esta alteração, o art. 29º dispõe agora que os adotados por nacional português, antes da entrada em vigor da presente lei, podem adquirir a nacionalidade portuguesa mediante declaração expressa de vontade.

7.5.3. Naturalização

No âmbito da aquisição da nacionalidade por naturalização, o art. 6º também foi objeto de várias alterações. Assim, quanto à aquisição da nacionalidade por naturalização foi reduzido o período mínimo de residência legal em território português de seis para cinco anos, nos termos da al. b) do nº 1 do art. 6º.

Por outro lado, a al. c) do nº 1 já não exige a não condenação por crime com moldura penal de pena de prisão de máximo igual ou superior a três anos, mas sim que o estrangeiro não tenha sido condenado, com trânsito em julgado, numa pena de prisão concreta igual ou superior a três anos.

Quanto aos menores, nascidos no território português, filhos de estrangeiros, o nº 2, na sua atual redação, passou a exigir além dos requisitos das alíneas c) e d) do nº 1 (conhecimento suficiente da língua portuguesa e ausência de condenação, com trânsito em julgado, com pena de prisão igual ou superior a três anos), também o da alínea e), ou seja, não constituir perigo ou ameaça para a segurança ou defesa nacional, pelo seu envolvimento em atividades relacionadas com a prática de terrorismo.

Todavia, é ainda necessário que um dos progenitores aqui tenha residência, independentemente de título, pelo menos durante os cinco anos imediatamente anteriores ao pedido (na anterior redação exigia-se que um dos progenitores residisse, legalmente, há pelo menos cinco anos), o que significa que, para este fim, a lei já não exige a residência legal nos cinco anos imediatamente anteriores ao pedido.

Em alternativa, a al. b) do nº 2) prevê a possibilidade de o menor ter concluído em Portugal, pelo menos, um ciclo do ensino básico ou o ensino secundário, ao passo que, na anterior redação, apenas contava a conclusão do 1º clico do ensino básico.

O nº 3 do art. 6º passou também a prever a possibilidade de conceder a nacionalidade portuguesa, por naturalização, a crianças ou jovens com menos de 18 anos, acolhidos em instituição pública, cooperativa, social ou privada, com acordo de cooperação com o Estado, na sequência de medida de promoção e proteção definitiva aplicada em processo de promoção e proteção, independentemente da residência dos progenitores e da conclusão ou não de um ciclo do ensino básico ou secundário.

O nº 5 preceitua que o Governo concede a nacionalidade, por naturalização, com dispensa do requisito estabelecido na alínea b) do nº 1 aos indivíduos que, cumulativamente (i), tenham nascido em território português (ii), sejam filhos de estrangeiros que aqui tivessem residência, independentemente de título, ao tempo do seu nascimento e (iii) aqui residam, independentemente de título, há pelo menos cinco anos.

Os nº 6 e 7 mantiveram a sua redação. Porém, foram acrescentados os nº 8, 9 e 10.

Dispõe o novo nº 8 que o Governo pode conceder a nacionalidade, por naturalização, com dispensa do requisito estabelecido na alínea b) do nº 1, aos indivíduos que sejam ascendentes de cidadãos portugueses originários, aqui tenham residência, independentemente de título, há pelo menos cinco anos imediatamente anteriores ao pedido e desde que a ascendência tenha sido estabelecida no momento do nascimento do cidadão português. Já o nº 9 estabelece que o conhecimento da língua portuguesa referido na alínea c) do nº 1 presume-se existir para os requerentes que sejam naturais e nacionais de países de língua oficial portuguesa.

Por fim, o nº 10 refere que a prova da inexistência de condenação, com trânsito em julgado da sentença, com pena de prisão igual ou superior a três anos referida na alínea d) do nº 1, se faz mediante a exibição de certificados de registo criminal emitidos (i) pelos serviços competentes portugueses e/ou (ii) pelos serviços competentes do país do nascimento, do país da nacionalidade e dos países onde tenha tido residência, desde que neles tenha residido após completar a idade de imputabilidade penal.

7.5.4. Oposição à nacionalidade

O art. 9º também foi objeto de alteração; no entanto, no que diz respeito ao nº 1, trata-se apenas de uma mera adaptação em conformidade com a alteração efetuada ao requisito da al. d) do nº 1 do art. 6º, de tal forma que constitui fundamento de oposição à aquisição da nacionalidade portuguesa por efeito da vontade a condenação, com trânsito em julgado da sentença, com pena de prisão igual ou superior a três anos (e já não a pena abstratamente aplicável).

O nº 2, por outro lado, prevê que a oposição à aquisição de nacionalidade com fundamento na inexistência de efetiva ligação à comunidade nacional se aplica às situações de aquisição de nacionalidade em caso de casamento ou de união de facto quando existam filhos comuns do casal com nacionalidade portuguesa.

Considerou, assim, o legislador que o vínculo estável e durador baseado no casamento ou na união de facto do qual resultem filhos com nacionalidade portuguesa constitui prova bastante da efetiva ligação à comunidade nacional, devendo ser relevado para efeitos de aquisição da nacionalidade.

7.5.5. Atividade administrativa

O art. 12º-A foi aditado pela Lei Orgânica nº 2/2018 e prevê a nulidade do ato que determine a atribuição, aquisição ou perda da nacionalidade portuguesa com fundamento em documentos falsos ou certificativos de factos inverídicos ou inexistentes, ou ainda em falsas declarações.

Esta nulidade administrativa terá, porém, de ser declarada pelo autor do ato através de despacho de declaração de nulidade, com o respeito e cumprimento pelos restantes princípios da atividade administrativa, designadamente, o interessado terá o direito de se pronunciar sobre o projeto de decisão (audiência prévia, conforme arts. 161º e seguintes do Código do Procedimento Administrativo).

Foi também aditado o art. 12º-B que prevê uma consolidação da nacionalidade.

Assim, a titularidade de boa-fé de nacionalidade portuguesa originária ou adquirida durante, pelo menos, 10 anos é causa de consolidação da nacionalidade, ainda que o ato ou o facto do qual resulte a sua atribuição ou aquisição seja impugnado.

Nos casos de atribuição da nacionalidade (ao abrigo do art. 1º), este prazo conta-se a partir da data do registo de nascimento – se a identificação como cidadão português tiver na sua origem o respetivo registo – ou a partir da data da emissão do primeiro documento de identificação como cidadão nacional, se a identificação como cidadão português derivar do documento emitido.

Nos casos de aquisição de nacionalidade (art. 2º e segs.), o prazo conta-se da seguinte forma:

a) No caso de aquisição pela adoção ou naturalização, conta-se a partir da data do registo da nacionalidade.
b) Nos casos de aquisição por efeito da lei, conta-se a partir da data do facto do qual dependa a aquisição.
c) Nos demais casos, conta-se a partir da data de emissão do primeiro documento de identificação. Esta disposição é ainda aplicável aos processos pendentes à data da entrada em vigor da presente lei, por força do disposto no nº 1 do art. 5º da Lei Orgânica nº 2/2018.

Registe-se, no entanto, que um dos requisitos é a titularidade da nacionalidade de boa-fé. O art. 15º também sofreu um aditamento, esclarecendo o seu nº 3 que para os efeitos de contagem de prazos de residência legal previstos na Lei da Nacionalidade considera-se a soma de todos os períodos de residência legal em território nacional, seguidos ou intervalados, desde que os mesmos tenham decorrido num intervalo máximo de 15 anos.

O nº 4, em conformidade com a possibilidade de aquisição de nacionalidade prevista no nº 3 do art. 6º, estabelece que se consideram como residindo legalmente no território português as crianças e os jovens filhos de estrangeiros e acolhidos numa instituição pública, cooperativa, social ou privada, com acordo de cooperação com o Estado, na sequência de um processo de promoção e de proteção.

Por último, foi alterado o art. 30º, esclarecendo agora o seu nº 1: a mulher que, nos termos da Lei nº 2098, de 29 de julho de 1959, e legislação precedente, tenha perdido a nacionalidade portuguesa por efeito do casamento, adquire-a 1) desde que não tenha sido lavrado o registo definitivo da perda da nacionalidade, exceto se declarar que não quer adquirir a nacionalidade portuguesa ou 2) mediante declaração, quando tenha sido lavrado o registo definitivo da perda da nacionalidade.

O nº 2 prevê que, sem prejuízo da validade das relações jurídicas anteriormente estabelecidas com base noutra nacionalidade, a aquisição da nacionalidade portuguesa nos termos do nº 1 produz efeitos desde a data do casamento, independentemente da data em que o facto ingressou no registo civil português.

A redação dada ao art. 30º pela Lei Orgânica nº 2/2018 é aplicável aos processos pendentes à data da entrada em vigor da mesma.

7.5.6. Alteração de 2020

Em 2019, a Assembleia da República iniciou novo processo de alterações, que culminou na Lei Orgânica nº 2/2020, de 10 de novembro.

Os netos de portugueses originários, nascidos em território português ou no estrangeiro, que declarem querer ser portugueses, terão apenas de provar os laços de efetiva ligação à comunidade nacional, bastando para tal o conhecimento suficiente da língua portuguesa. Acresce que não podem ter sido condenados a pena de prisão igual ou superior a três anos e não podem constituir perigo ou ameaça para a segurança ou defesa nacional.

Passam a ser titulares de nacionalidade portuguesa, à nascença, os filhos de imigrantes que residam em Portugal há pelo menos um ano, ainda que sem residência legal, ou então que tenham um dos progenitores a residir legalmente no território português. Esta atribuição de nacionalidade só não acontecerá se os pais declararem que se encontram em Portugal ao serviço do respetivo Estado ou se declararem no Registo Civil que não querem a nacionalidade portuguesa para os seus filhos.

É também concedida a nacionalidade por naturalização aos menores, nascidos em Portugal, filhos de pais estrangeiros desde que, no momento do pedido, um deles resida em Portugal há pelo menos cinco anos, ainda que sem residência legal, ou que um dos pais tenha residência legal em território nacional. É ainda possível ser atribuída a nacionalidade a menores que tenham frequentado, pelo menos, um ano da educação pré-escolar, ensino básico, secundário ou profissional em Portugal. Para os menores com mais de 16 anos de idade não pode ter havido condenação em pena de prisão igual ou superior a três anos, nem existir perigo ou ameaça para a segurança ou defesa nacional.

O pedido de nacionalidade com fundamento no casamento ou na união de facto que decorra há pelo menos seis anos não necessita de prova de existência de ligação efetiva à comunidade nacional.

O diploma permite também a concessão da nacionalidade por naturalização aos cidadãos que nasceram nas ex-colónias e que residiam em Portugal há menos de cinco anos quando se deu o 25 de Abril de 1974, desde que, após a perda da nacionalidade portuguesa, não tenham estado ao serviço do respetivo Estado e tenham permanecido e permaneçam em Portugal, independentemente de título; e aos descendentes de judeus sefarditas portugueses que comprovem objetivamente a sua ligação a Portugal.

8. DA CIDADANIA EUROPEIA

A nacionalidade portuguesa deixou de abranger muitos cidadãos com a descolonização. No entanto, surgiu um novo conceito para os portugueses: cidadania europeia. Enquanto Estado-membro da União Europeia (EU), Portugal está integrado num espaço não apenas económico como também político e europeu, do qual emergem direitos e deveres.

Alessandra Silveira, no seu trabalho «Cidadania de Direitos e Comunidade Política Europeia (Sobre a Cidadania Europeia que se move dos tribunais para a arena política)», salienta a propósito:

> «Na medida em que não implica a existência de um povo europeu, a cidadania europeia procederia conceitualmente de uma decomposição de nacionalidade». Como alguém já observou – lembra Poiares Maduro referindo-se a Joseph Weiler (1999, p. 344) –, o caráter radicalmente inovador do conceito de cidadania europeia reside no facto de «a União pertencer e ser composta por cidadãos que, por definição, não partilham a mesma nacionalidade». Desta forma, este vínculo com a nacionalidade dos diferentes Estados-Membros, confirma a existência de uma cidadania que não é limitada por uma dada nacionalidade e constitui a base de um estado político do qual emergem direitos e deveres que são fixados pelo direito da União e não dependem do Estado (Barnard, 2007, p. 458).»
>
> («Contencioso da Nacionalidade», e-book, Centro de Estudos Judiciários, 2ª edição).

A cidadania europeia não serve apenas para permitir a liberdade de circulação entre os cidadãos dos vários estados. Corresponde também a um conjunto de direitos e de deveres fundamentais, com o alargamento das competências da União Europeia em matérias outrora reservadas aos estados. Daqui decorre o facto de o nacional português ser também cidadão pleno da União Europeia.

No caso do direito europeu de proteção diplomática, o cidadão da União não representado no país terceiro goza do direito de exigir proteção diplomática a qualquer Estado-membro em condições idênticas à dos nacionais desse Estado. Significa isto que o Estado-membro escolhido para exercer a proteção diplomática pelo nacional de outro Estado-membro é obrigado a garantir essa proteção como se fosse um nacional seu.

O princípio da não discriminação conjugado conjugado com o direito de proteção diplomática são um reflexo do conceito de solidariedade do povo europeu e identidade da União. O incumprimento faz incorrer o Estado membro em responsabilidade.

9. DUPLA NACIONALIDADE

A maioria dos países da União Europeia admite a dupla cidadania.

A Alemanha é exceção; quem pretender adquirir a nacionalidade alemã, tem de renunciar à de origem, exceto se esta for de outro país da União Europeia ou da Suíça e filhos e netos de imigrantes.

Portugal admite sem reservas a possibilidade de um cidadão adquirir duas ou mais nacionalidades. Porém, de acordo com o definido na Convenção de Viena sobre Relações Consulares, de 24/04/1963, a assistência consular a ser prestada a cidadãos com dupla nacionalidade, quando estiverem em país do qual também são nacionais, poderá ser limitada. Deste modo, um cidadão português que, por exemplo, esteja em Moçambique e seja também nacional deste país, não pode invocar perante as autoridades moçambicanas que é português e que goza de proteção consular.

10. PORTUGAL: FORTALEZA OU PORTA ABERTA?

Deverá Portugal ser uma porta aberta, uma espécie de porto-franco ao fluxo de estrangeiros ou, pelo contrário, uma espécie de «bunker», fortaleza inexpugnável onde os imigrantes não possam entrar e permanecer ou, pelo menos, tenham muita dificuldade em fazê-lo?

Há quem defenda acerrimamente a primeira posição, sobretudo na esquerda portuguesa. Fazem-no convictamente, em nome dos princípios da solidariedade e do internacionalismo, da necessidade de ajudar os mais desfavorecidos, possibilitando-lhes o acesso a uma vida melhor, que a Europa permite. Para muitos destes defensores, nem deveria haver controlo de passaportes à entrada nem restrições ao acesso à nacionalidade portuguesa.

Para outros, uma pequena minoria, os estrangeiros trazem consigo toda a sorte de perigos, quer ao nível do terrorismo, quer de religiões fundamentalistas que se afastam do cristianismo, prejudicando também a empregabilidade de quem cá está.

A primeira posição é, além de idealista, utópica. Se Portugal fosse uma porta aberta, não haveria política económica que valesse. É completamente diferente planear e estruturar medidas para uma população de 10 milhões de habitantes do que para uma população três vezes superior. Um dos maiores flagelos de um país que alcançou uma grande projeção internacional, mas que não consegue resolver o problema da pobreza – a Índia – reside na enorme população que alberga. Enquanto a China, através de uma política de natalidade com foros de crueldade e baseada no princípio «uma família, um filho», conseguiu proporcionar um nível de vida razoável aos seus cidadãos, a Índia permanece com problemas aparentemente insolúveis, devido ao fator demográfico.

Por outro lado, Portugal está integrado no espaço comunitário, devendo, pelos seus compromissos internacionais, adotar princípios e em alguns casos regras comuns no que respeita à entrada e à permanência de estrangeiros, direito de asilo e aquisição de nacionalidade. Não se pode ter sol na eira e chuva no nabal, pretender beneficiar do que é bom, como os generosos subsídios e apoios e, noutros campos, recusar aquilo com que não se concorda, adotando uma política divergente no âmbito do que se deve pautar pela uniformidade.

No que respeita à entrada e à permanência de estrangeiros, os próprios países do chamado Terceiro Mundo não se coíbem de erigir barreiras que seriam consideradas antidemocráticas na Europa. Por exemplo, clama-se contra as restrições às ondas migratórias do norte de África, contra a desumanidade dos campos de refugiados no sul de Itália e na Grécia, mas países árabes como o Koweit, a Arábia Saudita e outros impedem a entrada dos muçulmanos refugiados, tal como, aliás, sucede com a Rússia, a China e uma larga maioria. Por que razão o clamor universal dos direitos humanos não se estende a tais países com políticas restritivas?

Quanto às ex-colónias, os seus povos adquiriram a independência. Têm nas mãos os seus destinos. Quase todos possuem recursos naturais invejáveis, são muito mais ricos do que Portugal, como é o caso de Angola e de Moçambique. Em tais circunstâncias, os dirigentes devem proporcionar aos seus habitantes condições de vida condignas, em vez de os empurrar para o país que consideram o causador dos seus males e de se apoderarem das riquezas, como o «Luanda Leaks» revelou.

Portugal é hoje um dos países mais generosos do mundo em termos de entrada e de permanência de estrangeiros, bem como relativamente à aquisição de nacionalidade. O imigrante ilegal é premiado, apesar da conduta violadora do ordenamento jurídico e, com alguma facilidade, adquire a nacionalidade portuguesa. Por isso, é tempo de não prosseguir a onda de facilitismo.

Por outro lado, a conceção isolacionista esquece que os próprios portugueses são um povo com fortes tradições de emigração, partindo para todos os cantos do mundo. É certo que a Europa está envelhecida – chavão que corresponde à realidade –, precisa de sangue novo. Por isso, Portugal deve receber de braços abertos aqueles que fazem falta e podem contribuir para o progresso do país. Entre a fortaleza e a porta aberta, a virtude estará no meio.

11. PROCESSOS DE CONCESSÃO DE NACIONALIDADE

Portugal foi em 2020 o terceiro país da União Europeia com maior percentagem de pessoas a conseguirem adquirir a cidadania nacional em proporção com o número total de residentes estrangeiros em cada país. De acordo com os dados divulgados em março de 2021 pelo Eurostat, Portugal fica bem acima da média da União Europeia no que respeita a este indicador.

Assim, em Portugal, cerca de 4,4% dos residentes estrangeiros obtiveram a nacionalidade portuguesa em 2020 , percentagem que supera a de 2,0% registada na globalidade da União Europeia. Com uma taxa de concessão superior a Portugal apenas existem a Suécia (7,0%) e a Roménia (4,7%).

No entanto, os prazos de tramitação dos processos de concessão da nacionalidade portuguesa chegam a ultrapassar dez vezes os períodos legais defindos por lei. A demora na instrução destes processos foi assumida pelo Ministério da Justiça, que em janeiro de 2022 atribuiu o não cumprimento dos prazos ao "exponencial aumento do número de pedidos de nacionalidade entrados nos serviços do Instituto dos Registos e Notariado" nos últimos anos. Passou de 100 mil, até 2016, para os 160 mil a partir de 2017.

Em 2021, e apesar da pandemia, a média de novos processos foi de "aproximadamente 11 mil" por mês, justificou a ministra Francisca Van Dunem, em dados enviados à Assembleia da República em resposta ao parlamentar comunista António Filipe. O deputado questionou a tutela sobre o atraso nos prazos para a tramitação dos pedidos de nacionalidade que, apesar de estarem expressamente previstos na lei, são largamente ultrapassados.

Segundo os prazos publicitados no site do Instituto de Registos e Notariado (IRN), o pedido de nacionalidade para adultos deve prever, atualmente, "entre 24 a 29 meses desde a entrega do pedido até ao registo final da nacionalidade", isto para os pedidos que "apresentam desde logo todos os documentos necessários e o requerimento corretamente preenchido".

Na mesma informação é acrescentado que decorrem "cerca de nove a 11 meses de preparação entre a entrega do pedido e o início da análise". Prazos muito para lá – dez, onze vezes mais – daqueles que estão estabelecidos no Regulamento da Nacionalidade Portuguesa, que define os períodos para a tramitação e decisão destes processos, e que determina que a conservatória dos registos centrais "analisa sumariamente o processo" no prazo de "30 dias contados a partir da data de receção das declarações", notificando então o interessado para suprir, no prazo de 20 dias, deficiências que tenham sido detetadas.

Passando à fase seguinte, a "análise e as respetivas diligências têm uma duração normal de nove a 12 meses", isto quando o citado regulamento estabelece um prazo de 60 dias, acrescido de 30 para resposta do visado caso a decisão seja pelo indeferimento. "A decisão e o registo final ocorrem seis a oito meses após finalizar a análise", adianta ainda o Instituto de Registos e Notariado, sublinhando novamente que estes são os prazos que se aplicam quando tudo corre bem – os "prazos serão mais longos se o processo não estiver completo e correto desde o início e for necessário pedir documentação complementar".

Na resposta enviada à Assembleia da República, o Ministério da Justiça reconhece a discrepância nos prazos: "O IRN não ignora a existência de disposição legal expressa quanto aos prazos de análise dos processos de aquisição de nacionalidade. No entanto, entendeu dever esclarecer os cidadãos/interessados através da publicitação do prazo expectável para a análise dos requerimentos". De acordo com os serviços então tutelados por Francisca Van Dunem, um processo de atribuição de nacionalidade por filiação demora, em média, "entre duas semanas a 15 meses" – "os processos mais rápidos são os de atribuição a menores com fundamento na filiação de progenitor português porque a sua análise não é juridicamente tão exigente".

Já os processos de aquisição da nacionalidade por efeito da vontade têm uma **"demora média entre 14 e 20 meses"**. Estes casos reportam-se a filhos menores ou maiores acompanhados de pai ou mãe que adquira a nacionalidade portuguesa, e a uniões de facto ou casamento durante mais de três anos com um cidadão português.

Quanto aos processos de aquisição de nacionalidade por naturalização (que implicam residência legal no país por um período de pelo menos cinco anos) demoram, em média, 19 meses a ser processados. Em qualquer dos casos trata-se de tempos médios que podem, portanto, ser ultrapassados – a demora na decisão destes processos é, aliás, uma queixa recorrente.

Sem avançar datas para a concretização das medidas que permitissem encurtar os processos para os prazos estabelecidos na lei, o Ministério da Justiça garantiu que está a tomar providências para ultrapassar esta situação. Nomeadamente com a implementação, "a breve curso", de um "novo sistema de suporte aos serviços de registo competentes", o que conduzirá a "uma significativa redução do tempo médio de tramitação e decisão dos pedidos".

Afirmando-se "particularmente sensível à necessidade de uma melhor prestação de serviços ao cidadão", o ministério afirmou também na resposta ao PCP que será implementado um "plano de contingência especialmente direcionado à recuperação da pendência de processos". Em cima da mesa ficou, igualmente, a atribuição de "competência para a tramitação de pedidos de nacionalidade a outros serviços de registo existentes no território nacional".

Capítulo II
Modos de Acesso à Nacionalidade Portuguesa

1. LEGISLAÇÃO

A matéria de nacionalidade é regida por dois diplomas básicos:

a) a Lei nº 37/81, de 3 de outubro, também conhecida por Lei da Nacionalidade (com as alterações introduzidas pelas Lei nº 25/94, de 19 de agosto, Decreto-Lei nº 322-A/2001, de 14 de dezembro, Lei Orgânica nº 1/2004, de 15 de janeiro, Lei Orgânica nº 2/2006, de 17 de abril, Lei Orgânica nº 1/2013, de 29 de julho, Lei Orgânica nº 8/2015, de 22 de junho, Lei Orgânica nº 9/2015, de 29 de julho, Lei Orgânica nº 2/2018, de 29 de julho e Lei Orgânica nº 2/2020, de 10 de novembro).

b) O Decreto-Lei nº 327-A/2006, de 14 de dezembro, também conhecido por Regulamento da Nacionalidade (com as alterações introduzidas pelos Decreto-Lei nº 71/2017, de 21 de junho, Decreto-Lei nº 30-A/2015, de 27 de fevereiro, e Decreto-Lei nº 43/2013, de 1 de abril).

Ao referirmo-nos a artigos da Lei nº 37/81, de 3 de outubro (Lei da Nacionalidade), limitar-nos-emos a mencionar os números dos artigos, entendendo-se que se referem a este diploma. Quando referirmos o Regulamento da Nacionalidade, acrescentaremos a seguir ao artigo a abreviatura RN.

2. ATRIBUIÇÃO E AQUISIÇÃO (CONCEITOS)

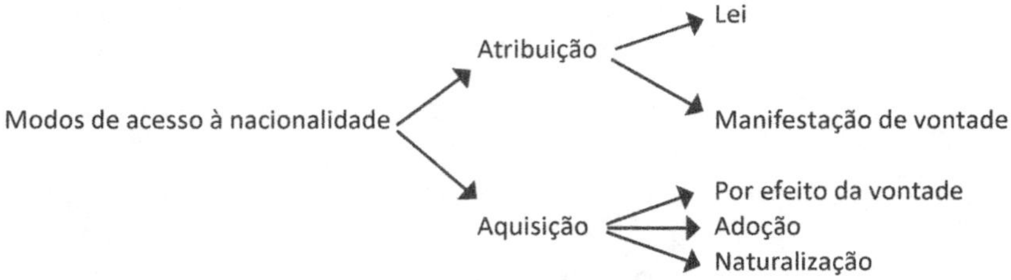

Há dois grandes modos de acesso à nacionalidade portuguesa. O primeiro consiste na **atribuição da nacionalidade**, a qual pode resultar da lei ou da manifestação de vontade.

O segundo grande modo de acesso consiste na aquisição da nacionalidade por efeito da vontade, por adoção ou por naturalização. Importa referir que há dois conceitos de aquisição de nacionalidade. Um, amplo, que engloba os dois modos de acesso (atribuição e aquisição em sentido restrito). Na linguagem corrente, utiliza-se muitas vezes o conceito amplo. As pessoas dizem «adquiri a nacionalidade portuguesa» sem especificarem o modo como a adquiriram.

No conceito restrito, diferencia-se a aquisição da atribuição, abrangendo esse conceito restrito apenas a obtenção da nacionalidade por efeito da vontade, adoção e naturalização.

A atribuição é também chamada *nacionalidade originária* e a aquisição *nacionalidade derivada.*

Há elementos comuns no que respeita a estes dois modos de obtenção da nacionalidade. Por exemplo, só a filiação estabelecida durante a menoridade produz efeitos, quer para a atribuição, quer para a aquisição de nacionalidade (art. 14º).

EXEMPLO

Um moçambicano, com 25 anos, é perfilhado por um cidadão português. Tal é possível, pois «a perfilhação pode ser feita a todo o tempo, antes ou depois do nascimento do filho ou depois da morte deste» (art.1º, nº 831 Código Civil); porém, o estabelecimento desta filiação não permite a obtenção da nacionalidade por este modo, uma vez que apenas a filiação estabelecida durante a menoridade produz efeitos no que respeita à nacionalidade.

3. ATRIBUIÇÃO DA NACIONALIDADE

EFEITOS ⟶ **DESDE O NASCIMENTO**

A lei carateriza a atribuição da nacionalidade como originária, uma vez que produz efeitos desde a data de nascimento do interessado, enquanto na aquisição (em sentido restrito) a produção de efeitos apenas ocorre na data do registo na Conservatória, não tendo efeitos retroativos (art. 11º).

Todavia, ainda que a atribuição da nacionalidade produza efeitos desde a data do nascimento, mantêm-se válidas as relações jurídicas anteriormente estabelecidas com base noutra nacionalidade. Há, porém, exceções. Se a relação não for lícita perante o nosso direito, não produz efeitos.

EXEMPLO

Um cidadão indiano, de religião muçulmana, contraiu um segundo casamento na constância do primeiro. Segundo a lei portuguesa, ninguém pode contrair um segundo casamento na constância do primeiro. Se o cidadão indiano adquirir, posteriormente ao segundo casamento, a nacionalidade portuguesa, este segundo casamento não subsistirá na ordem jurídica portuguesa.

O Alcorão faculta a um homem manter o máximo de quatro mulheres, contanto que consiga dar atenção a todas e boas condições a cada uma delas; a religião entende ser melhor a sinceridade com as parceiras do que a mentira na relação. Por boas condições entende-se, na prática, ter capacidade para as manter economicamente.

Na religião muçulmana, um homem muçulmano pode divorciar-se da sua mulher em questão de minutos. Tudo o que ele precisa de fazer é dizer à mulher a palavra *talaq* (divórcio) três vezes. Mas em Portugal tal "divórcio" não é válido.

A atribuição da nacionalidade rege-se pelo art. 1º, enquanto a aquisição é regulada pelos arts. 2º, 3º, 4º, 5º e 6º. Como já foi mencionado no capítulo anterior, os critérios que presidem à atribuição da nacionalidade originária, seguidos na maior parte dos ordenamentos jurídicos, são o *jus sanguinis* e o *jus soli*. Há alguns que privilegiam o *jus sanguinis*, enquanto outros o *jus soli*.

A nossa lei adota os dois critérios, havendo, nos últimos anos, uma tendência para a valorização do *jus soli*.

4. AQUISIÇÃO DA NACIONALIDADE

EFEITOS ⟶ **SÓ COM O REGISTO**

Os efeitos da aquisição produzem-se a partir da data do registo (art. 14º). Por exemplo, uma pessoa que adquire a nacionalidade por meio de naturalização apenas é nacional português com o registo na Conservatória.

A atual Lei da Nacionalidade permite a dupla ou a tripla nacionalidade, ao contrário da lei anterior. No entanto, em Portugal só podemos invocar a nacionalidade portuguesa e não outra nacionalidade que possamos ter. Com os regulamentos comunitários relativamente ao regime de bens esta questão não é tão líquida, não é tão linear.

Capítulo III
Atribuição

1. ATRIBUIÇÃO POR EFEITO DA LEI

Como vimos, a aquisição da nacionalidade por atribuição pode ocorrer por efeito da lei ou por manifestação de vontade. A atribuição da nacionalidade por efeito da lei e da vontade vem contemplada no art. 1º, nas alíneas que se reproduzem:

> Art. 1º
>
> 1 – São portugueses de origem:
>
> a) Os filhos de mãe portuguesa ou de pai português nascidos no território português;
>
> b) Os filhos de mãe portuguesa ou de pai português nascidos no estrangeiro se o progenitor português aí se encontrar ao serviço do Estado Português;
>
> c) Os filhos de mãe portuguesa ou de pai português nascidos no estrangeiro, se tiverem o seu nascimento inscrito no registo civil português ou se declararem que querem ser portugueses;
>
> d) Os indivíduos com, pelo menos, um ascendente de nacionalidade portuguesa originária do 2º grau na linha reta que não tenha perdido essa nacionalidade, se declararem que querem ser portugueses e possuírem laços de efetiva ligação à comunidade nacional;
>
> e) Os indivíduos nascidos no território português, filhos de estrangeiros, se pelo menos um dos progenitores aqui tiver nascido e aqui tiver residência, independentemente de título ao tempo do nascimento;
>
> f) Os indivíduos nascidos no território português, filhos de estrangeiros que não se encontrem ao serviço do respetivo Estado, que não declarem não querer ser portugueses, desde que, no momento do nascimento, um dos progenitores resida

legalmente no território português, ou aqui resida, independentemente de título, há pelo menos um ano;

g) Os indivíduos nascidos no território português e que não possuam outra nacionalidade.

As duas primeiras alíneas dizem respeito à atribuição por efeito da lei.

a) Os filhos de mãe portuguesa ou de pai português nascidos no território português

O simples facto de o pai ou a mãe de uma criança nascida em Portugal ser de nacionalidade portuguesa (basta que um deles a tenha) conduz à aquisição dessa mesma nacionalidade. Já sabemos que a criança poderá também ter outra nacionalidade, se estiverem preenchidos os requisitos para tal. É irrelevante o modo como o pai ou a mãe adquiriram a nacionalidade portuguesa; o importante é que no momento do nascimento do filho(a) em Portugal um deles tenha a nacionalidade portuguesa.

Como se prova a nacionalidade portuguesa originária dos filhos de mãe portuguesa ou de pai português nascidos no território nacional? Através do assento de nascimento (art. 21º, nº 2). É tido como português «o indivíduo de cujo assento de nascimento não conste menção da nacionalidade estrangeira dos progenitores ou do seu desconhecimento».

b) Os filhos de mãe portuguesa ou de pai português nascidos no estrangeiro, se o progenitor português aí se encontrar ao serviço do Estado Português

A prova de que o pai ou a mãe do nascido no estrangeiro se encontrava ao serviço do Estado Português é efetuada por um documento emitido pelo serviço em que o progenitor exerce funções. A apresentação de tal documento pode ser dispensada se o funcionário do registo tiver conhecimento oficial do facto (art. 7º RN).

Esta norma aplica-se sobretudo aos funcionários consulares e aos funcionários destacados em missões internacionais.

2. ATRIBUIÇÃO POR EFEITO DA VONTADE

As alíneas seguintes reportam-se à atribuição por manifestação da vontade.

c) Os filhos de mãe portuguesa ou de pai português nascidos no estrangeiro, se tiverem o seu nascimento inscrito no registo civil português ou se declararem que querem ser portugueses

Esta norma é muito semelhante à da alínea anterior e constitui um exemplo da diferença entre atribuição por efeito da lei e por efeito da vontade.

Na alínea b), o progenitor português encontra-se no estrangeiro ao serviço do Estado português, não necessitando os filhos de qualquer inscrição no registo ou declaração de vontade para serem portugueses (muito embora o nascimento deva ingressar no registo civil), pois a nacionalidade resulta da lei. No caso desta alínea c), é necessária a declaração de vontade (inscrição no registo ou declaração de querer ser português).

Torna-se necessária a declaração para inscrição do nascimento no registo civil português ou declaração para atribuição da nacionalidade portuguesa, a prestar mediante auto de declaração de nascimento (art. 8º, nº 1, al. a), RN), sendo o filho menor.

Aliás, a norma aplica-se, quer em caso de filhos menores, quer em caso de filhos maiores. Porém, no caso de atribuição da nacionalidade a maiores, estes terão de demonstrar, por documentos, que a sua filiação foi estabelecida durante a menoridade. Tal deve-se ao facto de o art. 14 estatuir que «Só a filiação estabelecida durante a menoridade produz efeitos relativamente à nacionalidade».

Como resulta da disjuntiva «ou», constante da alínea c), existem duas modalidades: uma, a declaração para inscrição do nascimento no registo civil português; e outra a declaração para atribuição da nacionalidade portuguesa. Na realidade, ambas se traduzem na inscrição do nascimento no registo civil, uma vez que a declaração para atribuição acaba por dar origem ao registo de nascimento.

No caso da declaração para inscrição, a atribuição da nacionalidade surge como consequência do registo. O que se pretende de forma imediata é que o nascimento seja registado em Portugal. A Conservatória ou o serviço competente lavra auto das declarações, e, pelo facto de o pai ou a mãe serem portugueses, a nacionalidade surge como resultado da efetivação do registo.

No caso da declaração para atribuição, pretende-se adquirir, de forma direta, a nacionalidade portuguesa, sendo entregue a Declaração para Atribuição de Nacionalidade Portuguesa, Modelo 1-C, disponível em www.dgrn.mj.pt.. As instruções de preenchimento ajudam a dissipar qualquer dúvida.

A filiação do interessado será demonstrada pela junção da certidão do registo de nascimento; se estiver escrita em língua estrangeira, deverá ser acompanhada por tradução devidamente legalizada.

Sendo as responsabilidades parentais exercidas em conjunto, incumbe a ambos os pais prestar a declaração para inscrever o nascimento do filho nascido no estrangeiro. Estando tais responsabilidades atribuídas apenas a um dos progenitores, cabe a esse prestar a declaração; em tal situação, a decisão sobre a atribuição das responsabilidades parentais fica averbada no assento de nascimento.

Poderá dar-se o caso de o filho já ter sido registado no país onde reside com um nome que contrarie as normas vigentes em Portugal sobre a composição do nome, designadamente o art. 103 do Código do Registo Civil, a que faremos referência em 3.3. Não faria sentido, neste caso, que o filho ficasse com nomes diferentes; por isso, o art. 103, nº 3 permite que o interessado produza prova da admissibilidade do nome nesse país, de modo a manter esse nome em Portugal.

d) Os indivíduos com, pelo menos, um ascendente de nacionalidade portuguesa originária do 2º grau na linha reta que não tenham perdido essa nacionalidade, se declararem que querem ser portugueses e possuírem laços de efetiva ligação à comunidade nacional

Esta norma foi instituída na revisão de 2017 (tendo sofrido alterações) e destina-se sobretudo a viabilizar o acesso da nacionalidade à segunda geração de emigrantes.

Esta é a situação em que o neto pretende adquirir a nacionalidade portuguesa, sem que o seu pai ou a mãe a tenha. Se o pai ou a mãe a tiver, escusa de seguir esta alínea d), irá por uma das anteriores. A seguir pela alínea d), importa considerar o nº 3 do art. 1, que define o requisito «laços de efetiva ligação à comunidade nacional»:

> «3 – A existência de laços de efetiva ligação à comunidade nacional, para os efeitos estabelecidos na alínea d) do nº 1, verifica-se pelo conhecimento suficiente da língua portuguesa e depende da não condenação a pena de prisão igual ou superior a 3 anos, com trânsito em julgado da sentença, por crime punível segundo a lei portuguesa, e da não existência de perigo ou ameaça para a segurança ou a defesa nacional, pelo envolvimento em atividades relacionadas com a prática do terrorismo, nos termos da respetiva lei.»
>
> (Redação introduzida pelo Lei Orgânica nº 2/2020, de 10 de novembro)

Antes desta última alteração de 2020, a redação da norma fazia uma exigência:

> «o reconhecimento, pelo Governo, da relevância de tais laços, nomeadamente pelo conhecimento suficiente da língua portuguesa e pela existência de contactos regulares com o território português, e depende de não condenação, com trânsito em julgado da sentença, pela prática de crime punível com pena de prisão de máximo igual ou superior a 3 anos, segundo a lei portuguesa.»

O requisito ora suprimido de «existência de contactos regulares com o território português» era causa de muitos indeferimentos de pedidos de nacionalidade por netos de portugueses, apesar de se indicarem nos requerimentos algumas situações demonstrativas da existência de laços, como a residência legal no país, a propriedade de imóveis em Portugal por pelo menos três anos ou o vínculo às associações portuguesas no estrangeiro. Ficava sempre ao critério dos serviços a avaliação da relevância de tais elementos de prova. Havia também lugar para presunções de ligação à comunidade portuguesa (art. 10-A, nº 4, RN).

Com a alteração introduzida pela Lei Orgânica nº 2/2020, embora se mantenha a exigência formal de «laços de ligação efetiva à comunidade nacional», inova-se ao explicitar-se ser apenas necessário o «conhecimento suficiente» da língua portuguesa como comprovativo de tais laços. Foi suprimida a exigência de contactos regulares com o território português, que induzia os requerentes a fazer várias viagens a Portugal. O facto de ter deixado de ser necessário o reconhecimento pelo Governo facilitará também o circuito de decisão.

2.1. Conhecimento da língua portuguesa

Portugal não exige, ao contrário de outros países – como os Estados Unidos da América, a Dinamarca e a Áustria – nenhum teste de cidadania aos candidatos à nacionalidade.

Para o Governo dos Países Baixos, por exemplo, o candidato tem de comprovar que está *ingebugerd* (naturalizado) culturalmente. Em França, também é necessário estar culturalmente assimilado: «Nul ne peut être naturalisé s'il ne justifie de son assimilation à la communauté française.» [«Ninguém pode ser naturalizado se não se justificar a sua assimilação à comunidade francesa.»] (Code Civil, arts. 21 e 24). Na Áustria, o candidato tem de ser aprovado num teste de conhecimento da democracia e da história do país. Nos Estados Unidos da América, já há décadas que o Governo se preocupa com a possibilidade de evitar que os imigrantes desinteressados sejam naturalizados sem qualquer identificação com a história e as tradições do país.

Em Portugal, existe a ideia de que a integração cultural e social ocorre naturalmente como consequência da residência por um determinado período, sendo suficiente o conhecimento da língua portuguesa para demonstrar a ligação à comunidade nacional.

O Regulamento da Nacionalidade enuncia várias formas de comprovar esse conhecimento; para aqueles que não o podem demonstrar de outro modo, é necessário realizar uma prova de língua, considerada não muito exigente, regulamentada pela Portaria nº 176/2014, de 11 de setembro (ver www.dge.mec.pt).

Finalmente, registe-se a alteração respeitante à pena de prisão. Na redação anterior, era suficiente para determinar a exclusão à obtenção de nacionalidade ser condenado em pena de prisão pela prática de um crime punível com pena de prisão cuja moldura penal atingisse um máximo igual ou superior a três anos. Deste modo, ainda que a pena efetiva fosse de um ano de prisão, se o tipo legal de crime tivesse a estatuição de três anos, o neto de português não poderia requerer a nacionalidade. Com a alteração, a exclusão apenas se opera se a pena efetiva de prisão for igual ou superior a três anos, ou seja, se o interessado tiver sido condenado a dois anos e onze meses poderá requerer a nacionalidade portuguesa.

A alteração à alínea d), concretizada pela Lei Orgânica 2/2020, de 10 de novembro, permitirá a muitos cidadãos de países membros da CPLP (Comunidade de Países de Língua Oficial Portuguesa) requerer a nacionalidade portuguesa. Disto mesmo nos dá conta um *site* brasileiro sobre a obtenção de nacionalidade:

> «Para brasileiros, ou nativos de países de língua oficial portuguesa, com certeza esta alteração vem a facilitar significativamente a probabilidade de aprovação do seu pedido de cidadania portuguesa. Pessoal, venha ter connosco, é barato!»

O neto terá de apresentar a certidão de nascimento do avô ou da avó, que é dispensada se o nascimento já constar na base de dados do registo civil. Em tal hipótese, basta mencionar o local, o número e o ano de registo.

Por vezes, não é fácil, tem de se recuar no tempo, antes do século XX, para se localizar a certidão. Nesse caso, a busca terá de ser efetuada pelos próprios, em arquivos distritais, pois tal documentação ainda não está sob a alçada das conservatórias.

O art. 10º-A do Regulamento da Nacionalidade contém os procedimentos para o pedido da sua atribuição.

A declaração é instruída com os seguintes documentos, sem prejuízo da possibilidade de dispensa da sua apresentação pelo interessado, nos termos do art. 37º do Regulamento da Nacionalidade:

a) Certidão do registo de nascimento.
b) Certidão dos registos de nascimento do ascendente do segundo grau da linha reta de nacionalidade portuguesa e do progenitor que dele for descendente.
c) Certificados de registo criminal emitidos pelos serviços competentes portugueses, do país da naturalidade e da nacionalidade, bem como dos países onde tenha tido e tenha residência.
d) Documento comprovativo do conhecimento suficiente da língua portuguesa.

Como se referiu, com a alteração introduzida pela Lei Orgânica nº 2/2020, de 10 de novembro, deixa de ser necessária a apresentação de documentos comprovativos da efetiva ligação à comunidade nacional, uma vez que se apresente o documento comprovativo do conhecimento suficiente da língua portuguesa.

e) «Os indivíduos nascidos no território português, filhos de estrangeiros, se pelo menos um dos progenitores aqui tiver nascido e aqui tiver residência, independentemente de título, ao tempo do nascimento.»

Esta alínea foi introduzida pela Lei Orgânica nº 2/2006, de 17 de abril, consubstanciando um reforço do *jus soli*.

f) Os indivíduos nascidos no território português, filhos de estrangeiros que não se encontrem ao serviço do respetivo Estado, que não declarem não querer ser portugueses, desde que, no momento do nascimento, um dos progenitores resida legalmente no território português, ou aqui resida, independentemente de título, há pelo menos um ano

Na versão inicial da Lei da Nacionalidade, de 1981, mediante declaração de vontade, os nascidos em Portugal filhos de estrangeiros que aqui residissem há pelo menos seis anos poderiam adquirir a nacionalidade portuguesa.

A Lei Orgânica nº 2/2018, de 5 de julho, introduziu uma nova redação com o seguinte teor:

> «Os indivíduos nascidos no território português, filhos de estrangeiros que não se encontrem ao serviço do respetivo Estado, que não declarem não querer ser portugueses, desde que, no momento do nascimento, um dos progenitores aqui resida legalmente há pelo menos dois anos.»

Com a atual redação introduzida pela Lei Orgânica nº 2/2020, de 10 de novembro, suprimiu-se o requisito de o progenitor residir legalmente há pelo menos dois anos, passando a haver duas hipóteses:

- Residência legal de um progenitor no momento do nascimento.
- Residência, independentemente de título, há pelo menos um ano.

O art. 3º, nº 1, al. v) da Lei nº 23/2007, de 4 de Julho (Lei dos Estrangeiros), dá-nos a definição de residente legal: «Residente legal» é o cidadão estrangeiro habilitado com título de residência em Portugal, de validade igual ou superior a um ano.

«Residência legal» coincide com «residente legal», isto é, o progenitor deverá estar habilitado com título de residência de validade igual ou superior a um ano, não podendo invocar «residência legal» se apenas tiver um visto de curta duração, que o habilita a permanecer no país num período mais curto. Por conseguinte, o documento comprovativo da residência legal, a apresentar no ato de registo, conforme art. 1º, nº 4, seria, à partida, a autorização de residência. Porém, o art. 15º da Lei nº 37/81, de 3 de outubro (Lei da Nacionalidade) considera residência legal a que estiver coberta por qualquer título, visto ou autorização previstos no regime de entrada, permanência, saída e afastamento de estrangeiros e no regime do direito de asilo. Deste modo, no limite, uma parturiente estrangeira que pretenda beneficiar o nascituro com um presente poderá, nas vésperas do parto, deslocar-se a Portugal para uma visita turística e aqui, comodamente, ter a criança... portuguesa, sem sequer pagar despesas hospitalares.

O Bloco de Esquerda e o Livre pretendiam ir mais longe no processo de revisão que culminou com a Lei Orgânica nº 2/2020, de 10 de novembro, de forma a que todas as crianças nascidas em Portugal filhas de estrangeiros adquirissem automaticamente a nacionalidade portuguesa, sem o requisito «residência legal» dos progenitores. A deputado Joacine Katar, convertida em independente, chegou inclusive ao ponto de defender a «nacionalidade retroativa a quem nasceu entre 1981 e 2006».

Com a redação conferida pela Lei Orgânica nº 2/2020, a Lei da Nacionalidade portuguesa tornou-se bastante generosa, demasiado generosa.

g) Os indivíduos nascidos no território português e que não possuam outra nacionalidade

O ónus da prova de que não se possui outra nacionalidade recai sobre o interessado, uma vez que não está institucionalizado em Portugal o Procedimento para a Determinação da Apatridia.

Para provar que não possui nenhum vínculo legal com outro país, o interessado deverá juntar um documento fornecido pelas autoridades desse país certificando que o interessado não é seu nacional.

Pode haver outras situações em que, embora os pais tenham uma situação definida em termos de nacionalidade, não se possa atribuir uma nacionalidade aos filhos. Nesse caso, feita a prova de que os indivíduos não têm outra nacionalidade, pode ser atribuída a nacionalidade portuguesa.

3. OBRIGAÇÃO DE REGISTAR

O registo civil do nascimento é obrigatório (art. 1º do Código do Registo Civil). Sobretudo na província, era vulgar existir um desfasamento entre a data real do nascimento e a data constante na conservatória. As deslocações eram difíceis, e, quando já estava esgotado o prazo legal para efetuar o registo, os pais não declaravam a data real, mas outra posterior de modo a escapar ao pagamento da multa.

Agora, tudo é mais fácil. Existem balcões denominados «Nascer Cidadão» em todas as maternidades e hospitais públicos, bem como em alguns particulares, nos quais se pode fazer o registo.

O registo de nascimento pode ser feito online ou presencialmente, mas só mediante pré-agendamento num serviço de registo.

3.1. Registo online

O registo do nascimento online pode ser pedido por qualquer um dos progenitores, sejam ou não casados. Para pedir o registo de nascimento online é necessário aceder ao *site* Nascimento Online e autenticar-se com a Chave Móvel Digital ou com o Cartão de Cidadão (neste caso, é necessário um leitor de cartões e dos códigos PIN da morada e de autenticação). Depois, importa identificar os pais e os avós, indicar elementos respeitantes ao nascimento e à criança, tal como o nome, o qual deve respeitar algumas regras (por norma, até dois nomes próprios e quatro apelidos), assim como a indicação da maternidade ou do hospital onde a criança nasceu e fornecer alguns elementos respeitantes ao parto e ao agregado familiar, solicitados pelo Instituto Nacional de Estatística.

No fim, carrega-se uma digitalização ou uma fotografia legível do comprovativo de nascimento emitido pelo hospital onde a criança nasceu. Este documento deverá estar em formato PDF, PNG, JPG ou JPEG.

Quando os pais não são casados, um deles deve preencher o formulário de registo e juntar o comprovativo de nascimento. Depois, é necessário que o outro aceda ao *site*, se autentique e confirme as informações que constam no formulário. Para confirmar as informações, deve-se clicar no link que vai receber por *e-mail*.

Concluído o registo, recebe-se uma certidão na morada.

No pedido online, o registo não fica logo concluído. O sistema informático envia a declaração de nascimento para a Conservatória do Registo Civil do concelho onde ocorreu o parto. Depois de validar a declaração, a Conservatória faz o registo de nascimento e envia, por email, uma cópia em PDF do mesmo, e, por correio, a certidão gratuita do registo de nascimento para a morada indicada no formulário.

3.2. Registo presencial

Se não for possível fazer o registo do nascimento online, é possível fazê-lo presencialmente, devendo o pedido ser agendado:

- Pelos pais.
- Por qualquer pessoa que tenha uma autorização por escrito dos pais.
- Pelo parente mais próximo que tenha conhecimento do nascimento.
- Pelo diretor ou administrador (ou outro funcionário por eles designado) da unidade de saúde onde nasceu a criança ou onde foi participado o nascimento.

Se os pais não forem casados, o pai deve estar presente no momento do registo para assumir a paternidade da criança.

Para pedir o registo do nascimento presencialmente é preciso fornecer as identificações e informações referidas em 3.1. (registo online).

Será necessário apresentar a declaração da maternidade ou do hospital que comprova o nascimento.

Para se registar como pai de uma criança, não é possível:

- Ter menos de 16 anos.
- Estar abrangido pelo regime do maior acompanhado e o Tribunal Judicial impedir a perfilhação.
- Estar afetado por perturbação mental notória na altura da perfilhação.

3.3. Nomes admitidos

Quanto aos nomes, há regras próprias.

Lê-se no *site* do https://www.irn.mj.pt/IRN/sections/irn/a_registral/registo-civil/docs-do-civil/dar-o-nome/:

«Composição do nome

Entre os elementos que o assento de nascimento deve conter distinguem-se, pela sua evidente importância, o nome próprio e os apelidos do registando que constituem, no conjunto, o seu nome completo.

"A escolha do nome próprio e dos apelidos do filho menor pertence aos pais; na falta de acordo decidirá o juiz, de harmonia com o interesse do filho" – artigo 1875, nº 2 do Código Civil.

Os pais são os primeiros titulares do direito de escolha do nome do filho menor, direito que deve ser exercido em conjunto, e não isoladamente. Mas uma coisa é a titularidade de escolha do nome do registando e outra a sua concretização através de declaração prestada no ato de registo de nascimento.

De facto, esta declaração pode ser prestada por ambos os pais, só por um deles ou por qualquer das pessoas com legitimidade para fazer o registo.

O nome completo deve compor-se, no máximo, de seis vocábulos gramaticais, simples ou compostos, dos quais só dois podem corresponder ao nome próprio e quatro a apelidos.

Por "vocábulo gramatical composto" entende-se um vocábulo constituído por dois ou mais vocábulos simples que possui um significado autónomo, muitas vezes dissociado dos significados dos seus componentes.

As partículas de ligação não são consideradas para efeitos da contagem do número de vocábulos.

Nome Próprio

Nome próprio é o elemento verdadeiramente individual do nome com que as pessoas são diferenciadas, é por ele que as pessoas são chamadas por familiares e amigos.

a) Os nomes próprios devem ser portugueses, de entre os constantes da onomástica portuguesa ou adaptados, gráfica e foneticamente, à língua portuguesa. Fazer a adaptação gráfica e fonética à língua portuguesa equivalerá a aportuguesar o nome de origem estrangeira.

b) A grafia dos nomes próprios deve obedecer à ortografia oficial à data do registo.

c) O nome próprio não pode suscitar dúvidas sobre o sexo do registando.

A concordância do nome com o sexo do registando limita-se ao primeiro vocábulo do mesmo. Assim, é aceitável um nome próprio masculino em cuja composição entre um elemento feminino e, inversamente, um nome próprio feminino em cuja composição entre um elemento masculino, desde que se verifique que o primeiro dos elementos do nome próprio se acha subordinado à concordância com o sexo do seu titular.

d) A irmãos não pode ser dado o mesmo nome próprio, salvo se um deles for falecido.

e) São admitidos nomes próprios estrangeiros, sob a forma originária, se o registando for estrangeiro, se tiver nascido no estrangeiro, se tiver outra nacionalidade para além da portuguesa, se algum dos seus pais for estrangeiro ou se algum dos seus pais tiver outra nacionalidade para além da portuguesa.

Apelidos

Os apelidos constituem a segunda parte do nome das pessoas e, juntos ao nome próprio, completam a sua designação oficial, permitindo estabelecer a ligação do registando à família a que pertence.

a) São escolhidos de entre os que pertencem a ambos ou só a um dos pais do registando, ou a cujo uso qualquer deles tenha direito.

Sendo escolhidos apelidos dos antepassados dos pais, ainda que não façam parte do nome destes últimos, deverá ser feita prova.

b) A ordem dos apelidos no nome da criança pode ser livremente escolhida pelos pais.

Assim, respeitado o número máximo de quatro vocábulos, há plena liberdade na sua ordenação, sejam eles de ambas as linhas, materna e paterna, ou só de uma delas.

c) As partículas de ligação entre apelidos podem ser introduzidas ou, caso existam no nome dos progenitores, eliminadas livremente.

d) Se na linha materna e na linha paterna figurar um mesmo apelido, pode este ser repetido de forma seguida ou alternado com outros apelidos no nome do registando.

e) Podem ser formados por vocábulos que normalmente correspondem a nomes próprios bastando, para tanto, que nessa qualidade figurem na composição do nome de qualquer dos progenitores.

Composição do nome de registando estrangeiro

A composição do nome dos registandos estrangeiros reger-se-á de acordo com a lei da sua nacionalidade, admitindo-se, por exemplo, a adoção de três nomes próprios. Esta regra não se aplica quando o registando também tenha a nacionalidade portuguesa, caso em que prevalece a lei portuguesa, devendo obedecer às regras indicadas.

Dúvidas sobre a composição do nome

Havendo dúvidas sobre a composição do nome, as mesmas são esclarecidas por despacho do presidente dos Registos e do Notariado, por intermédio da Conservatória dos Registos Centrais.»

O referido *site* contém também a lista dos nomes próprios de cidadãos portugueses nos últimos três anos. Trata-se de uma extensa lista com 82 páginas que reflete também a multiculturalidade da sociedade portuguesa nos nossos dias.

Longe vai o tempo em que «só» havia Antónios e Marias. Apesar da ausência de liberdade, alguns nomes «subversivos» foram registados antes do 25 de Abril, como Staline de Jesus ou Lenine. Nos finais dos anos 70 do século passado, com as telenovelas brasileiras, proliferaram os Márcios e as Gabrielas. Hoje encontramos nomes outrora impensáveis. Por exemplo, a primeira página da lista começa com os seguintes:

GÉNERO	NOME
Femininos:	Aabirah; Aaditi; Aagambir; Aaira.
Masculinos:	Aahan; Aahil; Aakriti.

Capítulo IV
Aquisição por efeito da vontade

A aquisição da nacionalidade portuguesa por efeito da vontade vem regulada nos arts. 2º a 4º da Lei nº 37/81, de 3 de outubro. Verifica-se nos casos em que os interessados estrangeiros declaram que querem ser portugueses, tendo efeitos a partir da data do registo dos atos ou factos dos quais dependem.

1. AQUISIÇÃO POR FILHOS MENORES OU INCAPAZES

Art. 2º
Os filhos menores ou incapazes de pai ou mãe que adquira a nacionalidade portuguesa podem também adquiri-la, mediante declaração.

Esta norma reflete o princípio da unidade da nacionalidade no âmbito da família. Os filhos ou incapazes apanham a boleia do progenitor.

Os requisitos para a aquisição da nacionalidade ao abrigo desta norma são:

- Ter nacionalidade estrangeira.
- Ser menor face à sua lei pessoal e à lei portuguesa ou incapaz.
- Ser filho de pai ou mãe que adquira a nacionalidade portuguesa.
- Ter sido a filiação estabelecida durante a menoridade.
- Declaração prestada pelos representantes legais.

2. AQUISIÇÃO EM CASO DE CASAMENTO OU UNIÃO DE FACTO

Art. 3º

1. O estrangeiro casado há mais de três anos com nacional português pode adquirir a nacionalidade portuguesa mediante declaração feita na constância do casamento.

2. A declaração de nulidade ou anulação do casamento não prejudica a nacionalidade adquirida pelo cônjuge que o contraiu de boa-fé.

3. O estrangeiro que, à data da declaração, viva em união de facto há mais de três anos com nacional português pode adquirir a nacionalidade portuguesa, após ação de reconhecimento a interpor no tribunal cível.

Este artigo tem como princípios orientadores a unidade da nacionalidade no âmbito da família, a igualdade entre os cônjuges e o relevo da vontade do interessado. Note-se que, caso o casamento tenha sido efetuado no estrangeiro, terá de ser transcrito no registo civil português (arts. 4 e 211 do Código do Registo Civil).

Quanto ao nome, importa considerar que «Apesar do exercício do direito ao nome ser regido pela lei pessoal do indivíduo, ou seja, a sua lei nacional (arts. 25, 27, nº 1, nº 31, nº 1 e 72º CC), há casos em que esse direito pode ser regulado pela lei de residência habitual (*Lex Domicilii*), art. 31º, nº 2, CC, por força do art. 295º do mesmo diploma, das disposições aplicáveis aos negócios jurídicos» (Pº.180RC 95).

2.1. Casamentos brancos ou de conveniência

O art. 186º da Lei nº 23/2007, de 4 de julho (Lei dos Estrangeiros) tem a seguinte redação:

1. Quem contrair casamento ou viver em união de facto com o único objetivo de proporcionar a obtenção ou de obter um visto, uma autorização de residência ou um «cartão azul UE» ou defraudar a legislação vigente em matéria de aquisição da nacionalidade é punido com pena de prisão de um a cinco anos.
2. Quem, de forma reiterada ou organizada, fomentar ou criar condições para a prática dos atos previstos no número anterior é punido com pena de prisão de dois a seis anos.
3. A tentativa é punível.

Extraímos de uma publicação do SEF (Serviço de Estrangeiros e Fronteiras) o seguinte relato de fraudes no âmbito da aquisição da nacionalidade («Das migrações do século XXI, casamentos de conveniência *versus* migrações – caso Singh Bhutte – "Binder Bind"»):

«A investigação reportada foi conduzida pelo SEF/DCIPAI, sob o NUIPC 27/08.4 ZCLSB, e permitiu fazer a ligação de 260 casamentos de conveniência, organizados pela rede criminosa liderada pelo cidadão indiano Singh Bhutte, conhecido também como "Bind" ou "Binder". Este indivíduo, natural da Índia, tinha cerca de 41 anos, era solteiro, com o 10º ano de escolaridade feito na Índia e encontrava-se em Portugal desde 2001. Este líder organizou um grupo que realizava casamentos entre mulheres portuguesas e nacionais de um país indostânico, de forma a estes obterem um título de residência num Estado-membro da UE.

Binder teve a colaboração de muitas pessoas para recrutamento de noivas e noivos, testemunhas e intérpretes, todos os elementos necessários para a realização de casamento. Esta organização também tratava de todos os documentos necessários, legais e ilegais, para concretização deste ato. O grupo organizado aliciava mulheres portuguesas (solteiras, viúvas, divorciadas, prostitutas, toxicodependentes ou com muitos filhos, ou seja, mulheres em situação económica difícil) a troco de elevadas quantias de dinheiro. Para manter a mulher aliciada sob o seu controlo, a quantia acordada era paga em prestações. As quantias cobradas por cada casamento eram muito elevadas, os nubentes indostânicos pagavam entre 15 000 a 20 000 euros, as nubentes portuguesas recebiam entre 1000 a 3000 euros e os restantes participantes, como testemunhas e intérpretes, recebiam entre 50 a 150 euros. Esta rede com o tempo mudou o seu *modus operandi*, passando a aliciar as mulheres portuguesas para casarem fora de território nacional, como seja na Escandinávia, Holanda, Bélgica, etc.

O líder do grupo, após ser acusado e reconhecido culpado, deu entrada no estabelecimento prisional da Polícia Judiciária em Lisboa, em 20/10/2010. O Ministério Público requereu julgamento, em processo comum e perante o tribunal coletivo, imputando-lhe, em autoria material e na forma consumada, a prática de factos que integravam, no decurso do período compreendido entre o ano de 2007 e 2010, os seguintes crimes:

a. Um crime de auxílio à imigração ilegal, punido penalmente pelo art. 183, nº 2 da Lei 23/2007, de 4 de julho.

b. Um crime de associação de auxílio à imigração ilegal, punido pelo art. 184, nº 1 e 2, da Lei 23/2007, de 4 de julho.

c. Cento e setenta e cinco crimes de casamento de conveniência, punidos pelo art. 186, nº 2, da Lei 23/2007, de 4 de julho.

d. Um crime de associação criminosa, punido pelo art. 299º, nº 1 e nº 3, do Código Penal; e. Um crime de falsificação ou contrafação de documentos, punido pelo art. 256º, nº 1, al. f) e nº 3 do Código Penal.

O Tribunal coletivo condenou o principal arguido numa pena única de quatro anos de prisão. Esta investigação ilustra como funcionam as redes criminosas que operam na Europa. Primeiro fator: a sua origem encontra-se num país em vias de desenvolvimento; segundo fator: a existência de comunidades migrantes geralmente bem inseridas nas sociedades europeias de destino sobre imigração e sobretudo sobre alteração do estado civil; quarto fator: aposta na dificuldade de controlar o elevado número de casamentos.»

Pelo menos para já, não são frequentes os casos de casamentos com intenções fraudulentas celebrados fora da União Europeia. Na maioria dos casos, os responsáveis pela angariação de cidadãos para casamentos por conveniência, também chamados casamentos brancos, são elementos de redes criminosas transnacionais. Os cidadãos de Espaço Schengen assim angariados são na maior parte dos casos pessoas com problemas financeiros ou pessoas que por si mesmas já beneficiaram de situação semelhante para obtenção de nacionalidade. Há também casos em que o casamento é feito noutro país da UE, em que a legislação é mais favorável (Grassi, 2005).

Hoje, no território português, é mais difícil realizar o casamento de conveniência sem que se torne suspeito, estando as conservatórias do registo civil atentas, comunicando ao SEF, quer para efeitos de parecer, quer para investigação, situações suspeitas. Daí que as redes criminosas tenham alterado o seu *modus operandi*. Assim, aliciam as «noivas» em Portugal para posteriormente casarem fora de território nacional, deslocando-se para outros países onde o casamento tem maior probabilidade de se concretizar sem suspeitas, como é o caso da Dinamarca, da Holanda e da Bélgica.

Quanto à união de facto, importa ter em atenção a Lei nº 7/2001, de 11 de maio, que a regulamenta. Pode abranger duas pessoas do mesmo sexo.

Prova da união de facto

No que concerne à prova de união de facto, o art. 2º da referida lei estatui:

1. Na falta de disposição legal ou regulamentar que exija prova documental específica, a união de facto prova-se por qualquer meio legalmente admissível.
2. No caso de se provar a união de facto por declaração emitida pela junta de freguesia competente, o documento deve ser acompanhado de declaração de ambos os membros da união de facto, sob compromisso de honra, de que vivem em união de facto há mais de dois anos, e de certidões de cópia integral do registo de nascimento de cada um deles.
3. Caso a união de facto se tenha dissolvido por vontade de um ou de ambos os membros, aplica-se o disposto no número anterior, com as necessárias

adaptações, devendo a declaração sob compromisso de honra mencionar quando cessou a união de facto; se um dos membros da união dissolvida não se dispuser a subscrever a declaração conjunta da existência pretérita da união de facto, o interessado deve apresentar declaração singular.

4. No caso de morte de um dos membros da união de facto, a declaração emitida pela junta de freguesia atesta que o interessado residia há mais de dois anos com o falecido, à data do falecimento, e deve ser acompanhada de declaração do interessado, sob compromisso de honra, de que vivia em união de facto com o falecido há mais de dois anos, à mesma data, de certidão de cópia integral do registo de nascimento do interessado e de certidão do óbito do falecido.
5. As falsas declarações são punidas nos termos da lei penal.

Obter um atestado da Junta de Freguesia comprovativo da união de facto não requer dificuldade. As Juntas não efetuam qualquer averiguação, limitando-se a certificar o que os requerentes declaram, sob compromisso de honra.

O acórdão do Tribunal Central Administrativo Norte de 13/11/2020 acentua a fragilidade dos atestados da Junta de Freguesia:

> «I – O atestado emitido pelo Presidente da Junta de Freguesia consubstancia um documento autêntico (nº 2 do art. 363º do Código Civil), nos termos do art. 371º, nº 1, faz prova plena dos factos praticados pela entidade documentadora, de sorte que, tudo o que o documento referir como tendo sido praticado por essa entidade e bem assim tudo o que tenha sido percecionado pela mesma tem de ser aceite como exato.
>
> II – Os factos a que se reportam as declarações emitidas e que constam do atestado emitido pelo Presidente da Junta, a sua prova fica sujeita à livre apreciação, uma vez que o documento autêntico não fiabiliza a veracidade que os declarantes fazem perante a entidade documentadora, mas apenas que essas declarações foram feitas.» (relatora Helena Ribeiro)

Conta-se que numa freguesia do sul do país um cidadão requereu à Junta que emitisse um atestado comprovativo de que os seus dois animais de estimação viviam em união de facto. Na dúvida, houve quem sugerisse o parecer ao advogado da autarquia. Igual a esta só a história, também verídica, de um militante de um partido político que propôs o seu cão como militante, apenas para verificar se a proposta era aceite, o que efetivamente viria a suceder, não obstante a ausência de elementos de identificação essenciais, como o número do cartão de cidadão.

Daí que o legislador tenha sido mais exigente no que diz respeito ao requisito para a obtenção da nacionalidade, impondo a necessidade de reconhecimento em ação sentença judicial. Fixando a sentença a data em que se iniciou a união de facto, o interessado não necessita de aguardar três anos para requerer a aquisição da nacionalidade. Pode a sentença com trânsito em julgado ter a data deste mês e o pedido de aquisição de nacionalidade dar entrada hoje mesmo, desde que o início da união de facto remonte a mais de três anos.

"Face à atribuição específica de competência constante do art. 3º,nº 3, da Lei da Nacionalidade, os tribunais de família e menores não são competentes para julgar as ações de reconhecimento judicial das situações de união de facto, com vista à obtenção da nacionalidade portuguesa", concluiu o acórdão do STJ de 17/06/2021, relator Cura Mariano.

Na fundamentação, refere-se que o legislador, quando previu a possibilidade de a união de facto ser fator de aquisição da nacionalidade portuguesa, optou por definir a competência para o reconhecimento dessas situações de união de facto, atribuindo-a aos tribunais cíveis.

3. AQUISIÇÃO APÓS OBTENÇÃO DA CAPACIDADE

Art. 4º

Os que hajam perdido a nacionalidade portuguesa por efeito de declaração prestada durante a sua incapacidade podem adquiri-la, quando capazes, mediante declaração.

Este artigo aplica-se às situações em que o cidadão português, sendo incapaz, perdeu a nacionalidade portuguesa pelo facto de, sendo também nacional de outro Estado, ter declarado que não queria ser português, como o permite o art. 8º.

Nesta situação, o interessado pode readquirir a nacionalidade portuguesa, quando tiver capacidade.

Os requisitos para a aplicação do art. 4º são:

- Ser estrangeiro, nascido em Portugal ou no estrangeiro.
- Ter capacidade.
- Ter já sido português, mas ter perdido a nacionalidade durante a incapacidade, por declaração efetuada pelos seus representantes legais.
- Possuir declaração com o propósito de querer readquirir a nacionalidade portuguesa.
- Não se verificarem fundamentos de oposição à aquisição da nacionalidade portuguesa.

4. OPOSIÇÃO À AQUISIÇÃO DA NACIONALIDADE POR EFEITO DA VONTADE

Art. 9º

1. Constituem fundamento de oposição à aquisição de nacionalidade portuguesa por efeito da vontade:

a) A inexistência de ligação efetiva à comunidade nacional;
b) A condenação, com trânsito em julgado da sentença, com pena de prisão igual ou superior a 3 anos, por crime punível segundo a lei portuguesa;
c) O exercício de funções públicas sem carácter predominantemente técnico ou a prestação de serviço militar não obrigatório a Estado estrangeiro;
d) A existência de perigo ou ameaça para a segurança ou a defesa nacional, pelo seu envolvimento em atividades relacionadas com a prática do terrorismo, nos termos da respetiva lei.

2. A oposição à aquisição da nacionalidade com fundamento na alínea a) do nº 1 não se aplica às situações de aquisição de nacionalidade em caso de casamento ou de união de facto quando existam filhos comuns do casal com nacionalidade portuguesa.

3. A oposição à aquisição de nacionalidade com fundamento na alínea a) do nº 1 também não se aplica às situações de aquisição de nacionalidade quando o casamento ou a união de facto decorra há pelo menos seis anos.

4. À prova da inexistência de condenação referida na alínea b) do nº 1 é aplicável o disposto no nº 11 do artigo 6º.

O facto relevante para a aquisição da nacionalidade é a declaração de vontade de quem reúne as condições; porém, o efeito da aquisição está sujeito à verificação de uma condição negativa, que consiste na não dedução pelo Ministério Público de ação administrativa de oposição à aquisição da nacionalidade ou, tendo a mesmo sido proposta, haja sido julgada improcedente,

Na verdade, existe um instituto, no âmbito da aquisição da nacionalidade por efeito da vontade e da adoção, que constitui como que uma defesa-ataque do Estado; trata-se da oposição à aquisição da nacionalidade, que poderá ter lugar nos casos abrangidos pelos arts. 2º, 3º e 4º e vem enunciado no art. 9º, atrás transcrito.

4.1. Inexistência de ligação efetiva

O caso mais frequente é o da inexistência de ligação efetiva à comunidade nacional. O que é a ligação efetiva? Segundo jurisprudência que se vem firmando a este propósito, a «ligação efetiva» traduz-se na integração na comunidade nacional que assente num complexo de liames, expressos pelo conhecimento da língua portuguesa, domicilio, comunhão cultural, integração social (que não meramente familiar) e até por factos económico-profissionais, complexo que traduz e demonstra um sentimento de pertença à comunidade portuguesa e não de uma ligação oportunista (neste sentido genérico, os acórdãos da Relação de Lisboa de 15-2-2007 no processo nº 05214/09, de 28-6-12, no processo nº 7772/06, de 12-01-98, no processo nº 6163/97 e de 02-04-98, no processo nº194/98-L e do Supremo Tribunal de Justiça de 12-1-99 no processo 7191/97- 1ª Secção, de 6-7-06 no processo nº 6B1740 e de 21-9-04, in processo nº 5ª 327e ainda o acórdão do TCAS de 10-7-14, in recº nº 11308).

«Importa, sobretudo, que o requerente se sinta de facto como psicológica e sociologicamente português», como acentua o Ac. do STJ de 22.06.2005. Numa palavra, importa que se sinta português.

Na apreciação dos pedidos de aquisição de nacionalidade por efeito da vontade, sempre que, pela análise da documentação apresentada, o conservador verifique a existência de factos que possam suscitar a oposição do Ministério Público, notifica o requerente para, no prazo de 30 dias, dizer o que se lhe oferecer por conveniente, com a indicação de que a falta de resposta determina a participação ao Ministério Público.

O Ministério Público propõe a ação no Tribunal Administrativo, havendo recurso para o Tribunal Central Administrativo. O Estado Português tem interesse em que não haja «falsos cidadãos», pessoas que não tenham sentimento de pertença ao país, razão pela qual o Ministério Público, como seu representante, propõe a ação em que se opõe à aquisição de nacionalidade daquela pessoa em particular.

Com a Lei Orgânica nº 2/2006, de 17 de abril, o ónus da alegação e prova dos factos suscetíveis de fundamentar a oposição, incluindo a falta de ligação efetiva à comunidade nacional, passou a ser do Ministério Público. Tal dificulta a propositura e êxito da ação, pois o Ministério Público não tem meios práticos para recolher elementos de prova em matéria tão sensível e muito menos conseguir testemunhas a depor. Acabam por ser relevantes as próprias declarações dos requerentes, que se podem virar contra eles, como sucede tantas vezes com os requerentes de asilo.

«I – Cabe ao Ministério Público, segundo jurisprudência uniformizada, o ónus da prova dos factos-fundamento do conceito jurídico indeterminado "inexistência de ligação efetiva à comunidade nacional portuguesa".

II – Cabe ao Ministério Público o ónus da alegação dos factos negatórios dos fatores de integração real ou de ligação efetiva à portugalidade; isto é, à nação portuguesa como uma comunidade histórico-cultural com vocação ou aspiração a uma comunidade onde política, caracterizável espiritual e culturalmente, avultam a história comum, atitudes e estilos de vida, maneiras de estar, ideias de futuro.

III – O disposto no artigo 351º do Código Civil aplica-se na ação administrativa negatória imposta ao Ministério Público, para defesa da legalidade democrática, prevista no artigo 57º/8 do Decreto-Lei nº 237-A/2006 e nos arts. 9º, alínea a) e 10º da Lei nº 37/81, na redação que lhe foi introduzida pela Lei Orgânica nº 2/2006.

IV – O disposto nos artigos 567º e 574º do Código de Processo Civil também se aplica na ação administrativa de oposição à aquisição da nacionalidade ou cidadania portuguesa.

V – Se o cidadão estrangeiro não contestar, consideram-se confessados os factos alegados pelo MP (artigo 567º/1 do Código de Processo Civil).

VI – Se o réu contestante não impugnar, de entre os factos alegados pelo M.P., os que sejam pessoais ou outros que deva conhecer, tais factos consideram-se admitidos por acordo (artigo 574º/2/3 do Código de Processo Civil).» (acórdão do Tribunal Central Administrativo Sul, de 2/02/2017, Relator Paulo Pereira Gouveia).

Em 2019, o Tribunal Administrativo de Círculo de Lisboa apreciou a seguinte factualidade, em ação de oposição à aquisição de nacionalidade :

1. O réu é natural de Bombaim, Índia, onde nasceu em 1963;
2. O réu tem nacionalidade indiana;
3. Em 1991, casou em Bombaim com uma cidadã portuguesa;
4. Em janeiro de 2013, declarou pretender adquirir a nacionalidade portuguesa;
5. O processo de crescimento e maturação do réu, com a inerente absorção de costumes e valores familiares, afetivos e socioculturais, desenvolveu-se na República da Índia, país onde nasceu e casou e nos Emiratos Árabes Unidos, onde atualmente vive.

A sentença considerou a ação procedente, pelo facto de o réu, requerente da nacionalidade, não ter carreado para o processo provas da ligação efetiva à comunidade portuguesa. Todavia, o último recurso interposto pelo réu foi considerado procedente pelo STA, que concluiu que "ao contrário do decidido, a factualidade alegada e provada não fundamenta o preenchimento do conceito indeterminado em causa (falta de ligação efetiva à comunidade nacional), pois não é segura e isenta de qualquer dúvida a conclusão de que o R. não tem uma ligação efetiva" (acórdão de 15/10/2020).

Este instituto tem sido «aligeirado» com as últimas alterações à Lei da Nacionalidade.

A Lei Orgânica nº 2/2018, de 5 de julho, introduziu o nº 2 do art. 9º, pelo qual a oposição à aquisição de nacionalidade com fundamento na inexistência de ligação efetiva à comunidade nacional não se aplica em caso de casamento ou de união de facto quando existam filhos comuns do casal com nacionalidade portuguesa (poderá haver oposição, mas com outro fundamento, como por exemplo a prática de terrorismo).

Mais recentemente, a Lei Orgânica nº 2/2020, de 10 de novembro, introduziu a redação do nº 3, pelo qual se o casamento ou a união de facto decorrer há pelo menos seis anos também não haverá lugar a oposição com fundamento na inexistência de ligação efetiva à comunidade nacional.

Daí que, em qualquer uma destas situações, não seja necessário o requisito "ligação efetiva à comunidade nacional."

Além destes casos, de não aplicação dos fundamentos de oposição, há outros de presunção de existência de ligação efetiva à comunidade nacional, enunciados no art. 57º, nº 3 e nº 4, do Regulamento da Nacionalidade:

Art. 57º

3. A Conservatória dos Registos Centrais deve presumir que existe ligação efetiva à comunidade nacional quando o declarante, menor ou incapaz, no momento do pedido resida legalmente no território português nos cinco anos imediatamente anteriores ao pedido, se encontre inscrito na administração tributária e no Serviço Nacional de Saúde ou nos serviços regionais de saúde e, sendo menor em idade escolar, comprove ainda a frequência escolar em estabelecimento de ensino no território nacional.

4. A Conservatória dos Registos Centrais deve presumir que existe ligação efectiva à comunidade nacional quando o declarante, maior, no momento do pedido preencha, designadamente, um dos seguintes requisitos:

- **a) Seja natural e nacional de país de língua oficial portuguesa, casado ou vivendo em união de facto há, pelo menos, cinco anos, com nacional português originário;**
- **b) Seja natural e nacional de país de língua oficial portuguesa e existam filhos, portugueses de origem, do casamento ou da união de facto que fundamenta a declaração;**
- **c) Conheça suficientemente a língua portuguesa, desde que esteja casado ou viva em união de facto com português originário há, pelo menos, cinco anos;**

d) Resida legalmente no território português nos três anos imediatamente anteriores ao pedido, se encontre inscrito na administração tributária e no Serviço Nacional de Saúde ou nos serviços regionais de saúde, e comprove frequência escolar em estabelecimento de ensino no território nacional ou demonstre conhecimento da língua portuguesa;

e) Resida legalmente no território português nos cinco anos imediatamente anteriores ao pedido, se encontre inscrito na administração tributária e no Serviço Nacional de Saúde ou nos serviços regionais de saúde.

5. A residência legal no território português e o conhecimento da língua portuguesa são comprovados nos termos do artigo 25º.

4.2. Condenação em pena de prisão de máximo igual ou superior a três anos

A condenação em pena de prisão também sofreu alterações, como já referido, pois antes estava em causa a moldura penal e com a Lei Orgânica nº 2/2018, de 5 de julho, passou a estar em causa a pena efetivamente aplicada.

> «Se a condenação não existia na data em que foi instaurada pelo Ministério Público a oposição à aquisição de nacionalidade, constituindo mera circunstância de verificação futura incerta e eventual, a oposição à aquisição de nacionalidade sempre teria de improceder, não sendo de aplicar o regime de suspensão da instância previso no nº 1 do art. 272º do Código de Processo Civil.» (acórdão de Uniformização de Jurisprudência nº 7/2017, de 16 de novembro)

Importa considerar a possibilidade de reabilitação legal:

> «O impedimento de adquirir a nacionalidade portuguesa, decorrente da condenação em pena de prisão de máximo igual ou superior a três anos, deve ter em conta a ponderação do legislador efetuada em sede de cessação da vigência da condenação penal, inscrita no registo criminal e seu cancelamento e correspondente reabilitação legal. Nestes termos, tendo o Tribunal de Execução de Penas considerado o requerente readaptado, ao deferir o seu pedido de reabilitação judicial e ao cancelar no seu registo criminal as condenações penais sofridas, não há fundamento que obste à concessão do seu pedido de aquisição de nacionalidade portuguesa.» (acórdão do STA, de 15/09/2016).

Em termos procedimentais, é efetuada consulta a três entidades: PJ (Polícia Judiciária), SEF (Serviço de Estrangeiros e Fronteiras) e DGAJ (Direção-Geral da Administração da Justiça).

De notar que a condenação apenas releva se tiver transitado em julgado.

EXEMPLO DE AÇÃO

A 10/10/2019, o Tribunal Central Administrativo Sul apreciou um recurso de uma sentença proferida pelo Tribunal Administrativo de Círculo que considerou procedente a ação de oposição à aquisição de nacionalidade proposta pelo MP relativa a um pedido de aquisição de uma cidadã de São Tomé e Príncipe.

Os factos provados foram os seguintes:

- A Requerida tem nacionalidade santomense.
- Na data do seu nascimento (13. 08. 2006) os seus pais tinham nacionalidade santomense.
- Em dezembro de 2014, o pai da Requerida adquiriu a nacionalidade portuguesa por naturalização.
- Quatro tios das Requerida, irmãos e irmã do seu pai, adquiriram igualmente por naturalização a nacionalidade portuguesa em 2014 e 2013.
- A sua mãe manteve a nacionalidade santomense.
- A Requerida reside em Água Grande, São Tomé.
- A requerida já viajou para Portugal e o passaporte, emitido pela República de São Tomé, tem visto e carimbos de entrada e saída em/de Lisboa, e é titular de cartão da TAP de milhas por viagens frequentes.
- Encontra-se inscrita no Registo Central de Contribuinte, da Autoridade Tributária e Aduaneira (AT), com indicação de que tem residência no estrangeiro.
- Frequenta (frequentou) o ensino básico em escola pública santomense, onde aprende, designadamente, a dominar a língua portuguesa, a oficial do seu país de origem.
- Na declaração de vontade em adquirir a nacionalidade portuguesa foi declarada a existência de ligação efetiva à comunidade nacional.

Após enunciar os factos provados, a relatora interroga-se:

«Esta factualidade provada demonstra ou não demonstra que a requerida, aqui recorrente, não tem uma ligação efetiva à comunidade nacional portuguesa?»

Seguidamente, o acórdão concluiu da seguinte forma:

«A questão que se coloca e que carece de resolução nesta sede prende-se assim com a qualificação jurídica dos factos provados.

Pelo que não ocorreu qualquer erro de julgamento de direito, nomeadamente uma incorreta aplicação do artigo 342º do Código Civil e do artigo 414º do Código de Processo Civil.

E, analisando aqui os factos provados, para os enquadrar juridicamente, temos de concluir que a requerida e recorrente menor nasceu, estuda e reside em São Tomé, o pai e os tios paternos (4) adquiriam a nacionalidade portuguesa, a menor já viajou para Portugal, o passaporte, emitido pela República de São Tomé, tem visto e carimbos de entrada e saída em/de Lisboa, é titular de cartão da TAP de milhas por viagens frequentes, encontra-se inscrita no Registo Central de Contribuinte, da Autoridade Tributária e Aduaneira (AT), com indicação de que tem residência no estrangeiro.

Estes factos não integram o conceito jurídico indeterminado de falta de ligação efetiva à comunidade nacional portuguesa.

Por isso, temos de concluir que, face à factualidade provada, não é possível considerar que a menor santomense *não tem ligação efetiva à nação portuguesa.*

Outra conclusão teríamos se se provasse que a requerida e recorrente, ainda menor, nunca tinha vindo a Portugal, e ou que não convive com portugueses, e ou que não conhece a comida e a música portuguesas, e ou que não sabe História de Portugal, etc.

Não se mostrando, por conseguinte, verificado o pressuposto previsto na alínea a) do artigo 9º da Lei da Nacionalidade (na redação vigente) – *inexistência de ligação efectiva à comunidade nacional.*

Se a requerida e recorrente apresentasse hoje, face à entrada em vigor da redação mais recente do Regulamento da Nacionalidade Portuguesa – DL nº 71/2017, de 21.6 – novo pedido de aquisição de nacionalidade portuguesa, instruído do mesmo modo, sendo a sua realidade/vivência idêntica àquela que tinha em 2016, a decisão a proferir teria o mesmo sentido. O art. 56º, nº 3 do Regulamento da Nacionalidade Portuguesa, na redação dada pelo DL nº 71/2017, de 21.6, estabelece apenas uma presunção legal de *existência de ligação efetiva à comunidade nacional.* O fundamento de oposição à nacionalidade – *inexistência de ligação efetiva à comunidade nacional* – continua a existir e o legislador, do DL nº 71/2017, assume, no preâmbulo, que «o conjunto de circunstâncias perante as quais a Conservatória dos Registos Centrais deverá presumir a existência de ligação efetiva à comunidade nacional... procura, através da agilização e melhor densificação do procedimento administrativo relativo à fase prévia à oposição, aliviar a pressão que impende sobre o Ministério Público. A criação destas presunções contribuirá não só para diminuir o número de processos que a Conservatória dos Registos Centrais comunica ao Ministério Público, mas também para balizar as próprias expectativas dos interessados, aumentando a previsibilidade do procedimento administrativo em causa.

Porque os factos provados não permitem concluir pela inexistência da ligação efetiva da menor à comunidade portuguesa, há que conceder provimento ao recurso e, revogando a sentença recorrida, julgar improcedente a ação intentada pelo MP contra o ora recorrente.»

Quanto ao ónus da prova, o Tribunal Central Administrativo Sul vincou que incumbia ao Ministério Público provar a inexistência de laços:

«Não era a Recorrente que, frise-se, tinha que efetuar a alegação e a prova de factualidade integradora da inexistência de ligação efetiva à comunidade nacional, visto ser sobre o «MP», enquanto demandante, que impendia tal ónus, efetuando, uma vez recebida a comunicação feita pelos serviços competentes, as prévias e necessárias diligências de averiguação e instrução tendentes a apurar da existência e consistência, no caso, de factos integradores da referida inexistência de ligação efetiva e da viabilidade da propositura duma ação administrativa de oposição à aquisição da nacionalidade portuguesa neles fundada.» (relatora Alda Nunes)

Capítulo V
Aquisição por Adoção

A adoção conduz à aquisição da nacionalidade portuguesa se o adotante for nacional português (art. 5º). A nacionalidade portuguesa do adotante deve verificar-se na data da adoção.

Apenas a adoção decretada durante a menoridade produz efeitos no que respeita à nacionalidade. Tal resulta do art. 14º, que estabelece que só a filiação estabelecida durante a menoridade produz efeitos em relação à nacionalidade.

1. REQUISITOS

São requisitos para a aplicação do art. 5º:

- Ser o adotado estrangeiro.
- Ser o adotante português, na data da adoção.
- Ocorrer a adoção na menoridade do adotado.

Poderá suceder que a adoção tenha sido proferida por tribunal estrangeiro. Em tal hipótese, terá de ser revista e confirmada no Tribunal da Relação, de modo a produzir efeitos na ordem jurídica portuguesa. Só após o trânsito em julgado do acórdão confirmativo da sentença estrangeira poderá, então, ser inscrito o nascimento na Conservatória do Registo Civil.

Não é necessária revisão nos casos previstos no art. 23º da Convenção de Haia de 29/05/1993 relativa à Proteção de Crianças e à Cooperação em matéria de Adoção Internacional. Este artigo tem a seguinte redação:

Artigo 23º

1. Uma adoção certificada em conformidade com a Convenção, pela autoridade competente do Estado onde ocorreu, será reconhecida de pleno direito pelos demais Estados Contratantes. O certificado deverá especificar quando e quem outorgou os assentimentos previstos no artigo 17º, alínea c).

2. Cada Estado Contratante, no momento da assinatura, ratificação, aceitação, aprovação ou adesão, notificará ao depositário da Convenção a identidade e as funções da autoridade ou das autoridades que, nesse Estado, são competentes para expedir esse certificado, bem como lhe notificará, igualmente, qualquer modificação na designação dessas autoridades.

Importa verificar se a adoção estrangeira teve efeitos equiparados aos da adoção do direito português. Neste caso, de efeitos equiparados, permitirá a aquisição da nacionalidade portuguesa:

> «A lei que regula a adoção é a lei da nacionalidade do adoptante sem prejuízo de ser reconhecida em Portugal a adoção feita no estrangeiro de pessoa estrangeira por nacional, fazendo-se a adoção nos termos da lei desse país.
>
> Ocorrendo a adoção no Brasil, onde foi feita por escritura pública, mas evoluindo o regime legal naquele país e naquelas condições para um regime equivalente ao nosso regime de adoção plena, à nova lei brasileira é aplicável aquela adoção e deve ser atribuído ao adotado o regime da adoção plena no nosso país.» (acórdão do STJ, de 11/07/2006).

O português adotado por estrangeiro não perde a nacionalidade portuguesa.

Caso o adotante tenha adquirido a nacionalidade portuguesa por declaração de vontade ou por naturalização, com registo lavrado após ter sido decretada a adoção, o menor (seu filho adotivo) poderá adquirir a nacionalidade portuguesa, não com base no art. 5º, mas com fundamento no art. 2º.

No site portal cidadania portuguesa, lê-se:

> "Orientação do IRN sobre os casos de filhos adotivos de nacional português para obtenção da nacionalidade portuguesa
>
> A quem se aplica?
>
> Aos estrangeiros adotados plenamente por nacional português, por decisão transitada em julgado em data posterior à da entrada em vigor da Lei da Nacionalidade nº 37/81, de 3 de outubro.
>
> Se a sentença de adoção tiver sido decretada por Tribunal estrangeiro, só pode ser invocada para efeitos de aquisição da nacionalidade depois de ser revista e confirmada por Tribunal Português, exceto se se tratar de decisão proferida em país com o qual tenha sido celebrado Acordo que dispense a revisão e confirmação da sentença.

Como deve apresentar o pedido?

O interessado adquire a nacionalidade portuguesa por efeito, devendo apresentar os documentos solicitados.

Se se verificar qualquer uma das circunstâncias que são fundamento de oposição à aquisição da nacionalidade é feita participação ao Ministério Público.

Onde pode obter mais informações ou apresentar o pedido?

Na Conservatória dos Registos Centrais quando o nascimento tenha ocorrido no estrangeiro;

Numa Conservatória do Registo Civil onde se encontra arquivado o registo de nascimento ou outra Conservatória do Registo Civil da sua escolha, ou

Num Consulado português da área da residência.

Que documentos devem instruir o pedido?

Hipótese 1. Se o adotado nasceu no estrangeiro, são necessários os seguintes documentos:

Certidão do registo de nascimento, se possível, de cópia integral e emitida por fotocópia, devidamente legalizada e acompanhada de tradução, se escrita em língua estrangeira.

Certidão do registo de nascimento do adotante português, de cópia integral e, se possível, emitida por fotocópia. Esta certidão do registo de nascimento pode ser oficiosamente obtida pelos serviços.

Certidão da decisão que decretou a adoção. Se a decisão tiver sido proferida por Tribunal estrangeiro, deve ser previamente revista e confirmada por Tribunal português, exceto se se tratar de decisão proferida em país com o qual tenha sido celebrado Acordo que dispense a revisão e confirmação da sentença. Por princípio, o tribunal português que decretou a adoção ou que procedeu à revisão e confirmação da decisão estrangeira envia oficiosamente uma certidão à Conservatória competente.

Documentos comprovativos de ligação efetiva à Comunidade Portuguesa;

Se o adotado for maior de 16 anos:

Certificados do registo criminal emitidos pelos serviços competentes do país da naturalidade e da nacionalidade, bem como dos países onde o interessado tenha tido ou tenha residência, após os 16 anos, acompanhados de tradução, se escritos em língua estrangeira. O interessado está dispensado de apresentar o certificado do registo criminal do país da naturalidade e ou do país da nacionalidade sempre que comprove que, após ter completado os 16 anos, residiu noutro país. O interessado está também dispensado de apresentar o certificado de registo criminal português, que é oficiosamente obtido pelos Serviços;

Documentos que comprovem a natureza das funções públicas ou do serviço militar não obrigatório, prestados a Estado estrangeiro, sendo caso disso. A apresentação destes documentos só tem lugar se o interessado tiver estado nestas circunstâncias.

Hipótese 2. Se o adotado nasceu em Portugal, são necessários os seguintes documentos:

Certidão do registo de nascimento do adotante português, de cópia integral e, se possível, emitida por fotocópia. Esta certidão do registo de nascimento pode ser oficiosamente obtida pelos serviços.

Certidão da decisão que decretou a adoção, para fins de averbamento ao assento de nascimento do adotado. Por princípio, o tribunal que decreta a decisão de adoção envia oficiosamente uma certidão à Conservatória competente.

Se o adotado for maior de 16 anos:

Certificados do registo criminal emitidos pelos serviços competentes do país da nacionalidade, bem como dos países onde o interessado tenha tido e tenha residência após os 16 anos, acompanhados de tradução, se escritos em língua estrangeira. O interessado está dispensado de apresentar o certificado do registo criminal do país da naturalidade e ou do país da nacionalidade sempre que comprove que, após ter completado os 16 anos, residiu noutro país. O interessado está também dispensado de apresentar o certificado de registo criminal português, que é oficiosamente obtido pelos Serviços;

Documentos que comprovem a natureza das funções públicas ou do serviço militar não obrigatório, prestados a Estado estrangeiro, sendo caso disso. A apresentação destes documentos só tem lugar se o interessado tiver estado nestas circunstâncias."

2. UM CASO FALHADO

O Tribunal Central Administrativo Sul apreciou a situação de um menor de nacionalidade brasileira adotado, que requereu à nacionalidade portuguesa.

A factualidade não permitiu a procedência do pedido, conforme decisão que, pelo seu interesse, se transcreve parcialmente.

«1) O Réu é natural de Rio de Janeiro, Brasil, onde nasceu em 27 de agosto de 1996 e é filho de cidadã brasileira.

2) Por sentença do Tribunal de Justiça do Estado de São Paulo, Brasil, de 20.04.2010, foi extinto o poder paternal da mãe biológica do Réu, tornando-se filho adotivo de Jayme ...., natural do Rio de Janeiro, e de Sandra ...., natural de Recife, Brasil, à data casados entre si.

3) O Réu tem nacionalidade brasileira.

4) Em 25.01.1986, os pais adotivos contraíram casamento no Rio de Janeiro, tendo sido decretado o divórcio por sentença de 25.08.2008.

5) O seu pai adquiriu a nacionalidade portuguesa nos termos do art. 7º da Lei nº 37/81, de 3 de outubro, de acordo com o registo lavrado pelo averbamento nº 1, de 04.09.2008, e por averbamento nº 3, de 27.07.2012, foi-lhe atribuída a nacionalidade

portuguesa nos termos do art. 1º, nº 1, alínea c) da citada Lei nº 37/81 ao assento de nascimento nº 38642/2008, da Conservatória dos Registos Centrais Lisboa.

6) Em 12.11.2012 foi recebida, na Conservatória dos Registos Centrais, declaração de aquisição de nacionalidade portuguesa pelo Réu, então menor, subscrita pela mandatária dos pais adotivos do Réu, nos termos do art. 5º da Lei nº 37/81, de 3 de outubro, por aquisição por adoção plena por nacional português, requerendo que se lavre o respetivo registo.

7) Com a declaração referida em 6. foram, designadamente, juntos os seguintes documentos: Certidão do registo de nascimento do Réu; Certidão de nascimento dos pais adotivos do Réu; Certidão do registo de casamento dos adotantes; Documento comprovativo da nacionalidade do Réu; Sentença, transitada em julgado, concedendo a adoção do Réu.

8) Com base na declaração referida em 6., foi organizado na Conservatória dos Registos Centrais de Lisboa o Proc. nº 239925/12.

9) Por ofício de 10.04.2013, da Conservatória dos Registos Centrais, a mandatária dos adotantes do Réu foi notificada para apresentar certidão do acórdão de revisão e confirmação da sentença estrangeira, de acordo com o art.1094º do CPC ou na eventualidade de se tratar de uma adoção internacional, apresentar certificado de conformidade da adoção com a Convenção de Haia, de 29 de Maio de 1993, emitido pelas competentes autoridades do Brasil, nos termos do art.232 da citada Convenção, apresentar certidão de cópia integral (inteiro teor) legalizada pelo Consulado Português Local do registo de nascimento do menor, da qual conste a filiação biológica e o nome originário e remeter a declaração anexa e para a faculdade de juntar provas de ligação à comunidade portuguesa, a fim de serem ponderadas na decisão de efetuar ou não a participação ao Ministério Público para uma eventual dedução de ação de oposição à aquisição da nacionalidade, a instaurar no Tribunal Administrativo de Círculo de Lisboa.

10) Por ofício de 31.07.2013, da Conservatória dos Registos Centrais, a mandatária dos adotantes do Réu foi notificada para até ao dia 01.09.2013 dar cumprimento ao ofício de 10.04.2013.

11) No âmbito do processo referido em 8., questionou-se a existência de fatores impeditivos da pretendida aquisição de nacionalidade portuguesa – não apresentação da certidão do acórdão de revisão e confirmação da sentença estrangeira que decretou a adoção e a falta de ligação efetiva à comunidade portuguesa –, razão pela qual o registo não foi lavrado e foi remetida ao MP certidão para efeitos de instauração do presente processo, conforme despacho de 01.10.2013, do Conservador-auxiliar da Conservatória dos Registos Centrais, do qual consta designadamente o seguinte:

«Para fins do disposto na alínea a) do art. 9º da citada Lei nº 37/81, a mandatária declarou que o registando «Tem ligação efetiva à comunidade portuguesa», não tendo, no entanto, junto ao processo nenhuma prova desse facto. Nos termos do art. 56, nº 2, alínea a), do Decreto-Lei nº 237-A/2006, de 14 de dezembro, constitui fundamento de oposição à aquisição da nacionalidade portuguesa por efeito da vontade "A inexistência de ligação efetiva à comunidade nacional". Como é consabido, tem vindo a fixar-se jurisprudência no sentido de que a ligação à comunidade nacional terá por base o domicílio, a língua, os aspetos culturais, sociais, familiares, económico-profissionais, de amizade ou outros, que traduzam a ideia de um sentimento de pertença a essa comunidade (...). Sublinhe-se que o(a) requerente não mantém, nem nunca manteve residência em Portugal, não tendo o seu trajeto de vida abrangido, de forma relevante, pela realidade portuguesa. Diríamos que todo o seu processo de crescimento e de maturação, com a consequente absorção de costumes, referências e valores, se desenvolveu noutro pais, Brasil, onde residiu/reside, nos quais tem obviamente todas as suas referências sociais e culturais. Conhecerá eventualmente a língua portuguesa, mas tal facto não consubstancia de per si uma especial ligação à nossa comunidade, pois essa é também a língua do país de que é nacional, no qual cresceu e onde desenvolveu a sua personalidade. Acresce ainda o facto de o (a) requerente, não obstante ter sido devidamente notificado(a) para o efeito, até à presente data não supriu algumas deficiências existentes no processo, nomeadamente não apresentou certidão do acórdão de revisão e confirmação da sentença estrangeira que decretou a adoção e não juntou nenhuma prova de ligação efetiva à comunidade nacional. (...)".

12) Posteriormente, foi instaurado no Tribunal da Relação de Lisboa o processo de revisão da sentença proferida em 20.04.2010 e referida em 2., tendo por acórdão de 28.03.2014, transitado em julgado em 02.05.2015, sido concedida a revisão de confirmação que decretou a adoção de Lucas de .... por Jayme .... e por Sandra ....

13) O Réu, menor, nasceu e vive no Brasil com seus pais nascidos brasileiros, nunca tendo residido em nenhum outro país.

14) O processo de crescimento e maturação do Réu desenvolveu-se no seio da comunidade brasileira, onde se inserem todas as suas referências.

*

Presente o quadro factual antecedente passemos, então, à apreciação das questões que constituem o objeto deste recurso.

*

II.2. APRECIAÇÃO DO RECURSO

Aqui chegados, há, pois, condições para se compreender esta apelação e para, num dos momentos da verdade do Estado de Direito (o do controlo jurisdicional) e da efetividade do seu sistema jurídico (1), ter presentes, *inter alia*, os seguintes princípios jurídicos fundamentais: (i) juridicidade e legalidade administrativas, ao serviço do bem comum; (ii) igualdade de tratamento material e axiológico de todas as pessoas humanas; (iii) certeza e segurança jurídicas; e (iv) tutela jurisdicional efetiva e não meramente formal.

Em consequência, este tribunal utiliza um método jurídico adequado à garantia efetiva, previsível e transparente dos direitos e interesses legítimos dos cidadãos, através de um processo decisório teleologicamente orientado apenas (i) para a concretização dos valores da Constituição e (ii) ao controlo racional de coerência dos nexos da sistematicidade jurídica que precedam a resolução do caso.

Ora, o presente recurso de apelação demanda que conheçamos do seguinte:

A factualidade provada demonstra ou não demonstra que a Ré não tem uma ligação efetiva à comunidade nacional portuguesa?

Com efeito, a 1ª questão colocada pelo recorrente (a relativa à adoção e ao princípio da igualdade) não foi julgada negativamente pelo Tribunal Administrativo de Círculo, que, afirmando o facto de a sentença brasileira ter sido revista/confirmada pelos tribunais portugueses, abordou apenas a 2ª questão, tratada esta como "o problema do ónus da prova", embora possa ser tratada como «o problema de o autor ter visto serem adquiridos ou não no processo todos os fundamentos da sua pretensão de oposição ou de negação do direito invocado pelo réu.»

Vejamos:

a) Temos de qualificar juridicamente o seguinte conjunto factual:

- O réu é menor e estrangeiro.
- Nasceu e cresceu no estrangeiro.
- Viveu e vive com seus pais num país estrangeiro, onde tem as suas referências e raízes.
- Tais pais são nacionais estrangeiros, sendo que um deles, já adulto, adquiriu uma segunda nacionalidade, a portuguesa.

A resposta à questão a resolver, que é de qualificação pelo julgador dos factos provados (matéria de direito), exige no momento atual que precisemos *previamente* o seguinte:

O entendimento plasmado nos Acs. de UJ do STA nº 3/2016 e nº 4/2016 é aqui por nós pressuposto; refere-se à «espinha dorsal de todo o processo civil» (Antunes Varela, *Manual de Processo Civil*, 2ª ed., pág. 448, nota 1), que é o ónus da prova, ou seja, à conclusão que o juiz deve retirar, afinal, se não ficarem provados os factos relevantes suficientes (artigos 342º ss do *Código Civil*) ou, durante a instrução, se tiver dúvidas quanto à demonstração de certo facto relevante (artigo 414º do

Código de Processo Civil). Não se refere, pois, às situações processuais reguladas nos artigos 566º ss e 574º do *Código de Processo Civil*.

Como se sabe, a distribuição do ónus da prova é um instituto de direito material regulado nos artigos 342º ss do Código Civil atual, que pode ser definido como a regra de julgamento segundo a qual, num contexto processual híbrido de dispositivo e inquisitório, como o nosso, onde sobressaem os artigos 411º **(2)** e 413º **(3)** do *Código de Processo Civil* (princípios do inquisitório e da aquisição processual), a parte que invoque a seu favor uma situação jurídica tem contra si o risco de não serem adquiridos no processo todos os factos positivos ou negativos que, segundo a lei material, sejam idóneos a fazer nascer a situação jurídica favorável invocada; é uma regra que, devido à sua origem histórica e à sua ligação ao ónus de alegação, se projeta durante a instrução nos termos previstos no artigo 414º do *Código de Processo Civil* **(4)** – cfr.: A. Anselmo de Castro, DPCD, III, págs. 345-365; Antunes Varela *et al.*, *Manual de Processo Civil*, 2ª ed., págs. 447-456; F. Ferreira de Almeida, DPC, II, 2015, págs. 230 ss, maxime pág. 233; Remédio Marques, *Ação Declarativa à Luz do Código Revisto*, 3ª ed., págs. 590 ss). Citando o Consº Ferreira de Almeida, na *ob. cit.*, págs. 231 e 233:

> «(...). Deste modo, o princípio a observar, em caso de dúvida, quer sobre a realidade de um facto, quer sobre a repartição do ónus da prova (...), é o de que a mesma se resolve contra a parte a quem o facto aproveita (...). Daí que ter o ónus da prova redunde, afinal, na conveniência de assumir a iniciativa probatória (...); A essência da postulação legal das normas de distribuição do ónus da prova não reside propriamente na distribuição do encargo da prova pelos sujeitos processuais (...). O que tais regras, no fundo, visam é determinar o sentido em que o tribunal deve decidir (e contra quem deve decidir) quando o resultado probatório não é alcançado, isto é, quando aquele que invoca o direito não faz prova dos factos constitutivos do direito alegado (...) ou aquele contra quem a invocação (do direito) é feita não consegue provar os factos impeditivos, modificativos ou extintivos do direito invocado (...). Daí que se fale, a este propósito, da instituição de uma regra de julgamento ou regra de decisão ou de um ónus da prova objetivo ou material.»

Ora, tal pressuposto, assente nos cits. Acs. do STA, quer dizer que este TCA Sul, que anteriormente aplicava entendimento diferente (cfr., entre muitos outros, o acórdão deste tribunal de 19-05-2016, Processo nº 12987/16) considera hoje o seguinte:

(1º) Na ação administrativa negatória, imposta ao Ministério Público para defesa da legalidade e prevista no artigo 57º/8 do Decreto-Lei nº 237-A/ /2006 e nos arts. 9º, alínea a) e 10º da Lei nº 37/81, de 3 de outubro, na redação que lhe foi introduzida pela Lei Orgânica nº 2/2006, de 17 de abril, cabe ao Ministério Público o ónus da prova dos factos-fundamentos do conceito jurídico indeterminado «inexistência de ligação efetiva à comunidade nacional portuguesa».

(2º) Tal ação declarativa não é de simples apreciação negativa (cfr. artigo 10º/2/3 do *Código de Processo Civil*), não se lhe aplicando o disposto no artigo 343º/1 do Código Civil.

É, pois, o oposto do antigamente entendido pelo STJ e por este TCA Sul.

Note-se, porém, que tal ponto controverso pode vir a ser irrelevante, tudo dependendo da dimensão da factualidade negativa provada ou adquirida nos autos. É que, se o autor invocar suficientes factos negativos dos fatores de ligação efetiva e esses factos ficarem provados (seja por confissão decorrente de revelia do réu – cfr. artigo 567º/1 do *Código de Processo Civil* **(5),** seja por acordo decorrente da falta de impugnação de factos pessoais ou que o réu deva conhecer – cfr. artigo 574º/2/3 do *Código de Processo Civil* **(6),** seja por «prova judicial» baseada no senso comum e na normalidade – cfr. artigo do 351º Código Civil) **não relevará autonomamente o problema da distribuição do ónus da prova.**

b) Como se sabe, a ligação efetiva à nação portuguesa, pressuposta no artigo 9º/a) da Lei da Nacionalidade e no Decreto-Lei nº 237-A/2006, pode **exprimir-se, de um ponto de vista positivo, através de factos pessoais e sociais do cidadão estrangeiro, de modo a aferir-se fatores de integração ou de ligação efetiva como:**

- Domicílio habitual
- Família
- Relações sociais e ou profissionais
- Comunhão social, axiológica e cultural com a sociedade portuguesa
- Sentimento de pertença à comunidade nacional portuguesa

Mas, por via dos Acs. do STA cits, tais elementos **relevam de um ponto de vista negativo, de acordo com o conceito indeterminado negativo** que é a «falta de ligação efetiva à comunidade nacional portuguesa».

Cumpre ainda, tentando esclarecer o terreno movediço em que nos podemos estar a situar, precisar alguns conceitos jurídico-constitucionais muito pertinentes para o tema em apreço; assim:

(i) como a Lei da Nacionalidade e o Decreto-Lei nº 237-A/2006 se referem à «comunidade nacional portuguesa», pode-se concluir que tal legislação adota as noções de povo e de nação, para os efeitos em causa na presente ação de oposição (a aquisição da nacionalidade ou da cidadania portuguesa);

(ii) ora, nação é a comunidade histórico-cultural com vocação ou aspiração a comunidade política, caracterizável espiritualmente e culturalmente, onde avultam a história comum, atitudes e estilos de vida, maneiras de estar, ideia de futuro (Jorge Miranda, *Manual de Direito Constitucional*, III, págs. 68 ss; e Curso de D.C., 2, pág. 31-32); não se trata apenas de sociedade civil;

(iii) e povo (conceito jurídico) corresponde aos membros do Estado como sujeito e objetos do poder político (Rousseau); é uma unidade de ordem, uma comunidade, definida através da cidadania, pois está sujeita às leis do Estado e os seus membros estão ligados de modo permanente com o poder político; a *universitas civium*, cuja unidade é a sua matriz fundamental; ou como dizia Kelsen, é a vigência pessoal da ordem jurídica; não se trata da população de um país, pois esta é apenas o conjunto de residentes em certo território, sejam estrangeiros ou cidadãos (vulgo, nacionais);

(iv) um dos grandes princípios do Direito Internacional é o da ligação efetiva das pessoas ao Estado de cidadania, sobretudo no sentido de evitar a sua perda;

(v) leis como as L.O. nº 1/2013, nº 8/2015 e nº 9/2015 espelham a delicadeza desta matéria e provam que o legislador se move cautelosamente, com bom senso, sem voluntarismos e com liberdade decisória (dentro do sistema jurídico).

Parece-nos, pois, que tanto o Decreto-Lei nº 237-A/2006, como a Lei da Nacionalidade, não se referem apenas a uma qualquer ligação à sociedade portuguesa, mas sim a uma ligação – efetiva – à atual nação portuguesa e ao atual povo português.

Daqui resulta, por exemplo, que, caso se considerasse que a ordem jurídica portuguesa (Constituição da República Portuguesa, Código Civil, Código de Processo Civil, Lei da Nacionalidade e Decreto-Lei nº 237-A/2006) exige ao cidadão de outro Estado, para este se poder tornar também cidadão português, a alegação dos factos-fundamento da cit. ligação efetiva, este ónus de alegação teria então de conter sempre, no mínimo, o convívio habitual com vários cidadãos portugueses num ambiente social e ou cultural português. Porém, no contexto atual e com base nos cits. Acs. do STA, entende-se que o Ministério Público tem o ónus de alegar (e o ónus de provar) os factos-fundamento da não ligação efetiva do cidadão estrangeiro à atual nação portuguesa (comunidade histórico-cultural com vocação ou aspiração a comunidade política) e ao atual povo português (*universitas civium*, cuja unidade é a sua matriz fundamental).

c) **Ora, com os factos concretos aqui provados e atrás descritos, pode-se concluir, dentro da normalidade, que o Réu, ainda menor, não tem uma ligação efetiva à comunidade nacional portuguesa.**

Quer dizer, a cit. factualidade alegada e depois adquirida no processo (cfr. artigos 411º e 413º do Código de Processo Civil, cits.) integra-se suficientemente no conceito jurídico de «falta de ligação efetiva à comunidade nacional portuguesa» por parte do réu, no âmbito das seguintes disposições legais: artigos 9º/a) e 10º da Lei da Nacionalidade e artigos 14º, 31º ss e 56º ss do Decreto-Lei nº 237-A/2006.

Pelo que não ocorreu qualquer erro de julgamento de direito, nomeadamente uma incorreta aplicação do artigo 342º do Código Civil e do artigo 414º do Código de Processo Civil.

Na verdade, não há necessidade de recorrer a tais disposições legais, auxiliares do tribunal com dúvidas, porque se pode e deve, juridicamente, integrar os citados factos alegados e provados (*o réu é menor e estrangeiro; nasceu e cresceu no estrangeiro; viveu e vive com seus pais em país estrangeiro, onde tem as suas referências e raízes; tais pais são estrangeiros, sendo que um deles, já adulto, adquiriu uma segunda nacionalidade, a portuguesa*) **no conceito indeterminado de «falta de ligação efetiva à comunidade nacional portuguesa» por parte do réu.**

Em síntese: na presente ação administrativa negatória, o autor MP logrou (alegar e) obter factos negativos concretos suficientes para, de acordo com os cits. fatores de ligação efetiva, integrarmos a realidade pessoal, social e cultural do cidadão estrangeiro, ora réu, no conceito jurídico indeterminado de «inexistência de ligação efetiva à comunidade nacional portuguesa».

Concluímos, pois, assim:

I – Cabe ao Ministério Público, segundo jurisprudência uniformizada, o ónus da prova dos factos-fundamento do conceito jurídico indeterminado «inexistência de ligação efetiva à comunidade nacional portuguesa».

II – Cabe ao Ministério Público o ónus da alegação dos factos negatórios dos fatores de integração real ou de ligação efetiva à portugalidade; isto é, à nação portuguesa como uma comunidade histórico-cultural com vocação ou aspiração a uma comunidade política, caracterizável espiritual e culturalmente, onde avultam a história comum, atitudes e estilos de vida, maneiras de estar, ideia de futuro.

III – O disposto no artigo 351º do Código Civil aplica-se na ação administrativa negatória imposta ao Ministério Público, para defesa da legalidade democrática, prevista no artigo 57º/8 do Decreto-Lei nº 237-A/2006 e nos arts. 9º, alínea a) e 10º da Lei nº 37/81, na redação que lhe foi introduzida pela Lei Orgânica nº 2/2006.

IV – O disposto nos artigos 567º e 574º do Código de Processo Civil também se aplica na ação administrativa de oposição à aquisição da nacionalidade ou cidadania portuguesa.

V – Se o cidadão estrangeiro não contestar, consideram-se confessados os factos alegados pelo MP (artigo 567º / 1 do Código de Processo Civil).

VI – Se o réu contestante não impugnar, de entre os factos alegados pelo M.P., os que sejam pessoais ou outros que deva conhecer, tais factos consideram-se admitidos por acordo (artigo 574º/2/3 do Código de Processo Civil).

*

III. DECISÃO

Por tudo quanto vem de ser exposto e de harmonia com os poderes conferidos no artigo 202º da Constituição, acordam os juízes deste Tribunal Central Administrativo Sul em negar provimento ao recurso interposto pelo réu.

Custas a cargo do recorrente.

Lisboa, 02-02-2017

Relator: Paulo Pereira Gouveia

Capítulo VI
Naturalização

A terceira forma de obtenção da nacionalidade por aquisição consiste na naturalização (que se soma, assim, à aquisição por vontade e à adoção). A aquisição da nacionalidade por naturalização aplica-se quer a maiores, quer a menores.

1. MAIORES

1.1. Regra geral

O art. 6º, nº 1, enuncia os requisitos cumulativos para a concessão da naturalização a estrangeiros maiores:

a) Serem maiores ou emancipados face à lei portuguesa;
b) Residirem legalmente no território português há pelo menos cinco anos;
c) Conhecerem suficientemente a língua portuguesa;
d) Não terem sido condenados, com trânsito em julgado da sentença, com pena de prisão igual ou superior a 3 anos, por crime punível segundo a lei portuguesa;
e) Não constituírem perigo ou ameaça para a segurança ou a defesa nacional, pelo seu relacionamento em atividades relacionadas com a prática do terrorismo, nos termos da respetiva lei.

Esta é a regra geral para a naturalização. Sobre o conhecimento suficiente da língua portuguesa, veja-se o Capítulo III, 2.1.

Quer na naturalização de maiores, quer na naturalização de menores, uma vez verificados os requisitos correspondentes o Governo deve conceder a nacionalidade, ou seja, trata-se de um poder vinculado num processo juridicamente vinculado.

A atual redação do art. 6º estatui que «o Governo concede a nacionalidade portuguesa», enquanto a redação anterior (introduzida pela Lei Orgânica nº 2/2006, de 17 de abril) era diferente: «O Governo pode conceder a nacionalidade portuguesa aos estrangeiros que satisfaçam cumulativamente os seguintes requisitos.» Ou seja, podia concedê-la ou não.

Atualmente, verificados os requisitos, o Governo deve conceder a naturalização, ou seja, trata-se de um poder vinculado.

A aquisição por naturalização não está sujeita a oposição, o que se explica pelo facto de a competência para a sua concessão ter sido atribuída ao Ministro da Justiça.

1.2. Residência legal

O nº 1 do art. 15º considera que residem legalmente em Portugal os estrangeiros que aqui se encontrem com a sua situação regularizada perante as autoridades ao abrigo de qualquer dos títulos, vistos ou autorizações previstas no regime de entrada, permanência, saída e afastamento de estrangeiros e no regime do direito de asilo.

Para efeitos de contagem dos prazos, considera-se a soma de todos os períodos de residência legal do território nacional, seguidos ou interpolados, desde que os mesmos tenham decorrido num intervalo máximo de 15 anos (nº 2).

1.2.1. Comprovação da residência legal de cidadãos da União Europeia

No caso de estrangeiros nacionais de um Estado-membro da União Europeia, a residência legal é comprovada por:

a) Transmissão de informação pelo Serviço de Estrangeiros e Fronteiras, nos termos do nº 1, relativamente à realização do registo a que se refere o artigo 14º da Lei nº 37/2006, de 9 de agosto; ou
b) Apresentação de documentos que comprovem o preenchimento das condições do direito de residência estabelecidas nos artigos 7º e 9º da Lei nº 37/2006, de 9 de agosto, ou do direito de residência permanente estabelecidas nos artigos 10º e 11º da mesma lei.

(art. 25º, nº 10, RN).

2. MENORES

No caso de menores, a nacionalidade portuguesa é concedida se preencherem as condições cumulativas do nº 2 ou do nº 3 do art. 6º.

De acordo com o nº 2, os menores terão de preencher as condições das alíneas c), d) e e) do nº 1 e também, com referência à data do pedido, uma das seguintes condições:

a) Um dos progenitores aqui tenha residência, independentemente de título, pelo menos durante os cinco anos imediatamente anteriores ao pedido.
b) Um dos progenitores tenha residência legal em território nacional.
c) O menor aqui tenha frequentado, pelo menos, um ano da educação pré-escolar ou ensino básico, secundário ou profissional.

O nº 3 do art. 6º aplica-se a criança ou jovem com menos de 18 anos, acolhidos em instituição pública, cooperativa, social ou privada, com acordo de cooperação com o Estado, na sequência de medida de promoção e proteção definitiva aplicada em processo de promoção e proteção, ao abrigo do disposto no nº 3 do art. 72º da Lei de Proteção de Crianças e Jovens em Perigo, aprovada em anexo à Lei nº 147/99, de 1 de setembro.

Ainda que a redação deste nº 3 tenha sido introduzida pela Lei Orgânica nº 2/2018, de 5 de julho, ainda não foi publicada a regulamentação necessária à sua aplicação, pelo que a Conservatória dos Registos Centrais tem recebido os pedidos de naturalização, estando pendente a sua tramitação, o que não deixa de ser anómalo.

3. SITUAÇÕES DE EXCEÇÃO

O nº 4 do art. 6º permite a concessão da naturalização pelo Governo, com dispensa dos requisitos das alíneas b) e c) do nº 1, aos indivíduos que tenham tido a nacionalidade portuguesa e que, tendo-a perdido, nunca tenham adquirido outra nacionalidade.

O nº 5 permite a dispensa do requisito «residirem legalmente em Portugal há pelo menos cinco anos» aos indivíduos que satisfaçam cumulativamente as seguintes condições:

a) Tenham nascido em território português;
b) Sejam filhos de estrangeiro que aqui tivesse residência, independentemente de título ao tempo do seu nascimento;
c) Aqui residam, independentemente de título, há pelo menos cinco anos.

Quer no número 4 quer no número 5, desde que estejam preenchidos os requisitos, a naturalização deve ser concedida, pois na redação das duas alíneas consta «O Governo concede...» e não «pode conceder».

Ao invés, nos números seguintes (6, 7 e 8), já está consignado «O Governo pode conceder», o que é próprio de um poder discricionário.

> «O Governo pode conceder a naturalização, com dispensa dos requisitos previstos nas alíneas b) e c) do nº 1, aos indivíduos que, não sendo apátridas, tenham tido a nacionalidade portuguesa, aos que forem havidos como descendentes de portugueses originários aos membros de comunidades de ascendência portuguesa e aos estrangeiros que tenham prestado ou sejam chamados a prestar serviços relevantes ao Estado português ou à comunidade nacional.»

Grande abrangência, pois as referidas alíneas b) e c), de que ficam dispensados, referem-se à residência legal há pelo menos cinco anos e ao conhecimento da língua portuguesa. Aliás, o conhecimento da língua portuguesa presume-se existir para os requerentes que sejam naturais e nacionais de países de língua oficial portuguesa (art. 6º, nº 10).

O Tribunal Central Administrativo Sul proferiu um acórdão em 16/02/2017 confirmando a sentença do Tribunal Administrativo do Círculo que negou provimento à pretensão de uma cidadã angolana que considerava que a ministra estava obrigada a conceder-lhe a naturalização com base neste nº 6 do art. 6º. Considerou o tribunal:

> «Quanto ao facto de a recorrente, angolana, ter tido a nacionalidade portuguesa durante os seus primeiros 5 anos de vida e depois a ter perdido por causa da independência daquele país em 1975 (cf. o artigo 4º do Decreto-Lei nº 308-A/75), não é facto nem suficiente, nem injuntivo para o Estado português lhe conceder a cidadania por naturalização *ad hoc*; com efeito, a recorrente partilha tal requisito com vários milhões de angolanos, como se sabe, sendo, por isso (cf. artigo 9º do Código Civil) de entender que, neste caso (quanto aos ex-portugueses das ex-colónias), o Direito português exige algo mais para a concessão da naturalização, nomeadamente, ter deixado de ser português em idade adulta e ter profundas ou, pelo menos, especiais ligações atuais à comunidade nacional. O que aqui não se provou.
>
> Mas, seja como for, a margem de livre decisão do Governo é aqui tão grande que muito dificilmente um tribunal poderá intervir licitamente.» (relator Paulo Pereira Gouveia)

Em 16/02/2018, o Tribunal Central Administrativo Norte apreciou uma situação diferente, igualmente relativa à aplicação do art. 6º:

> «1. A interpretação de que não cabe na previsão do artigo 6º, nº 6, da Lei 37/81, de 03.10 (Lei da Nacionalidade) a naturalização de descendentes dos cidadãos

naturalizados portugueses, para além de não ter correspondência com a letra da lei – que não distingue descendentes de portugueses de origem e de portugueses naturalizados – é mesmo contrária àquele que se afigura ser o fim da norma, o retomar da nacionalidade portuguesa a um descendente de português, salvo circunstâncias excecionais que o desaconselhem.

2. Dado não estarmos perante o exercício de um poder político de livre escolha mediante critérios que escapam em absoluto ao escrutínio dos tribunais mas perante o exercício de um poder administrativo que não escapa a esse escrutínio, a dispensa, ou não, do requisito da residência em Portugal há mais de seis anos, a que alude o artigo do Decreto-Lei nº 237-A/2006, de 14.02, há de ser devidamente fundamentada, sob pena de aquilo que é o exercício de um poder discricionário se transformar no exercício de um poder arbitrário.

3. Não há violação do princípio da prossecução do interesse público no indeferimento de um pedido de naturalização num caso, comum, de essa pretensão se cingir ao exercício de um interesse meramente particular.» (relator Rogério Paulo Martins)

O nº 7 do art. 6º aplica-se aos descendentes de judeus sefarditas, que trataremos de forma autónoma no capítulo seguinte.

O nº 8 permite a concessão da nacionalidade por naturalização, com dispensa do requisito da alínea b) do nº 1, aos indivíduos que sejam ascendentes de cidadãos portugueses originários, aqui tenham residência, independentemente de título, há pelo menos cinco anos imediatamente anteriores ao pedido e desde que a ascendência tenha sido estabelecida no momento do nascimento do cidadão português.

Finalmente, temos o nº 9, introduzido pela Lei Orgânica nº 2/2020, de 10 de novembro, para «salvar» os cidadãos que não conservaram a nacionalidade portuguesa, nos termos do nº 2 do Decreto-Lei nº 308-A/75, de 24 de junho, por residirem em Portugal há menos de cinco anos, com referência à data de 25 de Abril de 1974.

O Decreto-Lei nº 308-A/75 exigia o período de cinco anos, anterior ao 25 de Abril, para a conservação da nacionalidade portuguesa em certos casos, mas houve algumas pessoas que não conseguiram conservar a nacionalidade portuguesa pelo facto de não terem esses cinco anos de permanência.

4. DOCUMENTOS

O pedido é formulado em requerimento dirigido ao Ministro da Justiça, redigido em língua portuguesa com os fundamentos do pedido e outras circunstâncias relevantes, devendo conter os elementos das alíneas a) a d) do nº 4 do art. 18º do RN.

Entre os documentos, realce para o certificado de registo criminal do país de naturalidade, nacionalidade e de todos os países onde o interessado tenha residido após ter completado os 16 anos de idade.

Em casos especiais, pode ocorrer a dispensa de apresentação de documentos que devam instruir o pedido de naturalização, mediante requerimento fundamentado do interessado e desde que não existam dúvidas sobre a verificação dos requisitos que esses documentos se destinam a comprovar.

Capítulo VII
Judeus Sefarditas

1. UM POUCO DE HISTÓRIA

Designam-se Sefarditas os descendentes de *judeus* originários de Portugal e de Espanha. O termo provém de denominação hebraica para designar a Península Ibérica. Estes judeus, que continuam a usar a língua sefardi, também denominada judeu-espanhol ou ladino, possuem tradições, hábitos e rituais diferenciados dos outros judeus, designadamente, dos que habitavam a Europa de Leste e a Europa Central.

Investigações históricas demonstram que os judeus sefarditas chegaram à Península Ibérica durante o período das navegações fenícias, embora a sua presença apenas possa ser atestada durante o Império Romano. Sobreviveram à cristianização, às invasões visigótica e árabe, mas acabaram por sucumbir à Inquisição, em Espanha e em Portugal.

A decisão de decretar a expulsão dos judeus de Portugal foi assumida por D. Manuel I, na sequência da política de unidade religiosa imposta pelos Reis Católicos. Estes expulsaram os judeus pelo Decreto de Alhambra, a 31 de março de 1492, após a conquista de Granada, mas nada indicava que o mesmo viesse a acontecer em Portugal.

De facto, não eram conhecidas no nosso país perseguições religiosas aos judeus e muito menos massacres, contrariamente ao que já acontecera em Espanha, na Europa Central, bem como na Europa de Leste.

Magnanimamente, D. João II tinha aceitado receber em Portugal, ainda que em condições precárias, os judeus fugidos de Espanha. O Rei D. Manuel I também não tinha inimizade para com os judeus. Porém, contraiu matrimónio com D. Isabel, filha dos reis católicos de Espanha, e o acordo de casamento, assinado em 1496 após laboriosas negociações, previa, numa das suas cláusulas, a expulsão de Portugal dos judeus e dos muçulmanos.

D. Manuel I tomou uma atitude de duplicidade. Por um lado, concretizou a expulsão. A lei de outubro de 1497 ordenava que «todos os judeus e mouros forros que em nossos reinos houver, se saiam fora deles, sob pena de morte natural, e perder as fazendas para quem os acusar (...) os quais judeus e mouros deixaremos ir livremente com todas suas fazendas e lhes mandaremos pagar quaisquer dívidas que lhes em nossos reinos forem devidas». Mas, por outro lado, tentou dificultar a sua saída, por várias formas, entre as quais o encerramento dos portos, com exceção do porto de Lisboa.

Estima-se que 20 000 judeus se juntaram no porto de Lisboa, aceitando a expulsão. O rei também ordenou a conversão forçada, ou seja, o batismo de crianças judias retiradas aos seus pais e entregues a famílias cristãs, com o objetivo de as reter a todo o custo.

Formalmente, deixou de haver judeus em Portugal. Os que se mantiveram no país converteram-se ao catolicismo, tomando a designação de cristãos novos. Curiosamente, os judeus que tinham fugido de Espanha e se fixaram em Portugal não foram expulsos, por decisão do rei, não havendo qualquer discriminação entre eles e os cristãos velhos, que já cá se encontravam.

Apesar da complacência do rei, o ambiente social agrava-se cada vez mais contra os judeus, em grande parte pela inveja resultante do seu estatuto económico. A inveja sempre foi um mal nacional, como sabiamente afirmou António Guterres.

Em 1506 ocorreu um massacre em Lisboa, com milhares de judeus mortos, o que acelerou a sua saída. A Inquisição, introduzida em 1536 e apenas abolida em 1821, constituiu outra violência inaudita. Muitos judeus abandonaram Portugal por receio da Inquisição e outros converteram-se oficialmente ao cristianismo, mas mantiveram no seio da família o seu culto e tradições. Um terceiro grupo de judeus, decidiu isolar-se do mundo exterior, cortando o contacto com o resto do país e seguindo rigorosamente as suas tradições. Estes judeus foram chamados de marranos, uma referência à proibição de comer carne de porco.

Durante séculos, os marranos de Belmonte mantiveram as suas tradições judaicas quase intactas, tornando-se um caso excecional e raro de uma comunidade criptojudaica. Somente na década de 70 do século passado a comunidade estabeleceu contacto com os judeus de Israel e oficializou o judaísmo como sua religião. Em 2005 foi inaugurado na cidade o Museu Judaico de Belmonte, o primeiro do género em Portugal, que mostra as tradições e o dia a dia dessa comunidade.

Num diploma aprovado em 2014, o governo da Espanha possibilitou o reconhecimento dos judeus sefarditas como cidadãos espanhóis, fixando o dia 1 de outubro de 2019 como prazo final para os requerimentos. As regras de concessão envolviam demonstração clara da ascendência sefardita através de laudo genealógico. Chegou a circular uma falsa lista na Internet com apelidos necessários para requerer a cidadania.

2. AQUISIÇÃO POR NATURALIZAÇÃO

2.1. Facilitismo

Portugal também aprovou lei semelhante à de Espanha, mas sem fixação de prazo para apresentar os requerimentos.

A Lei Orgânica nº 2/2015, de 5 de julho, introduziu alterações à Lei da Nacionalidade. Entre elas, aditou um nº 7 ao art. 6º, com a seguinte redação:

> «7. O Governo pode conceder a nacionalidade por naturalização, com dispensa dos requisitos previstos nas alíneas b) e c) do nº 1, aos descendentes de judeus sefarditas portugueses, através da demonstração da tradição de pertença a uma comunidade sefardita de origem portuguesa, com base em requisitos objetivos comprovados de ligação a Portugal, designadamente apelidos, idioma familiar, descendência direta ou colateral.»

Recordemos que a alínea b) diz respeito à residência legal e a c) ao conhecimento suficiente da língua portuguesa. O que dizer desta possibilidade de aquisição de nacionalidade portuguesa? Quem abandonou Portugal, de modo forçado, mas por convicção religiosa, fê-lo com dignidade. Ao permitir que os descendentes de judeus sefarditas adquiram a nacionalidade portuguesa, Portugal seguiu um caminho de generosidade, procurando reparar uma injustiça histórica. Mas o que é uma lei bondosa transforma-se num erro crasso, quando não se fixa um prazo para a aquisição, ao contrário do que aconteceu na vizinha Espanha. Na prática, a lei transformou-se num incentivo ao tráfico descontrolado de aquisição de nacionalidade, tal como sucede com a aquisição na nacionalidade portuguesa pelos goeses.

Paulo de Morais escreveu no *Público*:

> «Quando D. Manuel expulsou os judeus sefarditas não imaginaria certamente que, mais de 500 anos volvidos, ainda se sentiriam efeitos dessa sua retumbante decisão. À época, aquando da publicação do édito de expulsão, a maioria, dezenas de milhar, optou por se converter ao cristianismo, tornando-se cristãos-novos. Foram muto poucos os que abandonaram o reino, segundo Alexandre Herculano. Penso que terá sido a perceção (errada!) de que estes poucos sefarditas teriam escassos sucessores que inspirou a alteração à Lei que, desde 2015, atribui a nacionalidade portuguesa a todos os descendentes dos judeus então expulsos. Foi um colossal erro de cálculo: os descendentes dos que saíram podem hoje ser da ordem das centenas de milhões, volvidas que são mais de 15 gerações.
>
> Sendo quase ilimitado o número de cidadãos em condições de obter a cidadania portuguesa, pela via da descendência sefardita, é expectável que a cidadania seja atri-

buída apenas aos que tenham alguma ligação a Portugal: a quem ostente um apelido português e possua o domínio do ladino, a língua que nos aproxima, critérios que a Lei considera fatores de conexão efetiva ao país. Mas, na prática, não tem sido assim! Nos últimos anos, apenas se tem imposto aos candidatos à nacionalidade a apresentação de um certificado passado pela Comunidade Judaica Portuguesa. Assim, usando este alçapão, muitos milhares obtiveram a nacionalidade portuguesa de pleno direito.

Assistiu-se até a uma agressiva campanha de propaganda, visando a venda de passaportes portugueses, junto dos muitos milhões de potenciais interessados. A Comunidade Judaica do Porto anunciou profusamente, nos últimos anos, que atribuiria certificados "a quem não tivesse apelido português e não conhecesse o ladino", anunciando mesmo que "nem sequer seria necessário o candidato vir pessoalmente a Portugal para obter a nacionalidade". Esta Comunidade – sob o domínio do jurista João Roseira Garrett – tornou-se assim um dos maiores prescritores de passaportes portugueses. Para tal, Garrett muito tem beneficiado do apoio de sua tia, uma das maiores defensoras da lei vigente, Maria de Belém Roseira. Mas também algumas sociedades de advogados exploram este verdadeiro filão, como a Mayer Jardim, em cuja página de abertura de *site* se publicita precisamente a venda de nacionalidade portuguesa.» («Lei dos Sefarditas entregou Portugal numa Bandeja», edição online, 29/06/2020).

Tratou-se, pois, de uma legislação facilitista que se transformou num negócio de passaportes, através do qual se compra a condição de cidadão português. Paulo Morais referiu-se também à agressividade comercial deste negócio que se acentuou nos últimos meses.

Porquê? Porque Espanha, que até 2019 também concedia nacionalidade aos descendentes de sefarditas de Castela e Aragão (embora em condições muito mais rigorosas), terminou com esta possibilidade. Tal ocorrência tornou mais apetecível e mais valioso o passaporte português, agora a única via de obter a condição de cidadão europeu. Não é, pois, de admirar que na América Latina, na Turquia e em Israel se tenha intensificado a «venda» agressiva de passaportes portugueses. Há empresas que vão ao ponto de os publicitar em anúncios de rua ou até de apresentar Portugal numa bandeja, como sucede com a israelita Portugalis. Como o passaporte português concede cidadania europeia, há *sites* a anunciar que, com este documento oficial, se pode «obter benefícios fiscais na Europa, entrar nos Estados Unidos sem visto, trabalhar e viver na Europa indefinidamente e estudar de graça em instituições de ensino europeias».

Seduzidos por estes apelos, só em 2019 solicitaram passaporte através deste sistema mais de 25 000 candidatos, a maioria dos quais não conhece Portugal, nem tem qualquer ligação efetiva; já nos primeiros quatro meses de 2020, os pedidos de nacionalidade por via da descendência de judeus sefarditas representaram o dobro dos pedidos de nacionalidade por todos os outros motivos.

Num *site* de um escritório de advogados do Brasil, indicia-se como se fabrica a genealogia:

> «Criamos uma estrutura de pesquisa com Advogados brasileiros, portugueses, espanhóis e de outros países da Europa, que, junto com Historiadores e Genealogistas brasileiros e europeus nos permite descobrir sua linhagem de ascendência, e daí de acordo com cada legislação dos respectivos países membros da União Europeia, diante da lei específica, requerer a nacionalidade, assim como procurar por todos os meios legais para viabilizá-la.
>
> As **Certidões antigas**, mormente acabam por ser um dos empecilhos para o requerente. Assim, colhendo informações e documentos, fazemos pesquisa para buscar e encontrar Certidões Brasileiras e Europeias.
>
> Para aqueles que não se enquadram em nenhuma das hipóteses da Lei de Nacionalidade de um dos países Europeus, ainda assim, realizando-se o trabalho de **GENEALOGIA,** trabalho em que podemos realizar a pesquisa de antepassados até ao Século XV, nos permite viabilizar um pedido de nacionalidade portuguesa ou italiana, por exemplo.»

No Brasil, muitos dos que foram primeiro reconhecidos como descendentes de sefarditas provêm da Região Nordeste do Brasil e são descendentes de Branca Dias. Estudos genealógicos comprovam que a maioria dos brasileiros tem pelo menos um ascendente sefardita que emigrou para o Brasil no período colonial.

O advogado Miguel Reis adotou uma posição curiosa, expressa no seu Blog da Nacionalidade Portuguesa (https://www.lawrei.com/blog/). Sendo um dos advogados portugueses com maior número de processos de nacionalidade, Reis afirmou:

> «Como advogado, não tive a coragem de subscrever, até hoje, nenhum pedido de aquisição da nacionalidade por pessoas que invocam a qualidade de descendentes de judeus portugueses, embora tenha acompanhado e conheça diversos processos. A minha atitude nada tem a ver com o excesso de pedidos que algumas pessoas invocam ou com a falta de ligação à comunidade nacional por parte dos candidatos. Entendo que as homenagens à História devem fazer-se com processos de verdade Histórica; e a verdade histórica não passa por opiniões nem por declarações não demonstradas ou por registos ou por trabalhos de especialistas. Mais do que a questão jurídica, o que está em causa é uma questão histórica, que deve respeitar a verdade histórica.»

Seguidamente, Reis insurgiu-se pelo facto de a atribuição da nacionalidade estar dependente, na prática, de um certificado emitido pela comunidade judaica em Portugal, parecendo totalmente inaceitável que qualquer associação «peça» ao cliente que apresente uma «declaração sob compromisso de honra» e que, com base em tal declaração, produza um certificado suscetível de transformar o declarante (que nem sequer conhece a língua em que declarou) em nacional português. A exigência da cripto-fascista ligação efetiva à comunidade nacional é absolutamente inaceitável, como o era por absurda, a pretendida exigência de uma «ligação ao território», de que só agora se falou. É tempo de acabar com esse conceito e essas ideias absurdas e discriminatórias de ligação à comunidade nacional ou ao território.

Não há nenhuma razão que justifique, em nenhuma circunstância, a apresentação de provas de ligação à comunidade nacional nem por parte dos netos de nacionais portugueses nem por parte dos judeus sefarditas.»

Terminou o texto com esta proposta:

> «Por mais respeitáveis que sejam as associações judaicas, parece absolutamente insuficiente que um processo de aquisição de nacionalidade portuguesa se possa concluir com documentos do tipo dos que se anexam.
>
> Proponho que prestemos homenagem à História com a Verdade. Tenham a coragem de conferir aos descendentes dos judeus sefarditas portugueses o direito à nacionalidade portuguesa originária, nos mesmos termos em que é conferida aos netos de nacional português, acabando-se com as provas de ligação à comunidade nacional, mas exigindo-se prova documental inequívoca da qualidade de descendente de judeu sefardita português.»

Proposta que também é um faz de conta: como é possível apresentar «prova inequívoca da qualidade de descendente» ao fim de 15 gerações? O próprio advogado referiu que existem em Portugal «empresas especializadas que se dedicam aos estudos de genealogia e que produzem trabalhos excelentes. O maior problema destas empresas reside no facto de não estarem dispostas a produzir documentos autenticados das suas *investigações*.»

Note-se que os judeus foram expulsos numa época em que não havia registo civil, que foi apenas criado com o advento da República, no século XX. Anteriormente, havia registos paroquiais, que nem sequer cobriam o território nacional. Mas os judeus expulsos de Portugal não constam de tais registos, organizados pela Igreja Católica apenas para os seus fiéis. Deste modo, as árvores genealógicas apresentadas pelos sefarditas não são suscetíveis de comprovação.

Por outro lado, decorridos cinco séculos o número de descendentes não é determinável. Como refere Paulo de Morais, a maioria dos brasileiros tem ascendentes sefarditas, o que significa que haverá também muitas outras pessoas, noutros territórios, que poderão invocar a descendência unicamente para adquirir uma nacionalidade.

Fazendo jus à preocupação de controlar minimamente esta situação de descontrolo, a própria Ministra da Justiça, Francisca Van Dunem, chegou a admitir «uma janela de oportunidade de cinco anos», após o que o direito seria extinto, em 2025. No entanto, esta solução implicaria mexer na Lei da Nacionalidade, o que teria de ser feito pela Assembleia da República. Também o Ministro dos Negócios Estrangeiros, Augusto Santos Silva, se pronunciou criticamente sobre a comercialização da nacionalidade portuguesa.

A deputada Constança Urbano de Sousa, que presidiu à Comissão Parlamentar de revisão da Lei da Nacionalidade e que conhecia a comunidade, pois é casada com um sefardita, propôs a introdução de requisitos suplementares para a atribuição da nacionalidade aos judeus sefarditas, designadamente, a residência em Portugal pelo menos dois anos. No entanto, a proposta da deputada Constança Urbano de Sousa foi contestada por alguns «históricos» do Partido Socialista. Um grupo de socialistas, entre os quais Maria de Belém Roseira, Manuel Alegre, Alberto Martins e José Vera Jardim, prepararam uma carta aberta contra a proposta.

A frente contrária às mudanças adquiriu a natureza de suprapartidária, tendo recolhido o apoio do social-democrata Carlos Abreu Amorim, que escreveu um artigo de opinião no jornal «I», manifestando a sua oposição. Referiu mesmo que a «alteração fulmina a lei e prejudica os interesses e a afirmação de Portugal como país que soube retirar boa vantagem do reconhecimento dos seus erros».

Os representantes das comunidades judaicas de Lisboa e do Porto também se opuseram à iniciativa de alteração da lei. Para Esther Mucznick, que acompanhou o processo legislativo que resultou na lei da nacionalidade para os descendentes de sefarditas e integra a comissão de análise das candidaturas em Lisboa, a comunidade judaica «sempre respeitou o pacto de confiança com o Estado português, apreciando os processos requerentes com o maior rigor».

A Comunidade Israelita do Porto também não concordou. «Dadas as nossas responsabilidades para com as nações portuguesa e judaica, não podemos ser a favor de uma proposta que percorre todos os corredores da Assembleia da República à velocidade da luz, em tempos de pandemia, sem passar por uma votação na generalidade», respondeu ao Expresso Michael Rothwell, da direção da comunidade, para completar que «a exigência de uma ligação efetiva atual é algo novo e, sim, pode ser ponderada com equidade e justiça, por via de circunstâncias diversas que não a residência obrigatória».

O que acontece é que o próprio partido que está na origem da lei de 2015 reconheceu que havia um problema e quis apertar os critérios para a atribuição da nacionalidade aos descendestes dos judeus sefarditas, exigindo, num primeiro momento, dois anos de residência em território português e, numa segunda versão da proposta, uma ligação efetiva e afetiva a Portugal, para acabar por voltar ao texto inicial da lei. Ou seja, desistiu-se do propósito de moralizar a aquisição da nacionalidade portuguesa pelos judeus sefarditas.

A haver coerência, atribuir-se-ia também a nacionalidade portuguesas aos descendentes de muçulmanos que foram igualmente expulsos. Como não há qualquer controlo sobre quem são os descendentes, o Norte de África (e não só) transferir-se-ia para o território nacional. Mas aí, não, pois já não convém...

Lamentavelmente, irá, pois, continuar o negócio florescente da aquisição de nacionalidade pelos judeus sefarditas, como se a injustiça histórica da expulsão do século XVI pudesse ser reparada através da compra da nacionalidade portuguesa. Este comentário não significa menor apreço pelo povo judeu, tão perseguido ao longo de mais de dois milénios.

A maioria dos cidadãos que requereu a nacionalidade portuguesa em 2020 é israelita – são 69%.

Ainda não havia, em janeiro de 2022, dados referentes a 2021. Em 2020 foram recebidos mais de 34 mil pedidos, tendo 163 tido decisão desfavorável e 20.892 foram aprovados. Havia, assim, mais de 13 mil pessoas à espera da decisão, apenas com referência a pedidos de 2020. Se incluirmos os anos todos, estavam em análise 54.160 pedidos.

Desde 2015 e até final de 2002, dos 86.557 pedidos com certificação houve 32.192 com parecer favorável. Uma destas naturalizações, segundo foi conhecido em finais de 2021, foi a de Roman Abramovich, multimilionário russo e dono do Chelsea.

2.2. Um caso paradigmático: Roman Abramovich

A aquisição da nacionalidade portuguesa por Abramovich, em abril de 2021, é bem reveladora do negócio subjacente à aquisição da nacionalidade através da invocação da descendência de judeus sefarditas.

O milionário russo, que já era cidadão israelita e também lituano, dirigiu o pedido de certificação à Comunidade Israelita do Porto (CIP), que deu parecer favorável. Depois, requereu a nacionalidade na Conservatória dos Registos Centrais que, por sua vez, remeteu o processo à Ministra da Justiça. O russo apenas pagou € 250,00. A comissão que avaliza os pedidos de nacionalidade, liderada pelo chefe rabino Daniel Litvak, decidiu favoravelmente em 2020, referindo que "a documentação recebida respeita os critérios legais e de certificações das mesmas instâncias judaicas internacionais que permitiram ao requerente ser cidadão de Israel e cidadão da Lituânia".

Mas o processo está envolto em polémica. Para a aquisição das nacionalidades israelita e lituana, não eram necessários os mesmos documentos que para a portuguesa. "Se os documentos existem, porque não são tornados públicos?", questionou José Milhazes, que foi correspondente em Moscovo e estudou os judeus portugueses na Rússia. O perfil de Abramovich na Wikipédia foi alterado, sobretudo nas relações deste com Portugal. Em 8/06/2021, Hugo Vaz, curador do Museu do Holocausto no Porto, adicionava que "os avós paternos de Roman (...) eram bielorrussos de origem sefardita", baseando-se numa lista introduzida num fórum por um utente anónimo do www.ancestry.com (semanário "Expresso", 30/12/2021).

Alexei Navalny, reconhecido como o principal opositor político do Presidente russo, Vladimir Putin, criticou de forma dura a decisão de Portugal em conceder a naturalização a Abramovich: "Finalmente conseguiu encontrar um país onde pode pagar alguns subornos e fazer alguns pagamentos semioficiais e oficiais para acabar na União Europeia (UE) e na NATO", escreveu Navalny na sua página na rede social Twitter. Navalny alega que Abramovich, que fez fortuna na indústria do petróleo, é o oligarca mais próximo de Putin.

Ainda que o Ministro dos Negócios Estrangeiros, Augusto Santos Silva, se tivesse apressado em afirmar, em 28/12/2021, que a aquisição da nacionalidade pelo milionário era legal, o Instituto dos Registos e Notariado decidiu a instauração de um inquérito sobre a legalidade do processo.

3. PROCEDIMENTOS

Como se referiu, a aquisição da nacionalidade pelos judeus sefarditas é obtida por via da naturalização. O *site* https://justica.gov.pt contém informações sobre os procedimentos.

Eis as condições: a aquisição da nacionalidade depende sempre de uma decisão do/a Ministro/a da Justiça. Pode pedir a nacionalidade portuguesa quem estiver nestas condições:

- Ter mais de 18 anos ou for emancipado de acordo com a lei portuguesa.
- Ser descendente de judeus sefarditas portugueses.
- Pertencer a uma comunidade sefardita de origem portuguesa.

Para pedir a nacionalidade portuguesa não pode:

- Ter sido condenado/a por um crime que em Portugal seja punível com pena de prisão de 3 anos ou mais.
- Estar envolvido em atividades relacionadas com terrorismo.

Documentos necessários

Para pedir a nacionalidade portuguesa é necessário apresentar os seguintes documentos:

Certidão de nascimento legalizada:	• Se possível, em cópia integral e emitida por fotocópia. • Se a certidão for estrangeira, a legalização deve ser feita por apostilha ou visto do Consulado de Portugal. • Se a certidão não estiver em português, deve também ser traduzida para português e certificada. • A certidão pode ser dispensada se o nascimento estiver registado numa conservatória do registo civil português e se for identificada essa conservatória, o ano e o número do registo.
O registo criminal:	• Emitido pelos países estrangeiros onde tenha vivido a partir dos 16 anos, com a sua tradução certificada para português.
Um certificado passado por uma comunidade judaica em Portugal:	• A entidade deve ter estatuto de pessoa coletiva religiosa (como a Comunidade Israelita de Lisboa e a Comunidade Israelita do Porto). • Um documento que prove que pertence a uma comunidade judaica sefardita de ascendência portuguesa.
Um requerimento dirigido ao/à Ministro/a da Justiça, escrito em português, onde conste:	• A descrição dos factos que fazem a pertença a uma comunidade sefardita de origem portuguesa, por exemplo, os apelidos da sua família, a língua que falam em família, o parente que era membro da comunidade sefardita de origem portuguesa. • O nome completo. • A data de nascimento. • O estado civil. • A nacionalidade. • O nome dos pais. • A profissão. • A morada. • O(s) país(es) onde viveu. • O nome completo, número de identificação civil e a morada do seu do representante legal ou procurador, se tiver um. • O número, a data e a entidade que emitiu o seu título ou autorização de residência, passaporte ou documento de identificação equivalente. Este requerimento deve ser assinado: • Na presença de um dos funcionários dos Registos, quando entregar o pedido. • Perante alguém com poderes para reconhecer a assinatura, se preferir enviar por correio para um dos Balcões da Nacionalidade ou para a Conservatória dos Registos Centrais, Rua Rodrigo da Fonseca, 198, 1099-003 Lisboa

Capítulo VIII
Descolonização e novas nacionalidades

1. OS VENTOS DA HISTÓRIA

Portugal foi a última potência colonial europeia. Enquanto os restantes países iniciaram a descolonização em meados do século passado, cedendo à luta pela libertação, Salazar e Marcelo Caetano persistiram na política do «orgulhosamente sós», considerando Portugal pluricontinental do Minho até Timor.

Nas escolas primárias de Angola, Moçambique e restantes colónias, as crianças tinham de decorar os rios de Portugal, as linhas de caminho de ferro e as serras da metrópole, como se fossem naturais de Portugal. Do mesmo modo, as crianças das escolas da metrópole eram obrigadas a saber de cor a geografia das «províncias ultramarinas», inclusive de Goa, Damão e Diu, onde a bandeira portuguesa tinha sido arriada definitivamente a 21 de dezembro de 1961.

A derrocada do império colonial português iniciou-se antes do 25 de Abril de 1974, embora os saudosos do antigo regime culpem o Movimento das Forças Armadas, Mário Soares e os partidos que apoiaram a descolonização como os responsáveis pela «perda dos territórios ultramarinos».

1.1. Antes do 25 de Abril

A primeira «perda» ocorreu a 22 de julho de 1954, quando a polícia indiana invadiu e ocupou o pequeno enclave de Dadrá e Nagar-Aveli, dependente do distrito de Damão, no subcontinente indiano. Um polícia português morreu na refrega e o território ficou integrado na União Indiana.

Portugal recorreu ao Tribunal de Justiça Internacional, em Haia, cuja sentença tardou em chegar. O Tribunal proferiu, apenas em 1960, um acórdão ambíguo no qual, reconhecendo embora o direito de passagem dos portugueses, não se pronunciou de forma categórica sobre a questão fulcral da soberania portuguesa.

Mais tarde, a 4 fevereiro de 1961, iniciou-se em Angola a luta de libertação nacional. A 1 de agosto do mesmo ano, Portugal «perdeu» o emblemático forte de São João Batista de Ajudá. O pequeno enclave, com 4,5 hectares, era uma das colónias mais pequenas no mundo, sendo invadido pelas forças do Daomé (atual Benim), que exigiram a retirada dos dois únicos residentes. Na primeira versão desta obra, escrevi que estes dois únicos residentes se tinham «posto em fuga, incendiando as instalações antes de partir, ficando o forte em chamas». Porém, António Chrystêllo Tavares enviou-me o seguinte esclarecimento:

> «Permita-me que lhe diga que os residentes de São João Baptista de Ajudá não fugiram depois de terem deitado fogo ao forte alçado em Janeiro de 1721. Se ler a minha tese doutoral, em arquivo na Biblioteca Nacional ou na Universidade Nova de Lisboa, verá que depois de terem pegado fogo a toda a documentação e arquivo ali existente, como lhes competia, ficaram à espera de que as forças sitiantes entrassem no pequeno forte. Foram detidos e posteriormente postos na fronteira da Nigéria. A mulher e a filha menor do Secretário Menezes Alves fugiram do forte no porta-bagagem da viatura oficial daquela dependência da província de São Tomé e Príncipe (e que entre 1885 e 1887 foi cabeça de um protetorado na faixa litorânea do Daomé). Em suma, os dois representes do Estado, Agostinho Saraiva Borges e Menezes Alves, não fugiram, tendo sido detidos pelas forças daomeanas.»

A 18 de dezembro de 1961, esgotada a via negocial, as tropas indianas desencadearam a «Operação Vijay», invadindo Goa e pondo fim a 466 anos de presença portuguesa na Índia. Em 36 horas, os territórios portugueses de Goa, Damão e Diu foram conquistados pela União Indiana, não tendo surtido efeito a ordem dada por António Salazar ao Governador-Geral, Vassalo e Silva, de resistir até ao fim.

Era manifesta a superioridade das forças armadas indianas, que tinham, inclusive, um porta-aviões junto à costa. O contingente português era de 3500 militares, enquanto as forças indianas atingiam 40 000 efetivos. Numa posição de manifesta inferioridade, incapaz de resistir e querendo evitar um banho de sangue que vitimaria muitos civis, o general Vassalo e Silva, Governador Geral da Índia, assinou a rendição, tendo sido feito prisioneiro.

O regime viria a imputar-lhe a responsabilidade pela queda da joia da Coroa, por não ter resistido até ao fim. A intenção de Salazar era ganhar tempo para mobilizar apoios internacionais, mas a verdade é que mesmo os aliados da NATO não estavam dispostos a interferir, limitando-se a defender a não utilização da força.

Ainda que tivesse havido a resistência de oito dias pretendida por Salazar, as Nações Unidas jamais viriam em defesa de Portugal e nenhum aliado se envolveria diretamente. Era manifesta a desproporção de forças e aqui parecia justificar-se a sugestiva observação do Mahatma Gandhi, de que os indianos poderiam derrotar e submergir os colonialistas se decidissem urinar todos ao mesmo tempo.

A Índia utiliza a expressão «libertação» para se referir à anexação, enquanto os portugueses sempre se referiram a «invasão». Curiosamente, o próprio Supremo Tribunal de Justiça da Índia acabou por considerar que se tratou de uma invasão, um acórdão proferido sobre uma questão envolvendo a transição de regimes.

Os goeses, damanenses e diuenses não tiveram oportunidade de exercer o direito à autodeterminação, ignorando-se qual teria sido a escolha se, em 1961, pudessem optar por uma de três soluções: continuar com Portugal, ainda que com maior autonomia (corrente liderada pelo advogado de Margão António Bruto da Costa), ser independentes ou integrar-se na grande Índia.

A integração da Índia ficou consumada. No entanto, na Constituição de 1933, Goa, Damão e Diu continuaram a figurar como parte integrante de Portugal. Entretanto, nas colónias africanas desenvolvia-se a luta de libertação. Depois de Angola, foi a vez da Guiné (1963) seguindo-se Moçambique (1964).

Ainda que a Guiné estivesse «perdida» e o norte de Moçambique em situação complicada, os portugueses tinham o controlo militar em Angola quando eclodiu o 25 de Abril, golpe de Estado transformado em revolução no próprio dia.

1.2. O 25 de Abril e a Descolonização

O programa do MFA (Movimento das Forças Armadas) enunciou os seguintes princípios que deveriam nortear a ação governativa:

> «a) Reconhecimento de que a solução das guerras do Ultramar é política e não militar.
>
> b) Criação de condições para um debate franco e aberto, a nível nacional, do problema ultramarino.
>
> c) Lançamento dos fundamentos de uma política ultramarina que conduza à paz.»

Curiosamente, a proclamação da Junta de Salvação Nacional enunciava o compromisso de «garantir a sobrevivência da Nação soberana no seu todo pluricontinental». Mas o programa do Governo provisório, chefiado por Adelino da Palma Carlos, mencionava expressamente o respeito pelo princípio do direito à autodeterminação (nº 8, al. g). O certo é que já não havia condições para manter o domínio português. A descolonização tornou-se inevitável.

1.2.1. Guiné-Bissau

Em 1973, Amílcar Cabral tinha proclamado, em Medina do Boé, a independência da Guiné-Bissau. A 26 de agosto de 1974, o Estado Português obrigou-se ao reconhecimento do novo Estado, por acordo entre o Governo Português e o PAIGC (Partido Africano para a Independência da Guiné e Cabo Verde), reconhecimento que viria a ocorrer em 10 de setembro.

1.2.2. Moçambique

A 7 de setembro de 1974, foi assinado um acordo com a Frelimo (Frente de Libertação de Moçambique) para a transferência progressiva de poderes em Moçambique, que ficou independente a 25 de junho de 1975.

1.2.3. São Tomé e Príncipe

A 17 de dezembro de 1974, foi a vez do MLSTP (Movimento de Libertação de S. Tomé e Príncipe) negociar com o Governo Português a independência de São Tomé e Príncipe, que se consumou a 12 de julho de 1975.

1.2.4. Cabo Verde

Quanto a Cabo Verde, a independência foi proclamada a 5 de julho de 1975, gorando-se o sonho de Amílcar Cabral de um único país, abrangendo a Guiné-Bissau e Cabo Verde.

1.2.5. Angola

Angola tornou-se independente a 11 de novembro de 1975. O MPLA de Agostinho Neto conseguiu suplantar os outros dois partidos subscritores do Acordo de Alvor, assinado a 15 de janeiro de 1975.

1.2.6. Estado da Índia

A 31 de dezembro de 1974, Portugal celebrou um Tratado com a Índia, em Nova Deli, pelo qual reconheceu a soberania da União Indiana sobre os territórios de

Goa, Damão, Diu e Nagar Aveli (Decreto nº 206/75, de 17/04/1975, que reconheceu a soberania da Índia sobre Dadrá e Nagar Aveli a partir de 11 de agosto de 1961 e sobre Goa, Damão e Diu a partir de 20 de dezembro de 1961).

1.2.7. Timor

Timor foi um caso difícil. Previa-se que em outubro de 1978 cessaria a soberania portuguesa. A Fretilin (Frente Revolucionária de Timor-Leste Independente) proclamou unilateralmente a independência a 28 de abril de 1975, mas a Indonésia invadiu militarmente o território, convertendo-o em província sua. Os timorenses, ao contrário dos goeses, não se resignaram, combatendo os indonésios. Finalmente, a 30 de agosto de 1999, teve lugar o referendo pelo qual o povo timorense optou pela independência proclamada a 20 de maio de 2002.

1.2.8. Macau

Restava Macau, que se considerava na Constituição de 1933 um território sob a administração portuguesa. Ou seja, ao contrário do que sucedeu com as restantes colónias, tidas como parte integrante do território português, que ia do Minho a Timor, Macau sempre teve um estatuto especial. A 20 de dezembro de 1999, foi entregue à República Popular da China, tornando-se uma região administrativa especial.

1.2.9. Descolonização exemplar

A descolonização portuguesa, que tardou a ser efetuada, não mereceu aplauso unânime. Alguns não se conformaram com a redução de Portugal a pequeno país europeu, considerando que se tinha sido cometido uma traição. Entre estes e os que a consideram uma «descolonização exemplar», a verdade talvez esteja no meio termo. Foi a descolonização possível, dificilmente poderia ter sido de outra forma, face à debilidade do poder político em Portugal e à natural sofreguidão dos movimentos de libertação em alcançar, o mais breve, a independência adiada.

1.3. Reflexos na nacionalidade

Constituindo a nacionalidade, na sua aceção jurídica, o vínculo de uma pessoa à população constitutiva de um Estado, a redução da área territorial de Portugal como consequência da descolonização trouxe também, de forma irreversível, uma alteração quanto ao âmbito dos seus nacionais. Os naturais de cada um dos novos países passaram a ser nacionais dos novos estados, com todos os seus direitos. A regra passou a ser a perda da nacionalidade portuguesa, instituindo-se a possibilidade da sua manutenção em alguns casos considerados excecionais.

1.3.1. Decreto-Lei nº 308-A/75

Almeida Santos, advogado português que se distinguira em Moçambique como oposicionista e adquirira posição de destaque no Portugal de abril, assumiu papel relevante na descolonização portuguesa. Foi o artífice do Decreto-Lei nº 308-A/75, de 24 de junho, que estabeleceu «normas sobre a conservação da nacionalidade portuguesa pelos portugueses domiciliados em território ultramarino tornado independente».

No seu reduzido preâmbulo, o diploma enunciou os três motivos que obrigaram o legislador a intervir em matéria de direito da nacionalidade.

O diploma refere que a Lei nº 2098 constitui a lei fundamental no que respeita à regulamentação da nacionalidade portuguesa. A seguir, constata a aquisição de novas nacionalidades em função do acesso à independência dos territórios ultramarinos sob administração portuguesa e, por fim, refere a conveniência de «possibilitar a manutenção da nacionalidade portuguesa em casos que uma eventual relação de conexão com Portugal ou inequívoca manifestação nesse sentido tal justifique».

Nos seus arts. 1º e 2º, o Decreto-Lei nº 308-A/75 enuncia as categorias de cidadãos portugueses que, estando domiciliados em território ultramarino tornado independente, conservam a nacionalidade portuguesa:

Art.1º

1. Conservam a nacionalidade portuguesa os seguintes portugueses domiciliados em território ultramarino tornado independente:

a) Os nascidos em Portugal continental e nas ilhas adjacentes;

b) Até à independência do respetivo território, os nascidos em território ultramarino ainda sob administração portuguesa;

c) Os nascidos no estrangeiro de pai ou mãe nascidos em Portugal ou nas ilhas adjacentes ou naturalizados, assim como, até à independência do respetivo território, aqueles cujos pai ou mãe tenham nascido em território ultramarino ainda sob administração portuguesa;

d) Os nascidos no antigo Estado da Índia que declarem querer conservar a nacionalidade portuguesa;

e) A mulher casada com, ou viúva ou divorciada, de português dos referidos nas alíneas anteriores e os filhos menores deste.

2. Os restantes descendentes até ao terceiro grau dos portugueses referidos nas alíneas a), c) primeira parte, d) e e) do número anterior conservam também a nacionalidade portuguesa, salvo se, no prazo de dois anos a contar da independência, declararem por si, sendo maiores ou emancipados, ou pelos seus legais representantes, sendo incapazes, que não querem ser portugueses.

Art.2º

1. Conservam igualmente a nacionalidade portuguesa os seguintes indivíduos:

a) Os nascidos em território ultramarino tornado independente que estivessem domiciliados em Portugal continental ou nas ilhas adjacentes há mais de cinco anos a 25 de Abril de 1974;

b) A mulher e os filhos menores dos indivíduos referidos na alínea anterior.

2. Os indivíduos referidos no número anterior poderão optar, no prazo de dois anos a contar da data da independência, pela nova independência que lhes for atribuída.

Por sua vez, o art. 4º privou da nacionalidade portuguesa «os indivíduos nascidos ou domiciliados em território ultramarino tornado independente que não sejam abrangidos pelas disposições anteriores».

Deste modo, quem não estava incluído na previsão nas diversas alíneas dos arts. 1º e 2º perdeu a nacionalidade portuguesa. Na prática, quem não tivesse ligações a Portugal Continental, às ilhas adjacentes ou ao antigo Estado da Índia, como sucedia com a maioria dos habitantes das ex-colónias, perdeu a nacionalidade portuguesa com a independência dos territórios onde vivia.

A perda de nacionalidade abrangeu também descendentes de portugueses nascidos em Portugal continental e ilhas ascendentes, com várias gerações em África, ultrapassando por vezes o terceiro grau (bisnetos).

De qualquer modo, o art. 5º permitiu que «em casos excepcionais, devidamente justificados, não abrangidos por diploma, o Conselho de Ministros, directamente ou por delegação, poderá determinar a conservação da nacionalidade portuguesa ou conceder esta, com dispensa, neste caso, de todos ou alguns dos requisitos exigidos pela Base XII da Lei nº 2098, de 29 de Julho de 1959, a indivíduo ou indivíduos nascidos em território ultramarino que tenha estado sob administração portuguesa e respectivos cônjuges, viúvos ou descendentes.»

1.3.2. Críticas

Rui Moura Ramos expressou reservas em relação ao Decreto-Lei nº 308-A/75, referindo que:

> «...qualquer que seja a posição que se adote quanto à positividade da proibição das medidas legislativas pelas quais um Estado retira pura e simplesmente a nacionalidade aos seus cidadãos, o que pode ao certo dizer-se, sem receio de desmentido, é suscitarem elas pelas consequências que acarretam e pelo desprezo pela pessoa dos nacionais que supõem, a condenação unânime da doutrina. As desnacionalizações de grandes massas populacionais aparecem, pois, ligadas aos momentos totalitários da história das Nações, à identificação de um Estado com uma ideologia, uma religião, uma raça, e à correlativa eliminação dos que não participam do consenso unificador proclamado. Eliminação que pode ir ao esvaziamento do conteúdo da cidadania, à desnacionalização e à supressão da própria vida.»
>
> («Estudos de Direito Português da Nacionalidade», *Gestlegal*, 2ª edição, 2019, pág. 108).

Seguidamente, o autor concluiu: «parece que o mínimo que se poderá afirmar é que o Decreto-Lei nº 308-A/75 seguiu uma via que, se não se encontra em contradição com o direito internacional, é pelo menos alvo da condenação geral» (pág. 109).

Rui Moura Ramos considerou ainda que o diploma veio provocar casos de apatridia, não atribuiu relevância à vontade dos indivíduos na mudança da sua nacionalidade e conduziu à extinção do vínculo da nacionalidade em casos de patente inserção na comunidade dos portugueses, não permitindo a realização do princípio da efetividade.

Miguel Reis, no seu estilo cáustico, foi mais severo:

> «Foi uma enorme viragem, por relação ao modelo da Lei nº 2098, de 29 de julho de 1959, que afirmava uma lógica intrínseca do *jus soli*, posta em causa pela descolonização.
>
> Os retornados – assim eram chamados os que fugiram das ex-colónias – tinham sido portugueses, por força do Código de Seabra, de 1867, ou da Lei nº 2098, de 1959. Mas aqueles que não tivessem ascendente nascido no Continente ou nas Ilhas adjacentes até ao terceiro grau, ou que não fossem descendentes de cidadão nascido no antigo Estado da Índia, perdiam a nacionalidade portuguesa.
>
> Interrogo-me porque foram tão brutalmente marginalizados os Portugueses da Guiné Bissau, de Cabo Verde, de São Tomé e Príncipe, de Angola e de Moçambique.
>
> Muitos desses retornados nem sequer se aperceberam que tinham passado a ser apátridas. E poucos foram os que, depois da entrada em vigor da nova lei, tomaram consciência de que os seus filhos, mesmo que nascidos em Portugal, não eram portugueses.
>
> A descolonização teve aspetos menos felizes.»
>
> (Blog da Nacionalidade Portuguesa, http://www.nacionalidade.eu)

Também Adriano Malalane teceu o seguinte comentário a propósito do Decreto-Lei nº 308-A/74:

> «O processo revolucionário que teve início com o fim do Estado Novo foi marcado por algumas decisões políticas de forte pendor ideológico, por vezes acentuadamente paternalistas, senão mesmo racistas, em relação aos povos das ex-colónias.
>
> As circunstâncias em que a nacionalidade portuguesa foi retirada a todos estes cidadãos, sem qualquer possibilidade de optarem eventualmente pela sua conservação, foi e continua a ser uma fonte de graves injustiças que o Estado português timidamente procura resolver através de muita legislação avulsa e desconexa, com efeitos práticos bastante residuais na vida dos interessados.»

Entre os exemplos de injustiças, referiu o «drama dos antigos membros das Forças Armadas Portuguesas, nacionais da Guiné, Angola e Moçambique, que sofreram acidente em combate ao serviço de Portugal, que, para serem qualificados como DFA (Deficientes das Forças Armadas), são mantidos em quartéis em Lisboa, anos a fio, em condições verdadeiramente degradantes e desumanas, para quem prestou serviços relevantes ao Estado português». Salientou que o processo de qualificação como DFA é tão intrincado, burocrático, necessariamente moroso ao ponto de exigir que o requerente apresente prova testemunhal ou documental das circunstâncias do acidente sofrido há mais de 40 anos».

Outro exemplo foi o de «muitos antigos funcionários da Administração Pública Portuguesa das ex-colónias, que, apesar de terem feito descontos para compensação da aposentação, a Caixa Geral de Aposentações recusa-se a pagar-lhes a sua pensão com argumentos falaciosos de que nunca foram subscritores da CGA ou, quando este argumento falece, de que não são cidadãos portugueses ou que o pedido de pensão entrou fora do prazo estabelecido pelo Decreto-Lei nº 210/96, de 24 de junho» (https://sicnoticias.pt/opiniao, O Estatuto dos cidadãos das ex-colónias face à Lei da Nacionalidade, 5/06/2019).

1.3.3. Poderia ter sido diferente?

Que dizer de tais críticas?

A partir do momento em que surgiram novos estados, a população neles integrada adquiriu uma nova nacionalidade. É certo que, anteriormente, eram todos Portugueses, mas tal pressupunha que o território era português. Uma vez adquirida a independência, afigura-se elementar que os habitantes do novo Estado passassem a ter uma nova ligação efetiva.

Há sempre quem mantenha a ligação afetiva a Portugal e não se integre na nova ordem. Isso resulta também do facto de a qualidade de vida se deteriorar, fruto das dificuldades da nova administração e da incapacidade de muitos dos seus dirigentes em administrar os novos países da forma desejável, surgindo motivações para emigrar para o país colonizador. Este é o problema fulcral. Se nos novos países o desenvolvimento económico e político conduzisse a melhor qualidade de vida, a integração dos descontentes na nova realidade seria uma realidade.

O que Portugal não podia era manter a nacionalidade portuguesa para todos os que tinham nascido nas ex-colónias. Se o fizesse, haveria uma entrada maciça de populações das várias ex-colónias, originando graves problemas económicos e sociais, com todas as consequências. Portugal atuou, aliás, de forma similar às outras potências coloniais, como a Inglaterra, França e Espanha.

1.3.4. Correção de um problema (Lei Orgânica nº 2/2020)

Entre as alterações introduzidas pela Lei Orgânica nº 2/2020, de 10 de novembro, consta a concessão da nacionalidade, por naturalização, com dispensa de requisitos, às pessoas que, por residirem em Portugal há menos de cinco anos antes do dia 25 de Abril de 1974, não tenham conservado a nacionalidade, desde que, após a perda da nacionalidade portuguesa, não tenham estado ao serviço do respetivo Estado e tenham permanecido e permaneçam em Portugal, independentemente de título, bem como aos seus filhos, nascidos em território nacional, aos quais não tenha sido atribuída a nacionalidade originária.

Corrigiu-se, assim, um problema causado pelo Decreto-Lei nº 308-A/75, resolvendo a situação de pessoas que, em 1975 ,se viram privadas da nacionalidade portuguesa por residirem em Portugal há menos de cinco anos antes do dia 25 de abril de 1974, o que constituía um problema histórico ligado à independência das ex-colónias.

2. ESTADO DA ÍNDIA PORTUGUESA

2.1. Passaporte para emigrar

O consulado de Portugal em Goa, na Índia, chegou a registar filas diárias de 300 pessoas a pedir nacionalidade portuguesa para depois emigrarem para o Reino Unido ou Canadá, entre outros destinos, afirmou o Cônsul-Geral de Portugal em Goa, António Chrystêllo Tavares, no decurso de uma conferência da Faculdade de Direito da Universidade de Coimbra, a propósito dos 150 anos da aplicação do Código Civil de 1867 nos territórios de Goa, Damão e Diu. (*Observador*, 25/10/2019) – «Há um número elevado de indivíduos que requereu e que continua a requerer diariamente a nacionalidade portuguesa».

As filas de 200 a 300 pessoas foram eliminadas a partir do momento em que o Posto introduziu o sistema de marcações informáticas. Esse número tem sido reduzido drasticamente, pois o Cônsul-Geral exige a verificação de todos os documentos e tal tarefa minuciosa demora um longo compasso de tempo. Não fosse esta alteração no procedimento e o número de utentes à porta seria assaz elevado.

Na sua intervenção, salientou que os pedidos de nacionalidade portuguesa são feitos com vista à emigração «especialmente para o Reino Unido, Canadá, Estados Unidos da América, Austrália, Nova Zelândia e Golfo Pérsico». Atualmente, notou António Chrystêllo Tavares, os goeses que procuram emigrar começam também a direcionar-se para as novas geografias.

Os cidadãos goeses que requerem a nacionalidade portuguesa fazem uso da lei de atribuição de nacionalidade portuguesa a todos os que nasceram até 1961 nos antigos territórios portugueses na Índia, bem como aos seus descendentes.

Apesar de poderem depois exibir o passaporte português, esses emigrantes levam «consigo uma língua sem uso nos países onde vão ancorar», constatou. De acordo com o cônsul-geral de Portugal em Goa, o português enquanto língua «derrapou para a marginalidade» e há hoje «quem ouse escrever a História de Goa sem saber a língua de Camões», recorrendo apenas a «fontes anglo-saxónicas».

Em artigo publicado no semanário *Expresso*, em 2/07/2017, logo a seguir ao referendo sobre o «Brexit», que determinou a saída da Grã-Bretanha da União Europeia, escrevi:

«BREXIT E IMIGRAÇÃO

Num divórcio, ainda que possa haver maior culpa de um dos cônjuges, o outro nunca está isento de responsabilidades.

Também no que respeita à decisão que saiu do referendo britânico de 23 de junho haverá que refletir sobre os erros dos líderes da União Europeia, designadamente no que diz respeito à política de imigração. Ninguém duvida de que a maioria dos eleitores que votou pela saída não o fez após uma reflexão ponderada, mas essencialmente por um sentimento defensivo, para não dizer chauvinista, em relação aos imigrantes.

O grande erro de Merkel, seguido por outros dirigentes, foi o de clamar, no ano passado, que os imigrantes que cruzavam o Mediterrâneo eram bem-vindos, que ninguém seria mandado embora. Depois, tentou impor-se quotas de acolhimento aos vários países da comunidade, ameaçando-se com sanções aos que não aceitassem refugiados.

Ora, menos de 10% dos refugiados merecem a qualificação de exilados políticos; a esmagadora maioria tem vindo a sair dos seus países de origem unicamente por razões económicas, para ter uma vida melhor. O facto de a maioria seguir a religião muçulmana também não causa simpatia aos nacionais europeus, que sentem os seus valores tradicionais ameaçados por uma intolerância de quem acabou de chegar.

Nos países árabes, os cristãos têm de se sujeitar às regras dos seus países, podendo ser condenados à morte em caso de "blasfémia" (conceito que abarca tudo o que seja contrário à religião dominante); mas na Europa, são os europeus que se têm de sujeitar aos ditames de quem não abdica da "burka" e da intolerância...

Ninguém pode negar a um Estado o direito de definir uma política de imigração, condicionando a entrada a critérios de necessidade. Sempre assim foi e os Estados Unidos da América, a Rússia e os próprios países do Terceiro Mundo o fazem, sem que haja qualquer crítica.

Sendo assim, por que razão a Europa havia de acolher, sem restrições, todos os que pretendam residir neste continente?

A livre circulação de pessoas e bens de cidadãos de países comunitários também causava desconforto à Grã-Bretanha, sendo elucidativo o exemplo dos goeses residentes em Inglaterra (cerca de 20 000).

Aproveitando-se da lei da nacionalidade portuguesa, pessoas oriundas dos territórios de Goa, Damão e Diu têm vindo a obter a cidadania portuguesa, unicamente para se poderem fixar na Grã-Bretanha. Diariamente, a partir das duas da manhã, fazem-se filas à porta do Consulado em Pangim de pessoas que vêm tratar do "passaporte português".

Na maioria dos casos não há ligação afetiva a Portugal, sendo hilariante e sintomática a situação contada por um funcionário do consulado. Quando estava a ser tirada a fotografia para o cartão de cidadão, acabado de obter, foi dito a uma jovem de 18 anos: "Smile, now you are a Portuguese". Ao que esta, na sua ingenuidade, clamou de imediato: "Portuguese, never!".

Goa é hoje um Estado da Índia plenamente integrado, pelo que a salvaguarda da cultura e influência portuguesa não passa pela atribuição da nacionalidade para quem não tem qualquer afinidade com Portugal, não falando a língua nem conhecendo a sua História, pretendendo apenas imigrar para outro país.

Ao dizerem NÃO à entrada indiscriminada de estrangeiros, os cidadãos britânicos lançaram simultaneamente um alerta a Bruxelas para inverter a política de imigração, sob pena de o seu exemplo ser seguido noutros países europeus.»

2.2. Nacionalidade portuguesa dos goeses

Ao contrário do que se verificou em relação às outras colónias portuguesas, o antigo Estado Português da Índia (Goa, Damão, Diu e Dadrá e Nagar Aveli) era considerado uma extensão efetiva do território nacional, de acordo com a Constituição de 1911. Daí que os naturais do Estado Português da Índia usufruíssem de cidadania portuguesa plena, não se lhes aplicando o Estatuto Político, Civil e Criminal dos Indígenas.

Os goeses foram peça importante na administração colonial portuguesa, desempenhando funções de relevo. Goa teve a primeira tipografia na Ásia e a Escola Médica de Goa foi um alfobre de médicos para as colónias africanas, existindo na administração pública «ultramarina» muitos quadros do Estado Português da Índia.

Com a invasão da União Indiana, em 18 de dezembro de 1961, cessou a soberania de Portugal, como vimos. Até ao 25 de Abril, existiam na Assembleia Nacional, em S. Bento, deputados representando o Estado da Índia, pautando a sua atuação por intervenções «patrióticas», em que realçavam o amor dos goeses por Portugal e a resistência heroica ao domínio da Índia, querendo transformar os seus sonhos e imaginação delirante em realidade.

São considerados portugueses os naturais do Estado da Índia Portuguesa que nasceram nos antigos territórios portugueses de Goa, Damão, Diu, Dadrá e Nagar Aveli durante o período da soberania portuguesa, ou seja, até 1961. Os seus filhos e netos também adquirem a nacionalidade portuguesa, ainda que não tivessem nascido em tais territórios.

Há quem defenda que a extensão da nacionalidade devia abranger todos os nascidos até 31/12/1974, pois só então Portugal abdicou da soberania portuguesa. No entanto, com a ocupação das tropas indianas cessou de facto a soberania portuguesa. É de notar também que, sendo a Índia um Estado federal, não houve nem há qualquer impedimento à livre circulação de pessoas, pelo que muitos indianos de outros estados fixaram residência em Goa, após a «libertação», com um nível de vida mais elevado. Ou seja, aquilo que os indonésios fizeram, de forma planeada e sistemática, em relação a Timor-Leste, concedendo incentivos aos militares que pretendessem fixar-se no território, não necessitou a Índia de o fazer, pois a pobreza em muitos estados indianos originou uma migração natural para Goa, o que, por sua vez, provocou também uma lenta, mas gradual alteração na composição da população, com a quebra dos laços culturais e afetivos com Portugal.

Os goeses católicos são os que mais ligações mantêm a Portugal; porém, a população de Goa, que em 1961 era constituída por cerca de 50% de católicos, sofreu uma alteração. Hoje, os católicos situam-se nos 23%.

Uma das razões que levaram os timorenses a lutar contra o domínio da Indonésia foi, sem dúvida, a tentativa de imposição da religião muçulmana no território. A esmagadora maioria dos timorenses era e é católica, não aceitando o domínio de outra religião, a muçulmana (a Indonésia é o país com maior número de muçulmanos no mundo). No caso de Goa, os indianos não impuseram o hinduísmo, religião por natureza tolerante. Por outro lado, em Goa existiam já, em

1961, muitos goeses, sobretudo hindus, que se identificavam com os seus irmãos da Índia grande (como então chamavam) e que se julgavam discriminados em relação aos goeses católicos. Embora houvesse muitos hindus na administração colonial, é indubitável que os melhores lugares eram atribuídos aos católicos, considerados mais próximos dos portugueses.

Por essa razão, não se afigura razoável pretender atribuir a nacionalidade portuguesa aos nascidos no território após a invasão, ainda que no período em que Portugal mantinha a soberania formal. Porém, se os seus pais tiverem nascido no então Estado da Índia Portuguesa antes de 19/12/1961, podem adquirir a nacionalidade portuguesa por essa via.

2.2.1. Procedimento

Muito embora a atribuição da nacionalidade pelos goeses que preencham as condições referidas (nascimento durante o período em que Portugal exerceu a soberania) seja originária, o certo é que se torna indispensável, para a efetivação desse direito, a inscrição do nascimento no registo civil português. Só assim é que a atribuição da nacionalidade por efeito da lei se efetiva.

Sendo o próprio natural do Estado da Índia Portuguesa a requerer a sua inscrição, terá de obter a certidão de nascimento lavrada nos livros das conservatórias do Registo Civil em Goa. Poderá ser simples, mas também poderá ser muito difícil. Porquê?

Ao contrário do que acontece em Portugal, os livros podem ser manuseados em Goa por qualquer pessoa, sem que haja qualquer vigilância por parte dos funcionários do «Civil Registration». Por essa razão, há páginas que são subtraídas, outras rasgadas, havendo também livros que pura e simplesmente desapareceram. Para dar mais robustez ao pedido, é frequente o interessado obter a certidão de batismo paroquial, emitida pelas autoridades eclesiásticas, designadamente pelo pároco.

Uma vez obtida a certidão de nascimento, terá de ser apresentada ao Colector e depois a um Departamento do Governo (Home Department), onde é objeto de certificação. Seguidamente, pode ser legalizada no Consulado de Portugal ou então apostilada em Nova Deli.

2.2.2. Combate à fraude

Devido às falsificações, a Conservatória dos Registos Centrais, em Lisboa, que trata destes registos em Portugal, tem imprimido rigor na apreciação dos documentos. Há muitos casos de documentos falsificados e outros de usurpação de identidade. No primeiro caso, a certidão de nascimento é forjada, no segundo há um indivíduo que assume a identidade de outro para, assim, conseguir a nacionalidade portuguesa. Há quem ande pelos cemitérios a tomar nota dos nomes inscritos nas lápides ou nas sepulturas e, depois, procure localizar o assento de nascimento do falecido e verificar se consta o averbamento do falecimento. Não constando, obtém a certidão de nascimento e assume o processo fraudulento de obtenção de nacionalidade portuguesa. A imaginação não tem limites...

Além da certidão de batismo, o interessado poderá apresentar documentos complementares, como documentos escolares e de identificação do período colonial. Convém que tais documentos sejam legalizados pelo modo indicado para a certidão de nascimento. Se escritos em língua estrangeira, terão de ser traduzidos para a língua portuguesa e objeto de certificação da tradução.

O processo pode ter início no Consulado de Portugal em Pangim (Panaji, oficialmente) ou através da entrega direta na Conservatória dos Registos Centrais, em Lisboa. Pode ser apresentado pelo próprio ou por procurador (neste caso, a procuração terá de conceder poderes especiais de representação). Se apresentado no Consulado, é depois remetido para a Conservatória dos Registos Centrais.

Tornou-se um verdadeiro negócio a obtenção de nacionalidade portuguesa. Nas principais cidades (Pangim, Margão e Mapusa) anuncia-se abertamente o serviço prestado, pago a peso de ouro, uma vez que é o passaporte para a Europa e para a obtenção de uma vida melhor. Antes da entrada em vigor das medidas restritivas do Brexit, o destino era a Grã-Bretanha, agora são outros países do norte da Europa.

«Portuguese Passport» é o anúncio vulgarizado, também inserido nos jornais locais. As agências trabalham com advogados portugueses, que funcionam como intermediários neste negócio lucrativo, procurando eles próprios arranjar a sua clientela.

A apresentação da certidão de nacimento é acompanhada de requerimento, devidamente preenchido (modelo constante no *site*). Face às dúvidas sobre a autenticidade dos documentos bem como os casos de usurpação de poderes, a Conservatória dos Registos Centrais solicita, amiúde, ao Consulado de Portugal em Goa que promova averiguações. No entanto, as autoridades indianas já informaram o Consulado de que não permitiam que os diplomatas ou funcionários da Embaixada efetuassem, por iniciativa própria, pesquisas nos organismos oficiais.

Face a tal situação, e também devido à ausência de meios, os processos acabam por demorar muito tempo, o que provoca o desagrado de muitos. Miguel Reis, com vasta clientela nesta área, comentou da seguinte forma esta situação:

> «Salvo melhor opinião carece, em absoluto, de fundamento legal a exigência que a Conservatória dos Registos Centrais vem fazendo no sentido de serem apre-

sentados documentos antigos, emitidos pela administração portuguesa do antigo Estado da Índia.

Esta é uma questão ainda polémica, porque há um conjunto de vícios, cimentados durante muitos anos, que, ao que parece não foram combatidos por ninguém. Aqui deixamos algumas notas da nossa experiência. É hábito da Conservatória dos Registos Centrais condicionar a integração dos registos do nascimento dos naturais do antigo Estado da Índia à apresentação de «documentos antigos», das mais variadas espécies, coisa que não é exigida para nenhum outro povo. Não encontramos suporte legal para tal exigência.»

«A questão da nacionalidade portuguesa dos cidadãos nascidos no antigo Estado da Índia e dos seus descendentes.» (Goa, 2009, pág. 89).

Uma vez efetuada a transcrição do assento de nascimento no registo português, o interessado adquire a nacionalidade portuguesa e fica com a prova de que é cidadão português, o que lhe permite a obtenção do cartão de cidadão e do passaporte português. Sem o cartão de cidadão (primeiro passo) não é possível obter o passaporte.

Uma vez transcrito o nascimento, os filhos e netos poderão também requerer a transcrição do seu nascimento, obtendo a almejada nacionalidade portuguesa, ainda que tenham nascido fora de Goa, Damão e Diu. Porém, não é possível transcreverem o nascimento sem que previamente estejam transcritos o nascimento do ascendente, bem como os factos obrigatórios sujeitos a registo, como o casamento.

Mesmo que o ascendente já tenha falecido, terá de ser efetuada a transcrição, ou seja, o filho não poderá requerer a transcrição do seu nascimento se não estiver primeiro transcrito o ascendente; esta obrigação não tem lugar se o próprio filho tiver nascido em Goa antes da invasão.

Por exemplo, se o pai ou a mãe obtiverem a transcrição do nascimento, terá de ser também feito o averbamento do casamento, pois trata-se de um facto sujeito a registo. Nesta hipótese, a certidão de casamento terá de ser apresentada e requerido o averbamento.

2.2.3. Português ou indiano?

A Índia não admite a dupla nacionalidade. Por isso, a aquisição de outra nacionalidade implica a perda imediata da nacionalidade indiana. No intuito de evitar tal consequência, muitos dos que adquirem a nacionalidade portuguesa e optam por permanecer em Goa ocultam a sua nacionalidade. Inclusivamente políticos locais, como Isidore Fernandes, que foi membro da Assembleia Legislativa, alegam que não são portugueses por não serem portadores de passaporte português, como se a nacionalidade portuguesa estivesse dependente da atribuição de passaporte. Não é fácil para os indianos compreender que a atribuição da nacionalidade portuguesa resulta da inscrição no registo civil português e não da emissão do passaporte português.

Após a aquisição da nacionalidade portuguesa e consequente perda da nacionalidade indiana, a legislação indiana obriga à devolução do passaporte indiano (na Índia não há cartão de cidadão, como em Portugal), sendo, no entanto, possível o interessado obter o OCI (Overseas Indian Citizen). Trata-se de um estatuto atribuído às pessoas de origem indiana, que lhes permite a entrada e a saída do país, bem como o exercício de todos os direitos na Índia, com exceção de direitos políticos e aquisição de propriedades agrícolas. Assinale-se, a título de curiosidade, que António Costa, Primeiro-Ministro de Portugal, recebeu esse estatuto, em janeiro de 2017, pelo facto de o seu pai, o escritor Orlando Costa, ser goês.

3. MACAU

A 20 de dezembro de 1999 Macau integrou-se na República Popular da China, tornando-se uma região administrativa especial, tal como Hong Kong. Apenas os nascidos no território até 1981 eram considerados cidadãos portugueses. Com a Lei nº 37/81, de 3 de outubro, que entrou em vigor em 21 de novembro, além dos que já tinham a nacionalidade portuguesa, passaram a ser portugueses apenas os nascidos em Macau, desde que filhos de pai e/ou mãe portuguesa.

José Gonçalves Marques, ex-professor de direito na Universidade de Macau, considerou que esse dia alterou profundamente «o quadro histórico do direito anterior em matéria de atribuição da nacionalidade portuguesa».

Até essa data, todos os nascidos em Macau «são portugueses de origem, salvo pouco verificadas excepções, independentemente de serem portugueses, estrangeiros, apátridas, de nacionalidade desconhecida ou incógnitos os respectivos pais», referiu Marques, concluindo que «aos nascidos depois, só é conferida a nacionalidade portuguesa se forem filhos de pai português ou mãe portuguesa».

3.1. O dia em que Portugal encolheu

O dia em que Portugal encolheu foi o dia em que Macau «encolheu» ao nível do número de cidadãos portugueses, com a mudança do critério de *jus soli* (todos os habitantes de Macau aqui nascidos, incluindo os de etnia chinesa, recebiam automaticamente a nacionalidade portuguesa) para o *jus sanguinis*.

Jorge Rangel, que foi secretário-adjunto do governo de Almeida e Costa, recordou ao jornal macaense *Ponto Final* que «aquela lei, ao definir, no seu artigo 1º, como portugueses de origem "os filhos de pai português ou mãe portuguesa nascidos em território português ou sob administração portuguesa", clarificou e resolveu o problema das pessoas nascidas em Macau, incluindo as de etnia chinesa».

Rangel referiu que «clarificou» e «resolveu» porque Macau vivia, naqueles anos, alguma incerteza emergente da mudança do seu estatuto, o qual, com a publicação do Estatuto Orgânico de Macau, em fevereiro de 1976, passou a ser oficialmente «território sob administração portuguesa».

Jorge Rangel considerou que «o diploma de 1981 não só deixou claro que todos aqueles continuavam a ser portugueses de origem, como permitiu que os seus filhos nascidos em território sob administração portuguesa fossem também portugueses de origem. Assim, o direito à nacionalidade portuguesa foi mantido para todos os residentes de Macau naquela situação».

A «política extremamente generosa» de atribuição de nacionalidade, como então lhe chamava a revista de Hong Kong *Perspective Chinoises*, contrastou com o sucedido na ex-colónia britânica. Rangel também fez essa comparação em declarações prestadas ao referido jornal *Ponto Final*:

> «A publicação dessa lei trouxe tranquilidade às pessoas e foi muito bem recebida, tendo surpreendido observadores e representantes dos órgãos de comunicação social estrangeiros que acompanharam o processo de transição, considerando "muito generosa" a posição de Portugal, que já havia considerado os residentes chineses de Macau, aqui nascidos, portugueses de origem, podendo, em contraste com Hong Kong (onde foi diferente a posição do Governo Britânico), continuar a usufruir em pleno da nacionalidade portuguesa, mesmo após a transição.»

José Gonçalves Marques, em texto publicado na Revista *O Direito*, em 1991, deu a seguinte explicação:

> «Portugal contrastava com o conjunto dos países europeus, que, com uma população integrada em comunidades há muito tempo sedimentadas, acolhiam predominantemente o critério do *jus sanguinis*.
>
> Os naturais de Macau eram feitos portugueses, grande número deles, seguramente, sem o saber, sem o sentimento de pertença à "comunidade nacional" e, muito menos, se reconhecendo "filhos da Pátria".»

Jorge Rangel lembrou que, logo após a publicação da Lei de 1981, «muitos macaenses e chineses naturais de Macau solicitaram esclarecimentos junto dos serviços públicos sobre o alcance e o significado da nova lei, especialmente no que respeitava à situação pessoal de cada um. Para uns, importava, obviamente, a questão da nacionalidade; para outros, a preocupação maior era a manutenção do direito ao passaporte».

O antigo secretário-adjunto recordou ainda que «as dúvidas chegaram a ser suscitadas pelos próprios responsáveis dos Serviços de Identificação, até serem resolvidas através de contactos formais e informais entre o Governo de Macau e o da República».

Rangel considerou também que «mesmo após a transição, sendo hoje Macau território chinês, a situação no que respeita à nacionalidade é mantida para os filhos de todos quantos já eram considerados, nos termos da lei, "portugueses de origem"».

3.2. Dificuldades

Se para os que já detinham o passaporte português nada se alterou, a realidade é que passou a ser mais difícil adquirir, a partir daí, a nacionalidade portuguesa, nomeadamente para os cônjuges. Mais ainda depois da entrada em vigor de uma alteração à Lei de 1981, que entrou em vigor em 1994, e passou a impor a necessidade de se provar «uma ligação efetiva à comunidade nacional», como condição essencial para obtenção da nacionalidade.

Desde então, sucederam-se nos tribunais portugueses os casos de mulheres e homens que, casados com portugueses, pretendiam obter o passaporte português, e quase sempre sem resultado, uma vez que o Ministério Público tem como regra a oposição a esses pedidos, quando não estão muito bem fundamentados.

Diversos casos correram todas as instâncias da justiça portuguesa e alguns chegaram mesmo ao Supremo Tribunal. Um dos casos com maior repercussão terminou em 1998, com o STJ (Supremo Tribunal de Justiça) a dar razão ao Ministério Público contra a vontade de uma mulher residente em Macau, casada com um português e mãe de duas filhas, também elas portuguesas, porque «não conhece Portugal nem a sua história, a cultura e costumes das suas gentes e não fala a língua portuguesa».

Resultado bem diferente teve um cidadão chinês que casou com uma portuguesa em Macau, em 2000. Vivendo em Macau desde 1979, o cidadão chinês concluiu a sua licenciatura em Direito na universidade local e prestou provas sobre o domínio da língua portuguesa, sobre o seu conhecimento de Portugal, até por razões profissionais, e que é conhecido entre a comunidade portuguesa de Macau.

Mesmo assim, o Ministério Público opôs-se à aquisição de nacionalidade, o que o obrigou a recorrer para o Tribunal Central Administrativo Sul, em Lisboa, que lhe deu razão em 2008 (informações recolhidas pelo jornal *Ponto Final*).

Nas respostas enviadas ao jornal que temos vindo a citar, Jorge Rangel lembrou a situação dos portugueses nascidos em Xangai, «radicados em Macau desde o final da década de 40, a quem se quis exigir a prova de nacionalidade, tendo a emissão de passaportes sido para eles suspensa durante algum tempo, o que provocou situações de alguma angústia».

A lei exigia uma certidão de nascimento para renovação do Bilhete de Identidade, documento que a maioria desses portugueses, não só residentes em Macau, mas também em Hong Kong, não possuía, por ter saído à pressa de Xangai, quando o exército de Mao tomou a cidade.

Com a intervenção de Macau e a colaboração das autoridades em Lisboa, foi proferido um despacho, em 1993, que renovava automaticamente os passaportes aos cidadãos portugueses validamente inscritos nos consulados.

Jorge Rangel recorda que «o mesmo aconteceu com pessoas nascidas noutros países que já tinham a nacionalidade portuguesa. A muitos chegou a ser sugerido que requeressem a naturalização, o que foi liminarmente rejeitado pela maioria, tendo o problema de todos sido resolvido, caso a caso, graças à forma empenhada como o então Governador tratou do assunto em Lisboa».

3.3. Dupla nacionalidade

A República Popular da China considera cidadãos chineses todos os cidadãos nascidos em Macau, ainda que no período colonial. Tal como a Índia, não admite a dupla nacionalidade. No *site* dos Serviços de Identificação do Governo de Macau (www.dsi.gov.mo) consta a legislação sobre nacionalidade chinesa, enunciando-se várias perguntas às quais se dão respostas. Eis a transcrição de um caso:

> «Candy nasceu em Macau, é chinesa, mas tem apenas o seu nome estrangeiro "Candy Lio" registado no assento de nascimento, em todos os documentos de identificação e no diploma de graduação. É ainda titular do Passaporte Português. Necessita de acrescentar o seu nome em chinês e apresentar o pedido de aquisição da nacionalidade chinesa por naturalização?
>
> Candy é uma pessoa de ascendência chinesa nascida em Macau. De acordo com o estipulado na "Lei da Nacionalidade da República Popular da China" e nos "Esclarecimentos do Comité Permanente da Assembleia Popular Nacional sobre Algumas Questões relativas à Aplicação da Lei da Nacionalidade da República Popular da China na Região Administrativa Especial de Macau", tem nacionalidade chinesa e o seu Passaporte Português é considerado apenas como um documento de viagem, por isso, não necessita de tratar das formalidades de aquisição da nacionalidade chinesa por naturalização. O facto de não ter o nome em chinês não constitui problema para a posse da nacionalidade.»

4. REPÚBLICA DE TIMOR-LESTE

4.1. Vicissitudes

Nos termos da Constituição da República Portuguesa, Timor deixou de ser considerado território português a 25 de Abril de 1976, extinguindo-se o elemento de conexão que garantia aos timorenses a aquisição da nacionalidade portuguesa aos nascidos naquele território.

No entanto, devido à ocupação pela Indonésia, na sequência da invasão desencadeada após a proclamação da independência pela FRETILIN, ocorrida em 28 de novembro de 1975, Portugal continuou a ser considerado potência administrante pela ONU até à data da efetiva independência do território, ou seja, até 20 de maio de 2002.

Em Timor nunca se aplicaram as normas do Decreto-Lei nº 308-A/75, de 24 de junho. Por tal motivo, a lei aplicável até 25 de Abril de 1976 é a Lei nº 2098, de 29/07/1959, pela qual são cidadãos de nacionalidade portuguesa todos os nascidos em Timor, filhos de pai ou de mãe portugueses, apátridas, de nacionalidade desconhecida, incógnitos ou até estrangeiros, desde que não estivessem ao serviço do respetivo Estado, até 25 de Abril de 1976. Entre esta data e a independência efetiva, a 20 de maio de 2002, são considerados portugueses apenas os nascidos em Timor que sejam filhos de mãe ou de pai portugueses.

Após a independência, os filhos de pai ou mãe com nacionalidade portuguesa, nascidos em Timor-Leste (já como território estrangeiro) continuam a ter direito à nacionalidade portuguesa originária. O timorense Hercus Pereira escreveu, com alguma ingenuidade e espírito professoral, no seu blog https/hercus.blogspot.com:

> «Se um timorense pode ter a nacionalidade portuguesa
>
> Há alguns dias algumas pessoas ficaram surpreendidas quando viram o meu Bilhete Identidade Português. Eles perguntaram como eu posso ter nacionalidade portuguesa?
>
> Pois, é muito lógica elas (as pessoas) ficaram assim. Como é possível um timorense pode ter a nacionalidade portuguesa? Mas isso mostra apenas um pouco da ignorância sobre a história de Portugal em relação com Timor-Leste.
>
> Timor-Português era colónia portuguesa e depois com o processo da emancipação dos países colonizados no mundo que se tornaram independentes começaram já um novo processo na história que era a eliminação de qualquer tipo de colonização. Então as colónias portuguesas tornaram como parte integrante de território de Portugal. As colónias começaram já consideradas como províncias de Portugal, mais concretamente, se chamavam províncias ultramarinas.

As províncias ultramarinas na Africa tornaram-se independentes depois da revolução dos cravos. Caso contrário aconteceu com Timor-Leste. O processo de descolonização que era um dos principais objectivos da revolução ficou "interrompido" por causa da invasão da Indonésia em 7 de Dezembro de 1975.

Então do ponto de vista internacional, de jure, Timor era considerado como parte integrante de Portugal. Do ponto de vista de facto Indonésia era potência ocupante de Timor. Então todo o processo de solução da causa timorense era conduzido por Portugal em qualquer fórum internacional contra a Indonésia. A luta timorense estava sob a bandeira diplomática de Portugal que dá fruto com o acordo de 5 de Maio de 1999 que foi assinado por Portugal e Indonésia sob Nações Unidas para realizar referendum em Timor-Leste.

Timor-Leste tornou-se independente no ponto de vista internacional e de Portugal no dia 20 de Maio de 2002.

Então foi assim que todos os timorenses que nasceram antes 2002 nasceram português. Alguns não conseguiram regularizar a sua nacionalidade e outros conseguiram. Eu sou um dos que conseguiram. Logo eu sou português. Então como português eu tenho igual direito e igual dever como qualquer português.

Eu expliquei isso para elas (claro de uma forma breve) e até eu disse a essas pessoas que eu também já votei para formar este actual governo de Portugal. Eu também tenho cartão de saúde da União Europeia. Pois, ser português significa que ser regularizado pela lei portuguesa e também pela lei da União Europeia. Por isso um cidadão português ao mesmo tempo é um cidadão da União Europeia também.

Eu já encontrei que algumas pessoas são ignorantes em relação com a história, as leis e as coisas mais simples da vida. Essas pessoas não sabem dessas coisas. Por exemplo há pessoas que pensam que Timor fica na África (eu já escrevi este assunto e publiquei no sapo.tl).

Por outro lado, há também algumas pessoas que pensam que os outros são ignorantes. Pensam que como os outros vêm de um país menos desenvolvido então não sabem nada. Essas pessoas pensam que os outros não sabem nada sobre as leis, os procedimentos legais, não sabem coisas da informática, não sabem nada das coisas simples da vida. Quando pensamos que os outros são ignorantes é muito perigoso porque podem ser mais inteligentes do que nós.

Ser um pouco humilde para respeitar as pessoas. Se nós não gostamos das pessoas (como ser humano nós não podemos gostar de toda a gente e não podemos fazer que toda a gente gosta de nos) então pelo menos respeitar essas pessoas. Respeitar, respeitar e respeitar.»

4.2. Nacionalidade timorense

Relativamente à nacionalidade, a Constituição da República Democrática de Timor-Leste consagra o *juis sanguinis*. No entanto, os filhos de pai ou de mãe estrangeiros nascidos em Timor que, sendo maiores de 17 anos, declararem por si querer ser timorenses, obtêm a nacionalidade originária (art. 8º, nº 1, al.) c)), o que reflete o *jus soli*.

Na aquisição da nacionalidade por naturalização, é requisito o conhecimento da história e da cultura de Timor-Leste. Também é requisito residir habitual e regularmente em Timor-Leste há pelo menos 10 anos contados antes de 7 de dezembro de 1975 ou a partir de 20 de maio de 2002, não sendo considerados residente habituais, nem residentes regulares, «os cidadãos estrangeiros que fixaram residência em Timor-Leste por força da política de transmigração ou da ocupação militar estrangeira (art. 12º). Esta disposição destina-se, claramente, a afastar os indonésios que se fixaram no território durante a ocupação, beneficiando de incentivos do Governo de Jakarta.

A República Democrática de Timor-Leste não admite a dupla nacionalidade.

5. ANGOLA, MOÇAMBIQUE, GUINÉ-BISSAU, CABO VERDE E SÃO TOMÉ E PRÍNCIPE

Vimos já neste capítulo os requisitos para a conservação da nacionalidade portuguesa, bem como as consequências do não preenchimento de tais requisitos pelos naturais das ex-colónias portuguesas de África.

Vejamos, agora, a legislação em vigor nos novos países africanos de expressão portuguesa, no que diz respeito à aquisição da nacionalidade. Importa ter em atenção as datas das respetivas independências:

Angola: 11 de novembro de 1975.
Moçambique: 25 de junho de 1975.
Guiné Bissau: 24 de setembro de 1974.
Cabo Verde: 5 de julho de 1975.
São Tomé e Príncipe: 12 de julho de 1975.

5.1. República de Angola

5.1.1. Lei nº 2/2016

Em Angola, está em vigor a Lei nº 2/2016, de 15 de abril, que regula as condições de atribuição, aquisição, perda e reaquisição da nacionalidade angolana. Consideram-se como cidadãos com nacionalidade originária os filhos de pai ou de mãe de nacionalidade angolana, quer tenham nascido em Angola ou no estrangeiro, bem como os recém-nascidos encontrados em território angolano.

No que diz respeito à aquisição da nacionalidade, esta pode ser adquirida por filiação, adoção, casamento e naturalização.

Nos casos de aquisição de nacionalidade por filiação, a lei determina que os menores a quem tenha sido atribuída a nacionalidade angolana podem optar por outra nacionalidade aquando da maioridade. Também os filhos incapazes de mãe ou de pai que adquira a nacionalidade angolana podem requerer, por intermédio dos representantes legais, a nacionalidade angolana.

Quanto à nacionalidade por casamento, pode ser requerida pelos cidadãos estrangeiros casados com cidadãos angolanos há mais de cinco anos, sob o regime da comunhão de adquiridos, na constância do casamento e desde que o cônjuge de nacionalidade angolana seja ouvido. Deve ainda o cônjuge estrangeiro ser maior perante a lei angolana, oferecer garantias morais e cívicas de integração na sociedade angolana e não ter sido condenado, por sentença transitada em julgado, pela prática de crime punível com pena de prisão igual ou superior a três anos.

Do mesmo modo, a aquisição de nacionalidade por naturalização de um cidadão estrangeiro determina que se encontrem preenchidos os requisitos adicionais mencionados para a aquisição de nacionalidade por casamento, assim como outros requisitos cumulativos decorrentes do disposto na lei, designadamente, residir legalmente em Angola há pelo menos dez anos e possuir conhecimento suficiente da língua portuguesa, aferido através de exame, entre outros meios.

A lei confere ainda poderes à Assembleia Nacional para conceder nacionalidade angolana a um cidadão estrangeiro que tenha prestado ou possa vir a prestar serviços relevantes para o país ou ainda que demonstre ter qualidades profissionais, científicas ou artísticas excecionais.

Prevalece o *jus sanguinis*.

5.1.2. Primeira Lei da Nacionalidade (*jus soli*)

Curiosamente, a primeira Lei da Nacionalidade de Angola, de 11/11/1975, conjugava o *jus soli* com o *jus sanguinis*, considerando cidadãos angolanos de pleno direito «todos os indivíduos nascidos em Angola bem como os não naturais de Angola filhos de mãe ou de pai angolano» (art. 1º, nº 1).

Permitiu-se aos indivíduos nascidos em Angola que não quisessem manter a nacionalidade angolana a possibilidade de renunciar à nacionalidade angolana no prazo de um ano a contar da independência (art. 1º, nº 3). Mas essa opção poderia ser gravosa, pois o Decreto-Lei nº 1/81, de 5/01/1981, penalizou os renunciantes, adotando várias medidas, como a proibição de celebrar contratos de serviços com o Estado e empresas estatais e de aceder à matrícula ou inscrição em estabelecimento de ensino angolano.

Em 7/02/1984, foi publicada a segunda Lei da Nacionalidade, suprimindo a possibilidade de os indivíduos nascidos em Angola, filhos de estrangeiros, obterem a nacionalidade por atribuição.

Angola permite a dupla nacionalidade, pelo que a aquisição da nacionalidade portuguesa por um cidadão angolano não o priva da sua nacionalidade angolana.

5.1.3. Situações complexas

Exemplo de uma situação complexa:

Em processo de investigação de paternidade que correu termos no Tribunal de Luanda, foi atribuída a paternidade de um menor nascido em Angola, filho de mãe angolana, a um cidadão português que já tinha falecido. Nesse processo judicial, os herdeiros do falecido cidadão português não foram citados (ao contrário do que sucederia no ordenamento jurídico português).

Mais tarde, o menor, que tinha a nacionalidade angolana, pretendeu que lhe fosse atribuída a nacionalidade portuguesa, tendo apresentado na Conservatória dos Registos Centrais, em Portugal, a certidão de nascimento de Angola, na qual constava na filiação o nome do cidadão português, a quem fora atribuída a paternidade no processo judicial referido.

A Conservatória dos Registos Centrais de Lisboa não aceitou a validade da certidão, no que respeita à filiação, exigindo a apresentação da sentença judicial de Angola bem como a sua revisão e confirmação em Portugal pelo Tribunal da Relação de Lisboa.

Proposta ação especial de revisão de sentença estrangeira, o Tribunal da Relação não confirmou a sentença do Tribunal de Luanda, pelo facto de ter constatado a falta de citação dos herdeiros do pretenso pai na ação de investigação de paternidade proposta em Angola.

Outra situação complexa:

Um cidadão angolano requereu inventário judicial em Portugal, alegando ser filho fora do casamento de um importante comerciante português, inventariado, que exercera a sua atividade em Benguela, Angola. Apresentou, para tal, a sua certidão de nascimento, emitida pela Conservatória do Registo Civil de Benguela, onde figurava como pai, por ato de perfilhação, o tal comerciante português.

No inventário, que correu termos no Tribunal Judicial de Braga, a viúva do português alegou que a certidão de nascimento tinha sido falsificada e que o seu falecido marido nem sequer conhecera a mãe do Requerente, quanto mais... apresentou também certidão de participação criminal em Benguela, relativa à alegada falsificação. A instância foi suspensa, no processo de inventário, até que a questão fosse clarificada.

5.2. República de Moçambique

5.2.1. Constituição de 2004

A Constituição de Moçambique de 2004 regula a aquisição de nacionalidade:

- Por via originária (arts. 23º a 25º)
- A aquisição da nacionalidade por via originária subdivide-se em aquisição consanguínea *(jus sanguinis)* e aquisição territorial *(jus soli)*.

São moçambicanos *(jus sanguinis)*:

a) Filhos de pai ou de mãe que tenham nascido em Moçambique.
b) Filhos de pais apátridas, de nacionalidade desconhecida ou incó-gnita.
c) Os que tinham domicílio em Moçambique à data da independência e não tenham optado, expressa ou tacitamente, por outra nacionalidade.
d) São moçambicanos, ainda que nascidos em território estrangeiro, os filhos pai ou de mãe moçambicanos ao serviço do Estado fora do país.
e) São moçambicanos os filhos de pai ou de mãe de nacionalidade moçambicana, ainda que nascidos em território estrangeiro, desde que expressamente, sendo maiores de dezoito anos de idade, ou pelos seus representantes legais, se forem menores daquela idade e declararem que pretendem ser moçambicanos.

São moçambicanos *(jus soli)*:

1. Os cidadãos nascidos em Moçambique após a proclamação da independência.
2. Excetuam-se os filhos de pai e de mãe estrangeiros quando qualquer deles se encontre em Moçambique ao serviço do Estado a que pertence.
3. Os cidadãos referidos no número anterior somente têm a nacionalidade moçambicana se declararem por si, sendo maiores de dezoito anos de idade, ou pelos seus representantes legais, sendo menores daquela idade, que querem ser moçambicanos.

4. O prazo para a declaração referida no número anterior é de um ano, a contar da data do nascimento ou daquela em que o interessado completar dezoito anos de idade, conforme a declaração seja feita, respetivamente, pelo representante legal ou pelo próprio.

No que respeita à dupla nacionalidade, considera-se que é admitida, pois a Constituição não prevê a perda da nacionalidade moçambicana pelo facto de se adquirir outra nacionalidade, sem prejuízo de eventual renúncia.

O cidadão moçambicano não pode invocar em Moçambique outra nacionalidade.

5.2.2. Polémica sobre dupla nacionalidade

O blog https://mocmagazine.blogspot.com inseriu um comentário, a 8/05/2008, bastante elucidativo de como ainda se podem atirar pedras com a invocação da dupla nacionalidade e da ligação a Portugal.

Nelson Diogo da Silva – filho da então Primeira-Ministra, Luísa Dias Diogo, e de um cidadão com dupla nacionalidade (moçambicana e portuguesa, esta última desde 1991) – adquiriu ao Estado moçambicano uma moradia em Maputo. Outro interessado na moradia, Faruk Gadi, reivindicou-a por se considerar titular de direitos adquiridos antes de se operar a venda ao filho da Primeira-Ministra.

Surgiu um braço de ferro entre os dois, tendo Faruk sido tratado pelo pai de Nelson e marido da governante por «ex-administrador colonial». Faruk não gostou e ripostou com a acusação de que Nelson também tinha a nacionalidade portuguesa, pelo que não podia adquirir propriedades ao Estado moçambicano.

O blog formulava as seguintes questões:

> «As perguntas que carecem agora de respostas são: em Moçambique quem tem outra nacionalidade, além da moçambicana, pode adquirir bens imóveis ao Estado? E a legislação moçambicana já admite ou não a dupla, tripla ou múltipla nacionalidade desde que no País não produza efeitos na ordem jurídica interna qualquer outra nacionalidade aos indivíduos que, nos termos do ordenamento em vigor em Moçambique, sejam moçambicanos?
>
> Qual é a nacionalidade de Nelson Diogo da Silva?
>
> O "Zambeze" está agora na posse de duas provas inequívocas. E o "Canal de Moçambique" também as possui. Por um lado, num documento da APIE, Nelson Diogo da Silva aparece identificado como moçambicano portador do BI 0035323707. Por outro, um "Assento de Nascimento" de Nelson Diogo da Silva em Portugal confere a nacionalidade portuguesa. Esse documento que o ZAMBEZE publica hoje, para além de reconhecido pelo "Instituto de Registos e Notariado – Gabinete de

Certidões da Loja do Cidadão de Lisboa 1", está também autenticado pelo 3º Cartório Notarial de Maputo. Foi autenticado cá, esta terça-feira, 06 de Maio de 2008.

Na certidão de assento de nascimento de Nelson Diogo da Silva lê-se que ao referido cidadão, registado com a cédula 0799741, Série F, Proc. 11093/91, "foi atribuída a nacionalidade portuguesa, nos termos do art. 1º, nº 1, alínea B) da Lei nº 37/81, de 03 de Outubro". Lê-se ainda na coluna dos averbamentos da mesma certidão, agora também na posse do "Canal de Moçambique", que o registo de Nelson Silva como cidadão português, foi feito sob o nº 703-B, a 08 de Outubro de 1991. Assina a certificar o averbamento, a 10 de Outubro de 1991, o Conservador Auxiliar, José Fernando Correia Pereira.

O que diz a Lei da Nacionalidade portuguesa.

Fomos ver o que diz a Lei 37/81, de 03 de Outubro, titulada como sendo a Lei da Nacionalidade de Portugal. A intenção é assim podermos todos melhor entender os fundamentos que permitiram que o Estado Português atribuísse a nacionalidade portuguesa a Nelson Diogo da Silva. No Capítulo I (Atribuição de Nacionalidade), art. 1º (nacionalidade originária), no nº 1, alínea b), lê-se que "são portugueses de origem os filhos de Pai ou Mãe portuguesa nascidos no estrangeiro se declararem que querem ser portugueses ou inscreverem o nascimento no registo civil português.

Quem declarou em Portugal que queria que fosse feito o assento de nascimento de Nelson Diogo da Silva como português foi o seu pai, Dr. António Albano Silva, com base em certidão de registo lavrada na 1ª Conservatória do Registo Civil de Maputo, aqui passada a 02 de Abril de 1991. Na altura a senhora Mãe de Nelson Diogo da Silva ainda não exercia funções no Governo de Moçambique.»

5.2.3. Regresso a Moçambique

A Agência Lusa publicou, em 28/04/2004, uma notícia com o título «Cresce o número de portugueses a pedir a nacionalidade moçambicana e angolana». Após aludir aos problemas de desemprego em Portugal, emergentes da crise económica que então grassava, a jornalista acrescentava o relato pessoal de uma cidadã portuguesa natural de Moçambique, residente em Portugal, que pretendeu regressar à sua terra de origem:

«Nascida em Moçambique, em 1977, Yasmini Daudo veio viver para Portugal com pouco tempo de vida, acompanhando os pais, que fugiam da guerra. Quando o acordo de paz foi assinado, em 1992, os pais voltaram a Moçambique e atualizaram os documentos de identificação.

"Foi a sorte, porque permitiu aos filhos adquirirem a nacionalidade moçambicana", relatou, aludindo às mudanças entretanto introduzidas, que dificultam os processos.

Por exemplo, as pessoas que regressaram a Angola na década de 1990 e primeiros anos do século XXI não encontraram tantos obstáculos. "O número de processos era muito inferior, havia pouca gente a requerer a nacionalidade e a lei não era muito clara", justificou.

Hoje em dia, Angola coloca "mais problemas". Após a independência, em 1975, procedeu-se a uma "atualização das documentações", mas muitas pessoas já haviam saído do país e não a fizeram. "Muitas dessas pessoas têm estado a fazer os pedidos agora, passados trinta e tal anos, o que Angola não tem estado a aceitar", explicou a jurista, Yasmini Daudo.

Em Moçambique, os obstáculos são outros. A Constituição de 1994 abriu a porta à dupla cidadania, antes não permitida, mas "muitas das conservatórias continuam a entender que não é possível". Portanto, trata-se de "clarificar" a lei, para evitar "desentendimentos", finalizou.

Porém, está a crescer outra tendência, de gente "mais madura", que tenta "adquirir a nacionalidade por causa dos filhos", que querem sair do país.

Muitos são pessoas que já estão reformadas, mas nasceram lá. Eles não têm interesse nenhum em ir para Moçambique ou Angola para trabalhar, querem tratar da nacionalidade mais por causa dos filhos", contou outra pessoa conhecedora.

Yasmini Daudo lida com processos deste tipo há tempo suficiente para garantir que acontecem "mais por razões económicas" do que sentimentais. "A maior parte dos casos que nos pedem são pessoas que já têm oferta de trabalho em Angola ou Moçambique", referiu.

Os processos de dupla nacionalidade "podem levar anos" e "cerca de 70, 75 por cento dos processos têm sido indeferidos", contou.

"Há mais insucesso do que sucesso. Os casos bem-sucedidos, em geral, são pessoas que têm a documentação atualizada ou netos de avó africana de origem", adiantou, reconhecendo: "Muitas das vezes já nem sequer estamos a pegar nesses processos."

Além da morosidade, o processo "é caríssimo", podendo atingir os "seis mil euros, independentemente da resposta", contou, lembrando que "nem tudo funciona às claras" nos países em questão.

Por outro lado, a herança colonial continua a pesar sobre as relações diplomáticas. "É mais fácil, bastante mais simples, para um moçambicano ir para Angola ou vice-versa", acrescentou.

5.3. República da Guiné Bissau

5.3.1. Lei nº 2/93

A Lei da Cidadania nº 2/92, de 6 de abril, no artigo 5º, define a nacionalidade de pleno direito, ou seja, a nacionalidade guineense originária.

> 1. É cidadão guineense de origem:
> a) O filho de pai ou de mãe de nacionalidade guineense nascido na Guiné--Bissau ou no estrangeiro, se o progenitor guineense aí se encontrar ao serviço do Estado guineense.
> b) O filho de pai ou de mãe guineense, nascido no estrangeiro, se declarar que quer ser guineense ou se inscrever o nascimento no Registo Civil Guineense.

Fica patente o relevo conferido ao *jus sanguinis*, em detrimento do *jus soli*, na atribuição originária da nacionalidade guineense. Porém, o art. 5º, nº 2 estabelece a presunção de que é «cidadão guineense de origem, salvo prova em contrário, o nascido no território da Guiné Bissau».

A aquisição da nacionalidade por naturalização tem, como um dos requisitos, «conhecer minimamente a cultura guineense e identificarem-se com ela» (art. 9º, nº 1, al. b).

5.3.2. Presidente da República (restrições)

Há matéria da nacionalidade guineense originária incluída na Constituição da República da Guiné-Bissau para atribuir apenas aos cidadãos guineenses de origem o exercício pleno da cidadania: «São elegíveis para o cargo de Presidente da República os cidadãos eleitores guineenses de origem, filhos de pais guineenses de origem, maiores de 35 anos de idade, no pleno gozo dos seus direitos civis e políticos» (art. 63º, nº 2 da Constituição).

Antonieta Coelho teceu as seguintes considerações no *site* www.didinho.org/arquivo de nacionalidade:

> «Este artigo é discutível, pois não basta ser "cidadão guineense de origem maior de 35 anos de idade para candidatar-se ao cargo de Presidente da República, mas os pais têm que ser guineenses de origem, o que implica que os avôs paterno e materno do candidato têm que ser guineenses. Aqui há uma restrição ao exercício do direito da cidadania. A qualidade da cidadania plena depende do momento histórico, de um ideal inatingível, bem como dos objectivos político e social. O legislador guineense pretendia com esta cidadania restritiva e discriminatória, e sob argumento de "purus

fidjus di tchom" (filhos autênticos do país) afastar a candidatura às eleições Presidenciais de 1994 de alguns dirigentes máximos dos partidos políticos da oposição, que apesar de serem guineenses de origem tinham um progenitor (pai ou mãe), supostamente de nacionalidade estrangeira. Este artigo foi bastante contestado na época por muitos políticos particularmente os da oposição guineense. Pois, de acordo com o disposto no artigo 4º, nº 6 da Constituição da República: "os dirigentes máximos dos partidos devem ser cidadãos guineenses originários." Neste caso, basta ser filho de pai ou mãe guineense para ser dirigente partidário. Desde então, constituíram-se vários partidos políticos a partir de 1991, sendo que todos os seus dirigentes máximos eram e são filhos de cidadãos guineenses de origem, como manda a Constituição da República. Mas alguns tinham um dos progenitores estrangeiro. Pelo que não fazia sentido, o disposto no nº 2 do referido artigo 63º da Constituição da República. Mas porém, tinha os seus destinatários, dentre outros destacava-se o líder de FLING, François Kankoila Mendy, então candidato às eleições Presidenciais de 1994. Pois embora sendo guineense de origem, mas era dado como certo que um de seus progenitores era de nacionalidade estrangeira. Todavia, ele conseguiu provar que é guineense de origem, filho de pais guineenses de origem e a sua candidatura foi aprovada pelo Acórdão do Supremo Tribunal de Justiça. E esse artigo acabou sendo "coba di djanfa" (o feitiço virou contra o feiticeiro), por não atingir os opositores, mas sim os então governantes.

Na verdade, o referido artigo 63º, nº 2, da Constituição da República, divide os cidadãos guineenses de origem em duas categorias: cidadãos da primeira e cidadãos da segunda.

1 – Os cidadãos da primeira categoria (*purus fidjus di tchom*): são os guineenses de origem, filhos de pais guineenses de origem, netos de avôs paternos e maternos guineenses. Estes têm direito ao exercício pleno da cidadania.

2 – Os cidadãos guineenses da segunda categoria: são os guineenses de origem, filhos de pai ou mãe guineense de origem e netos de avôs paternos ou maternos de nacionalidade estrangeira. A estes são restringidos o direito a cidadania plena, não podendo, para o efeito, concorrer ao cargo de Presidente da República.

E se Barack Obama fosse guineense de origem? Não poderia candidatar-se ao cargo de Presidente da República, porque o seu pai é queniano. E se fosse costa-marfinense? Também não poderia pelo mesmo motivo. Pois em 2000, Alassane Ouattara, um dos principais líderes políticos opositores da Costa do Marfim, foi impedido de concorrer às eleições presidenciais e legislativas, sob acusação de ser natural de Burkina Faso, e não conseguir provar a sua cidadania costa-marfinense. Contudo, este líder político foi o último Primeiro-Ministro do Governo da era do então Presidente Félix Houphouët- Boigny.

Certamente em muitos Países africanos o actual Presidente norte-americano, Barack Obama, seria impedido de candidatar-se às eleições presidenciais, porque não teria direito ao exercício pleno da cidadania por ser "mestiço". Daí a lógica do artigo de Mia Couto, escritor moçambicano: "E se Obama fosse Africano?"»

(artigo publicado no Jornal *Savana*, de 14/11/2008)

Acrescentou também:

«Por isso, a aplicação rígida do princípio *jus sanguinis*, para atribuição da nacionalidade originária, ou seja, o direito a cidadania plena, embora esteja em uso em muitos países africanos, está desajustada ao momento histórico que se vive, de um Mundo em "Globalização" e em que a imigração é um direito reconhecido por quase todos os países dos cinco continentes.

No caso concreto da Guiné-Bissau, a rigidez na aplicação do princípio *jus sanguinis* afecta de uma maneira geral os guineenses de origem, que, pelo facto de eventualmente contraírem casamento com um cidadão estrangeiro ou cidadã estrangeira, seus filhos nascidos no território guineense, embora guineenses de origem, não teriam direito ao exercício pleno da cidadania, e por consequência, não poderiam candidatar-se ao cargo de Presidente da República. E muitos são os cidadãos guineenses nessas condições. Pois os que fizeram os seus estudos no exterior e casaram com mulheres ou homens de outras nacionalidades, seus filhos não são elegíveis ao cargo de Presidente da República. E além disso, a adopção legal do princípio jus sanguinis não leva em conta a realidade histórica do País, formado não só pelos nativos guineenses, mas também por imigrantes essencialmente de origem cabo-verdiana. E se o "Pai Fundador da Nacionalidade Guineense", Amílcar Cabral, fosse vivo? Que cidadania lhe seria reservado, da primeira ou da segunda categoria? Pois nasceu na Guiné-Bissau, em Bafatá, mas os seus progenitores eram cabo-verdianos. E por consequência, não seria elegível ao cargo de Presidente da República? Seria uma aberração o "Fundador da Nacionalidade Guineense", não ter direito a essa própria nacionalidade de origem e o direito ao exercício pleno da cidadania.

A maioria dos países africanos aplica a lei sanguinis (o direito do sangue) na atribuição da nacionalidade originária. E os Estados Unidos da América aplicam o princípio do *jus soli* na atribuição da nacionalidade americana originária, levando em conta a história dos EUA, povoado essencialmente por imigrantes: ingleses, alemães, italianos, sul-americanos, africanos, nórdicos. O Brasil e outros Países da América Latina, também aplicam o jus soli, na atribuição da nacionalidade originária.»

5.4. República de Cabo Verde

5.4.1. Lei 41/IVI/92

A nacionalidade cabo-verdiana é regulada pela Lei 80/III/90, de 29/04/1990 (Lei da Nacionalidade), alterada pela Lei 41/IV/92, de 6/04/1991 e pela Lei 64/IV/92, de 30/12/1992.

Está regulamentada pelo Decreto-Lei nº 53/93, de 30/08/1993, alterado pelo Decreto-Lei nº 19/2000, de 24/04/2000.

A nacionalidade pode ser obtida por atribuição e por aquisição.

A atribuição pode ser de origem por nascimento ou de origem por opção.

A nacionalidade é de origem por nascimento quando:

a) O indivíduo nasceu em Cabo Verde e é filho de pai ou mãe de nacionalidade cabo-verdiana.
b) O individuo nasceu em território cabo-verdiano e não possui outra nacionalidade.
c) O individuo nasceu em Cabo Verde de pai e mãe apátridas ou de nacionalidade desconhecida residentes em Cabo Verde.

Pode optar por nacionalidade de origem, mediante declaração:

a) O indivíduo nascido no estrangeiro de pai ou mãe, avô ou avó de nacionalidade, cabo-verdiana por nascimento.
b) O indivíduo nascido em Cabo Verde de pais estrangeiros, se estes residirem habitualmente em território cabo-verdiano há pelo menos cinco anos e nenhum deles aí se encontre ao serviço do respetivo Estado.

Por sua vez, a aquisição da nacionalidade pode ser:

a) Em razão de casamento (pode adquirir a nacionalidade o cônjuge de nacional que declare na constância do casamento querer adquiri-la).
b) Por motivo de filiação (pode adquirir a nacionalidade mediante declaração o filho menor ou incapaz de pai ou mãe que adquira a nacionalidade cabo-verdiana).
c) Por adopção (adquire a nacionalidade o menor apátrida adotado por nacional ou o menor estrangeiro ou de nacionalidade desconhecida adotado por nacional).
d) Por naturalização – pode ser concedida a nacionalidade por naturalização ao estrangeiro que resida habitualmente em território cabo-verdiano há pelo menos cinco anos, ser considerado maior ou emancipado pelas leis do Estado de Cabo Verde, ter idoneidade moral ou civil, possuir capacidade para reger a sua pessoa e assegurar a sua subsistência.

Verificamos que a República de Cabo Verde adotou o *jus sanguinis*, como critério dominante.

Em dezembro de 2021, o Governo de Cabo Verde aprovou uma proposta de nova lei da nacionalidade, a submeter ao Parlamento.

No essencial, a proposta de lei prevê nomeadamente alargar o âmbito da nacionalidade de origem dando corpo à ideia de nação cabo-verdiana global, viabilizando a atribuição de nacionalidade cabo-verdiana de origem a filhos de cabo-verdianos nascidos no estrangeiro, detentores de registo civil cabo-verdiano, seja por inscrição, seja transcrição, mas com dispensa de declaração.

Vai alargar também o âmbito da nacionalidade de origem para netos e bisnetos nascidos no estrangeiro, neste caso mediante declaração e clarifica alguns preceitos legais designadamente substituindo o requisito de "residência habitual" por "residência legal" a pessoas nascidas em Cabo Verde, filhos de estrangeiros.

Introduz para efeito de "nacionalidade cabo-verdiana por casamento" o requisito de tempo mínimo de cinco anos de duração de casamento e para efeitos de nacionalidade por naturalização exige-se que o requisito de "residência habitual" tenha a duração mínima de cinco anos.

A proposta reformula ainda o conceito de aquisição da "nacionalidade económica", por "nacionalidade por investimentos", através da realização de investimentos relevantes no país.

"O regime jurídico da nacionalidade por naturalização estabelece com clareza os pressupostos de investimentos relevantes e orienta a atribuição dessa nacionalidade com base numa efetiva realização de investimentos no território nacional e ligação efetiva à comunidade nacional", explicou Filomena Gonçalves, ministra da presidência do Conselho de Ministros.

Por último introduz uma nova modalidade de aquisição de nacionalidade que é modalidade "por motivos relevantes" com vista distinguir os cidadãos estrangeiros que se destacaram através da prática de atos relevantes em prol de Cabo Verde e que mantenham a ligação de afetividade com o país.

5.4.2. Protestos

No *site* www.RFI.FTI/PT, João Ramos Viana, Presidente da Plataforma das comunidades africanas residentes em Cabo Verde, não se tem coibido de denunciar publicamente a situação das crianças nascidas em Cabo Verde, filhas de imigrantes africanos, designadamente a dualidade de critério das autoridades de Cabo Verde, que defendem, junto da diáspora, a nacionalidade ou a naturalização dos emigrantes cabo-verdianos na Europa, mas não protegem os filhos de outros africanos nascidos no território.

Cabo Verde sempre foi um país de emigração com cabo-verdianos em todo o mundo, designadamente Américas, Europa e África. Com a democracia, passou a ser também um país de imigrantes, sobretudo da costa africana.

Sucede que as crianças nascidas em Cabo Verde de pais imigrantes africanos não recebem automaticamente a nacionalidade cabo-verdiana.

É que a lei da nacionalidade cabo-verdiana privilegia o direito de sangue, o *jus sanguinis*, logo, filhos de imigrantes têm a nacionalidade dos pais.

João Ramos Viana insurgiu-se, concluindo:

> «Em Cabo Verde, não é, portanto, aplicado, automaticamente, o direito de solo, o *jus soli* de cariz jurídico-filosófico mais liberal e aberto às crianças que nasceram naquele país de pais imigrantes.
>
> Esta política rígida de nacionalidade parece um paradoxo para um país como Cabo Verde, que luta junto de países onde tem uma diáspora para que os seus emigrantes cabo-verdianos consigam obter nacionalidade e naturalização, casos de cabo-verdianos em Portugal ou na Europa duma maneira geral.»

De qualquer modo, essas crianças nascidas em Cabo Verde terão a possibilidade de obter nacionalidade cabo-verdiana, aos cinco anos de idade, se os pais imigrantes estiverem regularizados e não tiverem problemas com a justiça.

Os cidadãos cabo-verdianos poderão adquirir a nacionalidade de outro país sem perder a sua nacionalidade de origem, ou seja, Cabo Verde admite a dupla nacionalidade.

Nenhum cabo-verdiano de origem poderá ser privado da nacionalidade ou das prerrogativas da cidadania.

5.5. República Democrática de São Tomé e Príncipe

A Lei nº 6/90, de 13/9/1990, regula a atribuição da nacionalidade. Está regulamentada pelo Decreto nº 39/99, de 30/11/1999.

1. São são-tomenses de origem:

a) Os nascidos em São Tomé e Príncipe, filho de pai ou mãe santomense.

b) Os nascidos no estrangeiro filhos de pai ou mãe santomense, que se encontrem ao serviço do Estado santomense.

c) Os filhos de Pai ou Mãe santomense nascido no estrangeiro se declararem que querem ser santomenses.

d) Os nascidos em S. Tomé e Príncipe quando não possuam outra nacionalidade.

e) Os indivíduos nascidos em S. Tomé e Príncipe de pais apátridas ou de nacionalidade desconhecida.

f) Os nascidos em S. Tomé e Príncipe filhos de pais estrangeiros que residam no território santomense e que não estejam ao serviço do respetivo Estado.

2. Presumem-se nascidos em S. Tomé e Príncipe os recém-nascidos expostos em território santomense.

A alínea f) do nº 1 reflete o *jus soli*. O filho de um estrangeiro a residir em São Tomé adquire a nacionalidade deste país.

O art. 8º da Lei da Nacionalidade, com a epígrafe «Aquisição por razões históricas», contém uma norma interessante: são considerados santomenses todos os estrangeiros residentes em S. Tomé e Príncipe à data da independência.

Quanto à aquisição por naturalização, um dos requisitos cumulativos é a renúncia à anterior.

No entanto, a obtenção da nacionalidade por outros modos não inviabiliza a dupla nacionalidade.

Capítulo IX
Brasil

1. NACIONALIDADE PORTUGUESA

Mais de 74 mil cidadãos estrangeiros pediram a nacionalidade portuguesa em 2019, o valor mais elevado dos últimos cinco anos, indicou o Relatório de Imigração, Fronteiras e Asilo (RIFA), apresentado a 23/06/2020. Segundo o documento, na aquisição da nacionalidade portuguesa nesse ano surgem, por ordem decrescente, os naturais do Brasil (22 928), Israel (18 433), Cabo Verde (6 472), Angola (2 993), Ucrânia (2 738), Guiné-Bissau (2538) e Turquia (1629).

Em 2020, mais de 20 mil brasileiros adquiriram a nacionalidade portuguesa.

A comunidade brasileira é, aliás, a que tem mais residentes em Portugal: 151 304. Daí que nos debrucemos, neste capítulo, sobre a situação dos brasileiros no que respeita à aquisição de nacionalidade e à entrada e saída do território nacional, que se aplica, aliás, aos nacionais de outros estados, com as devidas adaptações. As citações seguintes foram retiradas de diversos *sites* brasileiros. Num deles, alude-se às vantagens para os cidadãos brasileiros na obtenção da cidadania portuguesa:

> «Você sabia que a cidadania portuguesa é um direito de muitos brasileiros?
>
> Por não ter barreira linguística e Portugal ser um país seguro (terceiro ranking mundial), com um custo de vida relativamente baixo, o número de requerimentos aumenta de ano para ano.
>
> Quem adquire a cidadania portuguesa possui os mesmos direitos e obrigações de uma pessoa nascida em Portugal. Sendo assim, pode residir, estudar, trabalhar, usufruir de lazer e de assistência médica. Além disso, possui dispensa em visto consular em 170 países, incluindo Estados Unidos da América, e pode residir livremente em qualquer um dos 27 países da União Europeia.»

Além das vantagens enumeradas, existe para os brasileiros, no que respeita à dispensa de vistos, um incentivo adicional. Os Estados Unidos da América estão prestes a conceder aos portugueses os vistos E-1 e E-2, para trocas comerciais e investimentos significativos, possibilitando, assim um estatuto não imigrante a cidadãos portugueses que queiram fazer investimentos nos Estados.

Se considerarmos que os Estados Unidos da América são o país em primeiro lugar na ordem de preferência dos brasileiros como país de emigração, compreende-se a importância deste incentivo adicional.

A situação económica no Brasil e os grandes problemas de segurança para as pessoas, sobretudo nas principais cidades, constituem motivos fortes para os cidadãos brasileiros se sentirem atraídos a adquirir a nacionalidade portuguesa e vir para Portugal. A advogada Gilda Pereira, da Ei Assessoria Imigratória, conta que os seus clientes citam sempre a segurança, as escolas e a saúde pública de qualidade como fatores que pesam:

> «Tive um cliente que teve cancro depois de chegar a Portugal e ficou surpreendido com a qualidade de atendimento do serviço público.»

O motorista brasileiro Nelson Costa, a residir em Cascais, relatou, por sua vez:

> «Minha filha mais velha, que no Rio de Janeiro não andava um quarteirão sozinha por medo, vai agora à escola sem necessidade de companhia.»

O fator segurança é o que mais sensibiliza as mulheres, muita das quais procuram Portugal desacompanhadas. «A imigração costuma ser associada ao homem, mas na verdade muitas mulheres buscam a mudança de país de forma autónoma», afirmou Cyntia de Paula, presidente da Casa de Brasil, em Lisboa. Dados do SEF demonstram que os brasileiros residentes em Portugal têm um perfil mais feminino e jovem, entre os 30 e os 40 anos.

Os brasileiros que chegam a Portugal têm hoje origens sociais diversificadas, ao contrário do que sucedia há umas décadas, quando provinham de classes mais modestas. Há investidores milionários, estudantes, empresários, motoristas, artistas, intelectuais, reproduzindo as desigualdades sociais do seu país. «Tem muita gente qualificada, dos meios académicos, profissionais liberais e empresários», declarou o advogado Luís Ugeda, do escritório Porto Advogados.

Nos últimos quatro anos, antes da pandemia, a chegada dos brasileiros a Portugal acentuou-se devido ao crescimento da economia portuguesa em dois vetores: turismo e tecnologia. Somou-se ainda a abertura do ensino universitário. A advogada Gilda Pereira comentou a propósito:

> «São setores (turismo e tecnologia que crescem muito. Na área de tecnologia, há empresas globais se mudando para o país e o evento internacional Web Summit é

elucidativo, mas não existe mão de obra qualificada suficiente. Desta forma, sobram vagas. Os brasileiros têm a oportunidade de emigrar com boas possibilidades de emprego para um país que fala o mesmo idioma.»

A empresária brasileira Vanessa Caldas Alexandre chegou a ter uma *startup* nos Estados Unidos da América. Relatou que estudou a possibilidade de mudança para sete países e, entre eles, Portugal era o que estava mais atrasado nos negócios de *e-commerce*. «Muita gente criticou a escolha. Várias empresas de tecnologia estão vindo para cá, o governo incentiva a empreendedorismo. Neste momento, Portugal está preparado para promover a inovação tecnológica. E o Brasil tem a aprender: algumas empresas daqui vendem em até 15 ou 20 países; é preciso conquistar cada cultura.»

De facto, na área da tecnologia, de acordo com o relatório «The State of European Tech», Portugal foi o segundo país com maior crescimento na Europa de postos de trabalho entre 2017 e 2018, ficando atrás apenas da França.

Note-se que o Brasil permite a dupla nacionalidade.

2. REQUISITOS

Para saber se tem direito a requerer a nacionalidade portuguesa, e no pressuposto de que não esteja ainda a viver em Portugal, o cidadão brasileiro terá de verificar se tem algum ascendente português. Uma vez determinada a sua existência, quer em primeiro grau (pai ou mãe) ou segundo (avô ou avó), terá de se certificar se o nascimento do ascendente se encontra efetivamente inscrito no registo civil português.

Importa também averiguar se atos como o casamento e o óbito, que tenham ocorrido no Brasil, relativos ao ascendente português, já foram transcritos para o registo civil português. Caso não tenham sido, têm de ser obtidas certidões no Brasil, legalizadas nos serviços consulares ou apostiladas, requerendo-se então a transcrição para o registo civil português.

2.1. Nacionalidade originária dos filhos

Sendo o pai ou a mãe portuguesa, e tendo o interessado nascido no Brasil ou noutro país que não Portugal, a aquisição da nacionalidade (em sentido amplo) efetua-se com a inscrição do nascimento no registo civil português (Conservatória dos Registos Centrais) ou pela declaração de que quer ser português (art. 1º, nº 1 da Lei da Nacionalidade).

Caso o interessado, filho de pai ou de mãe português, tenha nascido em Portugal, adquire a nacionalidade portuguesa independentemente da inscrição no registo ou da declaração de que quer ser português.

2.2. Netos

Se o interessado tiver uma avó ou um avô português que não tenha perdido essa nacionalidade, adquire a nacionalidade portuguesa se declarar que quer ser português e conhecer a língua portuguesa (art. 1º, nº 1, al. d) da Lei da Nacionalidade).

Neste caso, o interessado terá de obter certidões de nascimento do seu pai ou mãe, certidão de casamento destes (se casados) e certidão de nascimento sua. Legalizar os documentos e requerer o registo na Conservatória do Registo Civil de Lisboa.

A Lei Orgânica nº 2/2020, de 10 de novembro, suprimiu a necessidade de comprovação de laços afetivos a Portugal, no caso de netos de portugueses, bastando o «conhecimento suficiente» da língua portuguesa, o que constitui uma vantagem para os países de língua oficial portuguesa, como é o caso do Brasil e das outras ex-colónias portuguesas. De facto, a Lei Orgânica estatui que «a existência de laços de efetiva ligação à comunidade nacional, para os efeitos estabelecidos na alínea d) do nº 1, verifica-se pelo "conhecimento suficiente da língua portuguesa" e depende da não condenação a pena de prisão igual ou superior a 3 anos, com trânsito em julgado da sentença, por crime punível segundo a lei portuguesa, e da não existência de perigo ou ameaça para a segurança ou a defesa nacional, pelo envolvimento em atividades relacionadas com a prática do terrorismo, nos termos da respetiva lei» (art. 1º, nº 3).

2.3. Casamento ou união de facto

Sendo o cidadão ou a cidadã brasileiro/a casado há mais de três anos com cidadão português pode adquirir a nacionalidade portuguesa (art. 3º da Lei da Nacionalidade.) Também aqueles que vivem em união de facto podem adquirir a nacionalidade portuguesa, necessitando a união estável de ser comprovada através de ação judicial.

Como já vimos, constitui fundamento de oposição à aquisição da nacionalidade portuguesa, em ambos os casos, a inexistência de ligação efetiva à comunidade nacional, bem como o incorrer em algumas das outras situações previstas no art. 9º, nº 1, da Lei da Nacionalidade:

- Condenação com pena de prisão igual ou superior a três anos, por crime punível segundo a lei portuguesa, o exercício de funções públicas sem caráter predominantemente técnico ou prestação de serviço militar não obrigatório a Estado estrangeiro.
- Existência de perigo ou ameaça para a segurança ou defesa nacional, pelo envolvimento em atividades relacionadas com a prática do terrorismo.

Com a Lei Orgânica nº 2/2020, a oposição à aquisição não se aplica, quer em caso de casamento, quer em caso de unido de facto, quando o casamento ou a união de facto decorrer há pelo menos seis anos.

Antes desta alteração de 2020, tornava-se necessário o cônjuge ou unido de facto de português comprovar os vínculos efetivos com a comunidade portuguesa, sob pena do indeferimento do pedido de nacionalidade. Havia, é certo, algumas hipóteses objetivas de presunção de tais vínculos (art. 56º, nº 4, do Regulamento da Nacionalidade):

a) Natural e nacional de país de língua oficial portuguesa, casado ou vivendo em união de facto há, pelo menos, cinco anos, com nacional português originário.
b) Natural e nacional de país de língua oficial portuguesa, existindo filhos, portugueses de origem, do casamento ou da união de facto que fundamenta a declaração.

Com as alterações da Lei Orgânica nº 2/2020, ampliou-se a possibilidade de aquisição da nacionalidade pelos cônjuges e unidos de facto.

3. DOCUMENTOS NECESSÁRIOS

Sem prejuízo das especificidades, eis os documentos necessários:

- Impresso próprio, preenchido e assinado, fornecido pelas conservatórias ou consulados.
- Documento de identificação do requerente.
- Certidão de nascimento do requerente.
- Certidão de nascimento do ascendente português.
- Certidão de nascimento do progenitor, filho do português (a depender do fundamento do pedido de cidadania).
- Antecedentes criminais dos países de naturalidade, nacionalidade e residência (a depender do fundamento do pedido de cidadania).
- Antecedentes criminais portugueses (a depender do fundamento do pedido de cidadania).

- Comprovativo do conhecimento da língua portuguesa (a depender do fundamento do pedido de nacionalidade).
- Comprovativo de vínculos com Portugal (a depender do fundamento do pedido de nacionalidade).
- Certidão de nascimento do cônjuge ou do companheiro português (a depender do fundamento do pedido de cidadania).
- Certidão de casamento transcrita em Portugal (a depender do fundamento do pedido de cidadania).

Todos os documentos emitidos no Brasil devem estar apostilados ou legalizados nos Consulados de Portugal naquele país.

4. ENTRADA E PERMANÊNCIA EM TERRITÓRIO NACIONAL

Os cidadãos brasileiros não necessitam de visto para entrar em Portugal e aqui permanecerem até 90 dias. No entanto, devido à pandemia foram impostas restrições temporárias.

Os que chegam registam, de um modo geral, o bom acolhimento da população portuguesa, tal como aliás sucede com os imigrantes de outras nacionalidades. No entanto, há quem se queixe de discriminação. Segundo o Relatório Anual sobre a situação da Igualdade e Não Discriminação Racial e Étnica em Portugal, a nacionalidade brasileira, enquanto fator de discriminação, surge na terceira posição, referida em 45 queixas, em 2018.

Teve alguma repercussão um cartaz feito na Universidade de Lisboa, com os dizeres «Pedras para atirar em "zucas"».

Danilo Bethon, produtor cultural, adotou Portugal como novo país e referiu ter sido sempre tratado com muita cortesia. No entanto, teve dificuldade em arrendar um apartamento por ser «zuca»: «Só de falar pelo telefone, pedindo informação, percebiam o meu sotaque e diziam que o lugar já tinha sido alugado. Teve a dona de uma casa que, no dia da assinatura do contrato, quando viu que eu era brasileiro, pediu seis meses de aluguer adiantados. Não tinha esse dinheiro e não fizemos negócio.»

Muitos entram como turistas e depois obtêm visto de residência. Quem pretenda ficar mais de um ano terá de pedir visto de residência. Torna-se necessário comprovar os rendimentos e justificar o pedido. Os familiares de quem obteve o visto de residência podem pedir para viver em Portugal no âmbito de Reagrupamento Familiar.

Se um brasileiro pretender investir no país, pode pedir autorização de residência temporária, sem necessidade de visto. Assume o compromisso de fazer investimentos mínimos, que vão de 250 000 a um milhão de euros ou a criação de dez postos de trabalho, no período de cinco anos.

Thaiane Anjos, de 30 anos, que vive em Lisboa, relata:

> «Há quatro meses, quis fazer uma viagem pelo mundo, sem roteiro certo. Comecei por Portugal, fiquei três meses, e não quis mais saber. Voltei ao Rio, vendi tudo e vim tentar começar a carreira aqui. Eu tinha conhecido uma escritora portuguesa e quando ela fechou contrato para uma novela, me convidou para participar. Inicialmente seria uma participação pequena em *Ouro Verde*, de 20 episódios. Acabei fazendo mais de 200. Já fiz duas novelas, estou atuando numa companhia de teatro na Ilha da Madeira e tenho uma curta-metragem este ano. Será o meu primeiro trabalho do tipo. Aqui o esquema de trabalho é muito diferente. Por ser uma produção menor, tenho muito mais abertura. Eu me sinto mais próxima para poder opinar.»

5. ESTATUTO DE IGUALDADE DE DIREITOS E DEVERES

Em 22/04/2000, Portugal e Brasil celebraram o Tratado de Amizade, Cooperação e Consulta, o que permite aos cidadãos brasileiros residentes em Portugal requererem dois tipos de estatuto:

- § **Estatuto de Igualdade de Direitos e Deveres**: concedido a quem tenha autorização de residência em Portugal, permite o gozo dos mesmos direitos e deveres de cidadãos portugueses.
- § **Estatuto de Igualdade de Direitos Políticos**: concedido a quem tenha residência habitual em Portugal há pelo menos três anos, atribui direitos políticos em Portugal, inclusive o de votar e o de se candidatar aos respetivos cargos. Somente é concedido aos que já possuem estatuto de igualdade de direitos e deveres civis, ou de forma simultânea a ele. A concessão deste estatuto implica a suspensão dos direitos políticos do cidadão no Brasil.

O pedido de concessão de estatuto é feito diretamente pelo interessado ao Serviço de Estrangeiros e Fronteiras (SEF).

Entre os documentos exigidos pelo SEF consta o certificado de nacionalidade para fins de igualdade de direitos, emitido pelo Consulado-Geral do Brasil.

6. CASAMENTO DE CIDADÃOS PORTUGUESES COM CIDADÃOS BRASILEIROS

Vejamos agora quais os procedimentos no caso de um português pretender contrair casamento com uma brasileira ou vice-versa, ou pessoas do mesmo sexo, estando os nubentes a viver no Brasil. O casamento poderá ser celebrado no Consulado de Portugal no Brasil sendo, para tal, necessários os seguintes documentos:

a) Verificação da capacidade matrimonial do(a) nubente português(a), emitida pelo registo civil português, em Portugal.
Caso o nubente não o possa requerer pessoalmente, deve outorgar procuração a terceiro, concedendo-lhe os necessários poderes.
b) Certidão de nascimento, por cópia do livro, do(a) nubente brasileiro(a).
c) Legalização no Consulado de cópia do passaporte do(a) nubente brasileiro(a).

Em alternativa, poderá o casamento ser celebrado em Portugal, desde que pelo menos um dos nubentes compareça na Conservatória (o outro poderá fazer-se representar por procurador com poderes especiais). A procuração outorgada a advogado não carece de intervenção notarial.

Sendo celebrado em Portugal, são necessários os seguintes documentos para o casamento:

a) Certidão de nascimento do(a) nubente brasileiro(a).
b) Certidão negativa de casamento da nubente.
c) Cópia do passaporte.
d) CPC do(a) nubente.
e) RG do(a) nubente brasileiro(a).

Iniciado o processo preliminar de casamento, a Conservatória solicita ao SEF parecer sobre a existência de algum impedimento em relação à cidadã brasileira.

Não sendo o parecer negativo, a Conservatória notifica os nubentes do deferimento, informando que poderão contrair casamento até determinada data.

O regime de bens é o vigente no país correspondente à primeira residência dos cônjuges. Por isso, não querendo tal regime, os noivos terão de celebrar convenção antenupcial, antes do casamento.

No Brasil, o regime de bens supletivos no casamento é o da comunhão parcial de bens:

Na comunhão parcial de bens, comunicam-se somente os bens adquiridos pelo casal, após a constância do casamento, conforme dispõe o artigo 1658 do Código Civil de 2002. A lógica temporal para exigência do pacto antenupcial neste regime é exatamente a contrária do previsto para o regime da comunhão universal.

Os bens adquiridos a título gratuito por um dos cônjuges, como é o caso de heranças e doações, apenas pertencem a quem os adquire e não aos dois:

> «No regime da comunhão parcial de bens, pode-se dizer que o patrimônio será regido da seguinte maneira: "o que é meu é meu, o que é seu é seu, e o que é nosso é metade de cada um. Ou seja, somente os bens adquiridos durante o casamento a título oneroso (quando houver gasto do casal na aquisição do bem) fazem parte do patrimônio do casal. Não integram o patrimônio comum (de ambos os cônjuges) os bens adquiridos por cada um deles antes do casamento, assim como os recebidos, durante o casamento, a título gratuito, como doações e heranças.
>
> O elemento central deste regime de bens é o esforço comum, ou seja, existe a presunção de que, durante o casamento, os dois contribuem para a aquisição dos bens. Assim, tudo o que for adquirido na constância do matrimônio é considerado patrimônio de ambos os cônjuges, independente de quem foi o responsável pela compra e pelo pagamento.
>
> Ele é o que se pode chamar de "regime supletivo legal". Isso porque, caso as partes não optem expressamente por outro regime dos citados abaixo (por meio da realização de um pacto antenupcial), será ele o regime aplicado, ainda que os nubentes não tenham manifestado sua vontade nesse sentido.»
>
> (https://direitofamiliar.jusbrasil.com.br/artigos/408826025/quais-sao-os-regimes-de-bens-existentes).

Por conseguinte, se um português e uma brasileira, a residirem no Brasil, vierem casar a Portugal, o regime de bens aplicável, sendo o regime de bens supletivo no Brasil, acaba por ser muito semelhante ao nosso regime supletivo da comunhão de adquiridos.

7. PERDA DA NACIONALIDADE BRASILEIRA

Lê-se no *site* do Itamaraty http://www.portalconsular.itamaraty.gov.br/outros-servicos/nacionalidade-brasileira:

> «De acordo com o artigo 12, § 4º, da Constituição Federal, será declarada a perda da nacionalidade do brasileiro que:
>
> I – Tiver cancelada a sua naturalização, por sentença judicial, em virtude de atividade nociva ao interesse nacional.
>
> II – Adquirir outra nacionalidade, salvo no casos:
>
> a) de reconhecimento de nacionalidade originária pela lei estrangeira.
>
> b) de imposição de naturalização, pela norma estrangeira, ao brasileiro residente em estado estrangeiro, como condição para permanência em seu território ou para o exercício de direitos civis.

Assim, nos termos do artigo 12, § 4º, inciso II da Constituição Federal, combinado com os artigos 249 e 250 do Decreto-Lei nº 9.199/2017, «o brasileiro que voluntariamente adotar outra nacionalidade, ou seja, em desacordo com as exceções previstas no texto constitucional, poderá ser objeto de procedimento administrativo de perda da nacionalidade brasileira».

Em termos práticos, se o cidadão brasileiro adquirir a nacionalidade portuguesa por meio de naturalização, arrisca-se a perder a nacionalidade brasileira, pois a aquisição da nacionalidade portuguesa não é condição essencial para a sua permanência em Portugal (pode permanecer com autorização de residência), nem para o exercício de direitos civis em Portugal. Assim, arrisca-se, pois o processo não é automático.

Parte II
Entrada, Permanência, Saída e Afastamento de Cidadãos Estrangeiros de Portugal

Capítulo X
Entrada de estrangeiros

1. LEGISLAÇÃO

A Lei nº 23/2007, de 4 de julho, com as alterações introduzidas pelas Leis nºs 29/2012, de 9 de junho, 55/2015, de 23 de junho, 63/2015, de 30 de junho, 59/2017, de 31 de julho, 102/2017, de 28 de agosto, 26/2018, de 6 de julho, 28/2019, de 29 de março, e pelo Decreto-Lei nº 14/2021, de 12 de fevereiro, também conhecida por Lei dos Estrangeiros, regula o regime jurídico de entrada, permanência, saída e afastamento de cidadãos estrangeiros do território nacional, bem como o estatuto do residente de longa duração.

A lei resulta da transposição de numerosas diretivas comunitárias, bem como de normas nacionais, acabando por ser uma manta de retalhos, o que dificulta o trabalho do intérprete. Nesta segunda parte, sempre que referirmos artigos sem indicação do diploma entende-se que nos estamos a referir à Lei dos Estrangeiros, tal como aconteceu na primeira parte em relação à Lei da Nacionalidade.

A lei encontra-se regulamentada pelo Decreto Regulamentar 84/2007, de 5 de novembro, alterado pelo Decreto Regulamentar nº 2/2013, de 18 de março, Decreto-Lei nº 31/2014, de 27 de fevereiro, Decreto Regulamentar nº 15-A/2015, de 2 de setembro, Decreto Regulamentar nº 9/2018, de 11 de setembro e Lei nº 71/2018, de 31 de dezembro.

Com relevo também para esta matéria temos a Portaria nº 1 563/2017, de 11 de dezembro, sobre os meios de subsistência de que devem dispor os cidadãos estrangeiros, a Lei nº 37/2006, que regula o exercício do direito de livre circulação e residência dos cidadãos da União Europeia, a Lei nº 27/2008, de 30 de junho, alterada pela Lei nº 26/2014, de 5 de maio (concessão de asilo) e o Decreto-Lei nº 368/2007, de 5 de novembro, que contém o regime especial de concessão de autorização de residência a vítimas de tráfico de pessoas.

Quanto à entrada de estrangeiros, a União Europeia optou por estabelecer uma diretiva por cada tipo de emigração legal, que depois teve de ser transposta para os ordenamentos jurídicos dos estados-membros. Assim, existem diretivas para investigadores, estudantes, trabalho sazonal e outros, bem como sanções e disposições sobre o retorno para os países de origem.

De um modo geral, podemos dizer que a política da União Europeia, quer para a entrada nos países membros, quer para a permanência, visa a uniformidade de regras, de modo que exista coerência de procedimentos no espaço que se pretende único, evitando políticas nacionais diferenciadas. Tal uniformidade não é fácil, havendo países cujos governos são fortemente hostis à entrada e à permanência de estrangeiros, como é o caso da Polónia e da Hungria, enquanto outros, como o português, adotam posições mais flexíveis. Como referimos no Capítulo I, há quem pretenda que a Europa seja um «bunker», uma fortaleza que impeça a vinda de cidadãos de outros países, invocando, amiúde, o perigo terrorista e a islamização, outros apelam à solidariedade, em especial para as vítimas da violência e da guerra, enquanto outros desejam que as portas estejam totalmente abertas. Também há alterações de posição; a chanceler Ângela Merkel passou de uma posição de grande abertura para uma posição de maior controlo, em grande parte devido às críticas formuladas por setores mais conservadores da sociedade alemã, incluindo membros do seu próprio partido.

Como já referido, pode dizer-se que os partidos de esquerda são adeptos de uma política de abertura, enquanto os de direita pugnam pelo endurecimento em relação à política migratória. Em Portugal, alguns partidos da área da esquerda defendem a abertura total de fronteiras, em nome da "solidariedade" entre os povos. Os partidos de direita pugnam pelo endurecimento. E que dizer da extrema-direita? André Ventura, em intervenção na sessão da Assembleia da República de 6/5/2021, declarou: "Precisamos ou não de imigração? Precisamos, mas devemos ser capazes de fazer uma reflexão sobre a imigração que queremos. Muitos dos crimes sexuais aumentaram em países como a Suécia ou a Alemanha, fruto da imigração de origem islâmica que tiveram nos seus territórios". Esta declaração mereceu vários apartes de protesto das bancadas à esquerda, sendo audíveis palavras como "mentiroso" ou "fascista". "A imigração islâmica é um perigo para Portugal, é um perigo sobre as nossas mulheres e sobre as nossas cidades", concluiu o então deputado único e Presidente do Chega.

As diretivas comunitárias visam, a par do controlo das fronteiras e do fenómeno migratório, uma política de integração, com efetiva proteção dos imigrantes legais. O controlo de fronteiras implica necessariamente um regime sancionatório para certo tipo de atuações e também acordos menos ortodoxos, nomeadamente o pagamento a certos países, como a Turquia, de avultadas quantias para travarem as ondas migratórias.

A Lei nº 23/2007, de 4 de julho, contém três partes . Na primeira, após a enumeração das diretivas comunitárias e das definições, regula-se a entrada e a saída de território nacional, documentos de viagem e vistos (arts. 6º a 73º). Na segunda, estão contidas as normas relativas à residência em território nacional, afastamento e expulsão (arts. 74º a 180º) e, na terceira parte, o regime sancionatório, com disposições penais e contraordenacionais (arts. 181º a 207º).

2. SEF (SERVIÇO DE ESTRANGEIROS E FRONTEIRAS)

2.1. Atribuições

Em 12/11/2021, foi publicada a Lei nº 73/2021, que aprova a reestruturação do sistema português de controlo de fronteiras, procedendo à reformulação do regime das forças e serviços que exercem a atividade de segurança interna e fixando outras regras de reafetação de competências e recursos do SEF (Serviço de Estrangeiros e Fronteiras), alterando as Leis nºs 53/2008, de 29 de agosto, 53/2007, de 31 de agosto, 63/2007, de 6 de novembro, e 49/2008, de 27 de agosto, e revogando o Decreto-Lei nº 252/2000, de 16 de outubro. Em termos práticos, o diploma procede à extinção do SEF e distribui as suas competências pela PSP, GNR, PJ e Instituto de Registos e Notariado bem como cria uma nova Agência Portuguesa para as Migrações e Asilo (APMA).

Previa-se a entrada em vigor do diploma em 11/01/2021; porém, acabou por ser prorrogada por mais seis meses, para 11/05/2022. Mesmo essa data não é certa, pois terá de haver regulamentação. Marcelo Rebelo de Sousa declarou que reservava para essa altura uma "apreciação decisiva" sobre as opções do executivo para o desenho final quer da nova estrutura de apoios aos imigrantes quer da solução para a realocação dos funcionários. As declarações do Presidente indiciam a possibilidade de recurso à fiscalização abstrata de constitucionalidade da nova legislação.

Daí que se preveja que o SEF continue a desempenhar o seu papel técnico--administrativo durante um considerável período de tempo, pelo que nesta segunda parte baseamo-nos na legislação que está em vigor, sem prejuízo de no final do capítulo seguinte apresentarmos as linhas gerais do novo regime aprovado pela Lei nº 73/2021, de 12/11.

O SEF tem funções importantes no cumprimento da legislação. Entre elas, incluem-se:

a) Vigiar e fiscalizar nos postos de fronteira, incluindo a zona internacional dos portos e dos aeroportos, a circulação de pessoas, podendo impedir o desembarque de passageiros e tripulantes de embarcações, bem como de aeronaves sem documentação ou em situação irregular.

b) Impedir o desembarque de passageiros e tripulantes de embarcações e aeronaves que provenham de portos ou aeroportos de risco sob o aspeto sanitário, sem prévio assentimento das autoridades sanitárias competentes.
c) Proceder ao controlo da circulação de pessoas nos postos de fronteira, impedindo a entrada ou a saída do território nacional de pessoas que não satisfaçam os requisitos legais exigíveis para o efeito.
d) Autorizar e verificar a entrada de pessoas a bordo de embarcações e de aeronaves.
e) Controlar e fiscalizar a permanência e as atividades dos estrangeiros em todo o território nacional.
f) Assegurar a realização de controlos móveis e de operações conjuntas com serviços ou forças de segurança congéneres, nacionais e espanholas.
g) Proceder à investigação dos crimes de auxílio à imigração ilegal, bem como investigar outros com eles conexos, sem prejuízo da competência de outras entidades.
h) Emitir pareceres relativamente a pedidos de vistos consulares.
i) Conceder em território nacional vistos, prorrogações de permanência, autorizações de residência, bem como documentos de viagem nos termos da lei.
j) Reconhecer o direito ao reagrupamento familiar.

Sem prejuízo do cumprimento da sua missão, por vezes ocorrem situações de «excesso de zelo», que podem culminar em crimes, como sucedeu com o cidadão ucraniano Ihor Homenyuk, assassinado no dia 12 de março de 2020, depois de ser espancado e ficar imobilizado ao longo de mais de 15 horas numa sala onde esteve detido no Centro de Instalação Temporária (CIT) do SEF. Cristina Gatões, ex-diretora do SEF, em entrevista à RTP, no dia 16 de novembro, reconheceu que Ihor foi vítima de «uma situação de tortura evidente», não sabendo explicar por que razão tantas pessoas no SEF encobriram os factos. O Ministério Público deduziu acusação por homicídio qualificado contra três inspetores da instituição, mas as conclusões do IGAI (Inspeção Geral da Administração do Território) responsabilizaram 12. Cristina Gatões acabaria por se demitir, em dezembro de 2020, tendo o Ministro da Administração Interna, Eduardo Cabrita, anunciado uma profunda reestruturação do SEF,

Os três inspetores do SEF foram condenados a nove anos de prisão (acórdão da Relação de Lisboa, de 7/12/2021) . A família da vítima recebeu do estado português uma indemnização de 712.950 euros.

Sendo justas as críticas a muitas das suas atuações, é importante reconhecer que não é fácil o trabalho dos inspetores e funcionários do SEF, pois muitas vezes o excesso provém de cidadãos estrangeiros à sua guarda, como aconteceu por parte dos 11 cidadãos marroquinos de um dos grupos que desembarcaram ao largo do Algarve em inícios de 2020. Em junho desse ano, destruíram equipamentos no Centro de Instalação Temporária do aeroporto do Porto, após terem sido notificados da decisão judicial de os manter mais um mês em Portugal.

2.2. Processamento dos vistos e autorizações de residência

No que respeita aos vistos de entrada no país, o SEF limita-se a dar parecer, não os emitindo, uma vez que a emissão está a cargo das representações consulares. Mas já as prorrogações de permanência/validade e/ou duração de visto Schengen, prorrogação de permanência do visto de estada temporária/residência, autorizações de residência temporária e permanente e reagrupamento familiar estão a seu cargo.

Há formulários próprios, disponíveis em «impressos», no site www.sef.pt., o qual menciona algumas regras de procedimento. Para tratar de assuntos relacionados com a sua documentação em Portugal, o cidadão estrangeiro deve deslocar-se aos locais de atendimento do Serviço de Estrangeiros e Fronteiras.

2.3. Atendimento

O SEF disponibiliza um sistema de agendamento prévio, através de marcações telefónicas ou de marcações online, prestando os seus serviços em diferentes locais de atendimento.

O agendamento poderá ser efetuado para qualquer direção ou delegação regional do SEF, independentemente da área de residência do cidadão estrangeiro.

O comprovativo do agendamento efetuado, com a indicação do local, data e hora da marcação, será enviado para o utilizador através de *e-mail.*

O SEF disponibiliza ainda um sistema de alerta, através do envio de SMS, na véspera do atendimento, com a indicação do local, da data e da hora da marcação.

A instituição do pré-agendamento, marcando dia e hora para atendimento presencial dos cidadãos, elimina filas e tempos de espera.

Em 8/01/22, o SEF anunciou o alargamento da modalidade "casa aberta" a todo o país. Esta modalidade permite, sem marcação prévia, a alteração de credenciais ao Portal SAPA e ao Portal ARL. O Portal ARI diz respeito à autorização de residência para investimento – serve para o registo de candidatura e para o upload de documentos, entre outros –, enquanto o Portal SAPA destina-se aos pedidos de autorização de residência para exercício de atividade profissional.

AGENDAMENTO TELEFÓNICO
CENTRO DE CONTACTO DO SEF

Os agendamentos via telefónica, através do Centro de Contacto, são necessários para garantir um atendimento nos balcões do SEF.

Exceção: advogados e solicitadores em atos próprios, nomeadamente consulta de processos ou de informações, devendo sempre o cidadão estrangeiro assegurar o respetivo agendamento, mesmo quando acompanhado por aqueles (representante legal).

AGENDAMENTO ONLINE

Esta funcionalidade está disponível para os cidadãos, titulares de título de residência, cartão de residência ou visto válidos, que desejem:

- Renovar a sua Autorização de Residência.
- Renovar o seu Cartão de Residência (para cidadãos da União Europeia e para os seus familiares).
- Prorrogar a sua Permanência (para cidadãos titulares de visto de curta duração ou de estada temporária).

Na área pessoal no Portal do SEF, é possível efetuar o agendamento, remarcar ou cancelar o mesmo. Cidadãos admitidos no país sem exigência de visto devem utilizar o serviço telefónico para pré-agendar a sua prorrogação de permanência através do Centro de Contacto do SEF.

Vejamos, de seguida, a primeira parte da lei, ou seja, a entrada e a saída do território nacional e a matéria conexa.

3. CONDIÇÕES DE ENTRADA EM PORTUGAL

«Para entrada ou saída do território português os cidadãos estrangeiros têm de ser portadores de um documento de viagem reconhecido como válido» (art. 9º, nº 1).

A menção «documento de viagem» não significa o bilhete de avião ou de comboio, como se poderia pensar, mas sim o passaporte ou outro documento. Aliás, esta condição para a admissão em território nacional é exigida em todos os postos de fronteira qualificados para o efeito (art. 6º, nº 1), quer sejam aéreos, marítimos ou terrestres. O passaporte pode ser substituído, em certas circunstâncias, por outro documento, como o bilhete de identidade ou equivalente e outros documentos enumerados no nº 3 do art. 9º.

Além do documento de viagem, o estrangeiro deve ser «titular de visto de entrada válido e adequado à finalidade da deslocação, concedido nos termos da presente lei ou pelas competentes autoridades dos Estados Partes na Convenção de Aplicação» (art. 10º, nº 1). Estas são as exigências em abstrato: documento de viagem e visto. Em função do país de origem, há especificidades.

No *site* do SEF – https://www.sef.pt/pt/Pages/homepage.aspx – carregando em «Entrar em Portugal», consta:

> «PARA ENTRADA EM TERRITÓRIO PORTUGUÊS OS CIDADÃOS ESTRANGEIROS NECESSITAM DE ASSEGURAR AS SEGUINTES CONDIÇÕES:
>
> - Ser portadores de documentos de viagem com validade superior de três meses, pelo menos, à duração da estada pretendida.
> - Possuir um visto válido e adequado à finalidade da estada. Este visto deve ser sempre solicitado numa missão diplomática ou no posto consular de carreira português sedeado no estrangeiro.
> - Dispor de meios de subsistência suficientes para o período da estada.
> - Não estarem inscritos no Sistema Integrado de Informação do SEF, nem no Sistema de Informação Schengen.
>
> Para Estadas de Curta Duração estão isentos de visto os nacionais dos seguintes países terceiros:
>
> CONSULTAR LISTA DE PAÍSES TERCEIROS ISENTOS DE VISTO.
>
> PEDIDOS DE VISTO (VISTOS DE CURTA DURAÇÃO/VISTOS DE ESTADA TEMPORÁRIA/VISTOS DE RESIDÊNCIA).
>
> Só são concedidos vistos de residência, de estada temporária e de curta duração a nacionais de Estados terceiros que preencham as seguintes condições gerais:
>
> - Não tenham sido sujeitos a uma medida de afastamento do País e se encontrem no período subsequente de interdição de entrada em território nacional.
> - Não estejam indicados para efeitos de não admissão no Sistema de Informação Schengen por qualquer das Partes Contratantes.
> - Não estejam indicados para efeitos de não admissão no Sistema Integrado de Informações do SEF, nos termos do artigo 33.
> - Disponham de meios de subsistência, tal como definidos por portaria dos membros do Governo responsáveis pelas áreas da administração interna e da solidariedade social.
> - Disponham de um documento de viagem válido.
> - Disponham de um seguro de viagem.

O pedido de visto é apresentado junto do posto consular no país de residência habitual ou no país da área de jurisdição consular do Estado de residência.

Mais informações no https://portaldascomunidades.mne.gov.pt/pt/

ENTRADA POR FRONTEIRA NÃO SUJEITA A CONTROLO/DECLARAÇÃO DE ENTRADA

Os estrangeiros que entrem em Portugal por uma fronteira não sujeita a controlo são obrigados a declarar esse facto no prazo de três dias úteis a contar da data de entrada, junto do Serviço de Estrangeiros e Fronteiras, com exceção de cidadãos estrangeiros:

- Residentes ou autorizados a permanecer no País por período superior a 6 meses.
- Que beneficiem do regime comunitário ou equiparado.
- Que se instalem em estabelecimentos hoteleiros ou similares.»

Ou seja, primeiro temos de verificar a nacionalidade do cidadão que pretende entrar em Portugal para apurar o regime aplicável. Nem sempre é suficiente a informação genérica; por cautela, é conveniente indagar junto do Consulado de Portugal no país em causa ou então junto do SEF se há alguma especificidade. Por exemplo, o cidadão brasileiro está isento de visto, mas devido à situação do COVID-19 terá de fundamentar a necessidade da deslocação.

4. NACIONAIS DE PAÍSES DA UNIÃO EUROPEIA

Um dos princípios fundamentais da União Europeia (UE) é o da livre circulação de pessoas. Como corolário, o cidadão de um Estado-membro da União Europeia pode entrar livremente em Portugal, munido apenas de bilhete de identidade ou de documento equivalente. Do mesmo modo, um cidadão português poderá também viajar livremente para qualquer país.

A Lei nº 37/2006, de 9 de agosto, regula o exercício de direito de livre circulação e residência dos cidadãos da União Europeia e dos membros da sua família em Portugal, sendo também aplicáveis a Portaria nº 164/2017 (altera a Portaria nº 1334-D/2010, de 31 de dezembro) e a Portaria nº 1334-D/2010 (aprova os modelos de certificados de registo da União Europeia, de documento de residência permanente de cidadão da União Europeia, do cartão de residência familiar de cidadão da União Europeia e as respetivas taxas a cobrar na emissão de tais documentos).

Está consagrado no diploma o direito de entrada, permanência e residência em Portugal dos nacionais de todos os países da União Europeia (UE) que se desloquem ou residam em Portugal, bem como os familiares que os acompanhem ou que a eles se reúnam, assim como os membros dos Estados Partes do Espaço Económico Europeu (Islândia, Liechtenstein, Noruega), do Principado de Andorra e da Suíça e dos membros da sua família, bem como os familiares de cidadãos nacionais, independentemente da sua nacionalidade.

4.1. Certificado de Registo

No entanto, se o cidadão da União Europeia, Espaço Económico Europeu, Principado de Andorra e Suíça pretender permanecer mais de três meses em Portugal, deverá solicitar o Certificado de Registo para Cidadão da União Europeia/ Espaço Económico Europeu /Suíça.

A titularidade do Certificado de Registo pelo período de cinco anos, vivendo assim legalmente em Portugal, permite requerer o Certificado de Residência Permanente para Cidadão da União Europeia/Espaço Económico Europeu /Suíça.

O Certificado de Registo é obtido na Câmara Municipal da área de residência. O interessado deverá requerê-lo no prazo de 30 dias a contar da entrada em Portugal, sendo necessário apresentar os seguintes documentos:

- Bilhete de Identidade ou passaporte válidos.
- Declaração, sob compromisso de honra, de que exerce uma atividade profissional subordinada ou independente em Portugal ou declaração, sob compromisso de honra, de que dispõe de recursos suficientes para si próprio e para os seus familiares, bem como um seguro de saúde, desde que tal seja exigido no Estado-membro da sua nacionalidade aos cidadãos portugueses.

Se o requerente for estudante, deverá apresentar declaração, sob compromisso de honra, de que está inscrito num estabelecimento de ensino público ou privado, oficialmente reconhecido, e comprovar, mediante declaração ou outro meio de prova à sua escolha, a posse de recursos financeiros suficientes para si próprio e para os seus familiares, bem como ser beneficiário de um seguro de saúde, caso tal seja exigido no Estado-membro da sua nacionalidade aos cidadãos portugueses.

Além deste certificado, são também emitidos Certificado de Registo para Cidadão da UE/EE/Suíça/Familiar de Nacional da União Europeia/Espaço Económico Europeu/Suíça e Cartão de Residência para Cidadão de Estado terceiro Familiar de Nacional da União Europeia/ Espaço Económico Europeu /Suíça.

4.2. Residente não habitual

Não é apenas o sol e a gastronomia que levam muitos cidadãos da União Europeia a querer vir para Portugal e a viver aqui grande parte do ano.

Uma vez obtido o Certificado de Registo, poderão adquirir nas Finanças o NIF como residentes.

Em 2009, Portugal instituiu o regime fiscal dos Residentes Não Habituais (RNH), atribuído por um período de dez anos, com o objetivo de atrair para o nosso país pessoas de rendimentos elevados e profissionais de alto valor acrescentado, oferecendo isenção de IRS aos reformados e uma taxa fixa reduzida de imposto (20%) relativamente aos rendimentos de trabalho.

As condições genéricas para solicitar o estatuto de residente não habitual são três:

- Tornarem-se fiscalmente residentes em território português;
- Comprovarem, no momento da inscrição, a anterior residência e tributação no estrangeiro, através de certificado de residência fiscal demonstrando a tributação efetiva;
- Não terem em qualquer dos cinco anos anteriores sido tributados como residentes em sede de IRS.

Este regime fiscal tem a duração de 10 anos.

Os «exilados fiscais» reformados em Portugal continuam a receber as suas pensões nos países de origem, para onde se deslocam em caso de doença.

Para as pensões obtidas no estrangeiro por parte dos contribuintes com o estatuto de residente não habitual até 2020, a redação da lei previa o método da isenção das pensões, mesmo que não tivessem sido tributadas no Estado da fonte. Refira-se ainda que as convenções para evitar a dupla tributação, celebradas entre Portugal e os vários países, preveem que quando a pensão é de origem privada apenas o Estado da residência tem competência para tributar.

Os «exilados fiscais» reformados que vivem há seis meses em Portugal continuam a receber as suas pensões nos países de origem, para onde se deslocam em caso de doença.

Tal gerou protestos das autoridades desses países, privadas da tributação sempre bem apreciada.

Em França, alvitrou-se o corte de 50% das pensões atribuídas no país. «É preciso fazer pagar de alguma maneira todos os reformados que partem para fugir aos impostos em França, já que como não consomem aqui, o seu dinheiro não volta a entrar na economia francesa. Eles empobrecem a França. É um verdadeiro escândalo e uma prova de grande egoísmo», comentou-se num debate público sobre a matéria. Outro utilizador acrescentou no site oficial do «grande debate»: «É importante abrir um debate sem tabu sobre este dispositivo, que conduz a uma dupla isenção dos reformados franceses que se mudam para Portugal. Esta dupla isenção leva a que os Estados sejam privados de receitas fiscais, promovendo-se concorrência desleal entre os Estados--membros da União Europeia».

A atenção para este problema surgiu depois de algumas declarações polémicas de estrelas da música e do cinema, que afirmaram publicamente que se mudavam para Portugal devido à isenção fiscal. Em 2017, Florent Pagny, cantor e ator, declarou numa entrevista que iria viver para Portugal «por razões fiscais», enumerando todas as vantagens dadas aos estrangeiros que se instalam no país.

Em 2017, Mário Centeno, então Ministro das Finanças de Portugal, recebeu um «raspanete» da sua homóloga sueca por causa do regime de residentes não habituais. Dois anos depois, em maio de 2019, assinou em Bruxelas um acordo que altera as regras de tributação dos reformados suecos em Portugal. Com este acordo, os reformados suecos que vivem em Portugal, beneficiando do regime de residentes não habituais (RRNH) perderam a dupla isenção de IRS a que tinham direito e que transformou Portugal num autêntico «eldorado fiscal» para os nórdicos, passando a ser possível à Suécia tributar as pensões no seu território.

Fixou-se um período transitório de três anos, findo o qual o Estado sueco tem o direito de tributar todas as pensões que paga. Se Portugal tributar aqui as pensões de origem sueca, nos três anos seguintes à entrada em vigor do acordo nada se passará; se, pelo contrário, se mantiver a isenção, os suecos podem avançar de imediato com a tributação no seu território.

Segundo dados avançados pelo semanário *Expresso*, até ao final de 2017 o Estado português tinha concedido benefícios fiscais em IRS a 23 767 cidadãos de praticamente todo o mundo ao abrigo do regime de residentes não-habituais (só em 2017 foram a uma média de 28 por dia).

Uma parte destes RNH são trabalhadores independentes ou por conta de outrem que, durante 10 anos, aproveitam uma taxa reduzida de IRS de 20%. Outra parte mais substancial são reformados que não têm pago IRS nem cá, nem no país de origem devido a um «buraco» que existe nas convenções fiscais assinadas no passado entre Portugal e vários países.

O Orçamento de Estado para 2020 aprovou a tributação de 10% sobre as pensões de cidadãos estrangeiros, sendo concedida a possibilidade de as pessoas que no final de 2019 reunissem condições para beneficiar do regime fiscal do Residente Não Habitual (RNH) poderem, até 31/3/2020, aderir ao regime e evitar, deste modo, a taxa de 10 % sobre as pensões.

Com efeito, a Lei do Orçamento de Estado para 2020 salvaguardou da aplicação desta taxa de 10% de IRS «os sujeitos passivos que à data de entrada em vigor da presente lei sejam considerados residentes para efeitos fiscais e que solicitem a respetiva inscrição como residentes não habituais até 31 de março de 2020 ou 2021, por reunirem as respetivas condições em 2019 ou 2020, respetivamente».

O eldorado fiscal criado para atrair os chamados «cérebros» e pensionistas com elevada capacidade financeira através de uma taxa de IRS mais baixa gerou um benefício para esses contribuintes de 620 milhões de euros em 2019, de acordo com o parecer do Tribunal de Contas (TdC) à Conta Geral do Estado.

Os dados referentes ao ano de 2019 mostram que a despesa fiscal – receita de impostos que o Estado opta por não cobrar ou por devolver aos contribuintes – ascendeu a 1153 milhões de euros, só para o IRS, representando um acréscimo de 10,2% face a 2018. Com este aumento, o benefício fiscal mantém-se com um peso de mais de metade para este imposto.

«A despesa fiscal em IRS (1153 milhões de euros) aumentou 107 milhões de euros, sendo que a referente ao benefício fiscal dos residentes não habituais [RNH] teve um incremento de 72 milhões de euros (13,1%), passando a constituir 53,7% da despesa fiscal do imposto e a mais elevada de 2019 (excluindo a despesa em sede de IVA)», lê-se no relatório da instituição que controla as contas públicas.

Os trabalhadores com profissões consideradas de elevado valor acrescentado que beneficiam do regime ficam sujeitos a uma taxa especial de IRS de 20% sobre os rendimentos de trabalho.

Já os reformados com pensões pagas por outro país têm a possibilidade de gozar de isenção do pagamento de IRS – caso exista um Acordo de Dupla Tributação e este confira ao país de residência (Portugal) o direito de a tributar.

Os reformados que beneficiem do regime do RNH podem manter a isenção de IRS ou optar por aderir à nova taxa de 10%.

Para mais desenvolvimento, veja-se https://portaldascomunidades.mne.gov.pt/images/GADG/IRS__Regime_Fiscal_Residente_N%C3%A3o_Habitual.pdf

5. CIDADÃOS ABRANGIDOS POR OUTRAS CONVENÇÕES INTERNACIONAIS

Estão dispensados de visto, podendo entrar em Portugal apenas com o documento de viagem, os cidadãos dos seguintes países: Albânia, Andorra, Antiga República Jugoslava da Macedónia, Antígua e Barbuda, Argentina, Austrália, Baamas, Barbados, Bósnia-Herzegovina (2), Brasil, Brunei, Canadá, Chile, Colômbia, Coreia do Sul, Costa Rica, Domínica, Emirados Árabes Unidos, estados unidos da américa, Georgia (2), Granada, Guatemala, Honduras, Ilhas Salomão, Ilhas Marshall, Israel, Japão, Malásia, Maurícia, México, Micronésia, Moldávia (2), Mónaco, Montenegro (2), Nova Zelândia, Nicarágua, Palau, Panamá, Paraguai, Peru, Quiribati, Salvador, Samoa, Santa Lúcia, Santa Sé (Estado da Cidade do Vaticano), São Cristóvão e Neves, São Marinho, São Vicente e Granadinas, Seicheles, Sérvia (2) (3), Singapura, Timor-Leste, Tonga, Trindade e Tobago, Tuvalu, Ucrânia (2), Uruguai, Vanuatu e Venezuela.

Estão também isentos de visto:

- Regiões Administrativas Pontuais da República Popular da China, Região Administrativa de Hong Kong (4), Região Administrativa Especial de Macau (5).
- Cidadãos britânicos que não sejam nacionais do Reino Unido, da Grã-Bretanha e da Irlanda do Norte na aceção do direito da União: nacionais britânicos (ultramarinos) [British Nationals (Overseas)], cidadãos britânicos dos territórios ultramarinos (British Overseas Territories Citizens – BOC), pessoas sob proteção do Reino Unido (British Protected Persons – BPP), súbditos britânicos (British subjects – BS).
- Entidades e autoridades territoriais não reconhecidas como estados por pelo menos um estado-membro.
- Taiwan (6)
  (2) A isenção de visto aplica-se unicamente aos titulares de passaportes biométricos.
  (3) Sérvia [excluindo os titulares de passaportes sérvios emitidos pela direção de coordenação sérvia (em sérvio: Koordinaciona uprava)].
  (4) A isenção de visto aplica-se apenas aos titulares do passaporte da «Hong Kong Special Administrative Region».
  (5) A isenção de visto aplica-se apenas aos titulares do passaporte da «Região Administrativa Especial de Macau».
  (6) Em conformidade com o Regulamento (UE) nº 1211/2010, que altera o Regulamento (CE) nº 539/2001, os nacionais de Taiwan que sejam titulares de passaportes emitidos por Taiwan que contenham um número de bilhete de identidade estão isentos da obrigação de visto (JO L 339 de 22.12.2010, p. 6).

Ainda que possa haver exceções na lista de países enunciados, é notório que a isenção de visto não se aplica a países com fortes caraterísticas migratórias, como acontece com as ex-colónias portuguesas, em que a exigência de visto permite, de certo modo, restringir o acesso a pessoas com o mínimo de capacidade económica.

6. CIDADÃOS COM TÍTULO DE RESIDÊNCIA

Podem igualmente entrar em território nacional os cidadãos habilitados com título de residência ou prorrogação de permanência (art. 10º, nº 3.a)). Compreende-se que assim seja: já estão autorizados a residir ou a sua permanência foi objeto de prorrogação, o que equivale a autorização de entrada.

7. VISTOS

Os restantes cidadãos estrangeiros, não mencionados anteriormente, necessitam de visto para entrar em Portugal.

7.1. Visto Schengen

O Visto Schengen é uma autorização emitida por um Estado-membro com a finalidade de escala aeroportuária, trânsito ou intenção de estada de curta duração no território de um ou de mais estados-membros, permitindo que o seu portador se apresente na fronteira externa. Destina-se a estadas de curta duração até 90 dias em cada período de 180 dias e pode ser concedido para efeitos de turismo, visita familiar, negócios, trabalho sazonal, trânsito, entre outros.

Um visto de curta duração não confere automaticamente o direito de entrar no Espaço Schengen. Na fronteira (ou em qualquer outro controlo) pode ter de mostrar o visto, mas também de fornecer documentação suplementar, por exemplo informações que mostrem que dispõe de meios suficientes para cobrir a sua estada e a viagem de regresso.

Deve ser requerido no país de residência legal do requerente, podendo, excecionalmente, ser apresentado num país em que não resida desde que o seu requerente se encontre em situação regular.

O Estado-membro competente para examinar e decidir sobre um pedido de visto uniforme para efeitos de curta duração deve ser:

- O Estado-membro cujo território constitua o único destino da(s) visita(s).
- Se a visita incluir mais do que um destino, ou se estiver previsto realizar várias visitas separadas durante um período de dois meses, o Estado-membro cujo território constitui o destino principal da(s) visita(s) em termos de duração da estada, contada em dias, ou de objetivo da estada.
- Se não puder ser determinado o destino principal, o Estado-membro cuja fronteira externa o requerente tenciona entrar em primeiro lugar.

Em caso de trânsito deve ser:

- Em caso de trânsito de um só Estado-membro, esse mesmo Estado.
- Em caso de vários Estados-membros, o Estado-membro cuja fronteira externa o requerente tenciona atravessar para iniciar o trânsito.

O Estado-membro competente para examinar e decidir sobre um pedido de visto de escala aeroportuária deve ser:

- Em caso de apenas uma escala, o Estado-membro em cujo território se situa o aeroporto de escala.
- Em caso de mais de uma escala aeroportuária (aeroportos diferentes durante a viagem de ida e de regresso), o Estado-membro em que se situa o aeroporto de primeira entrada.

EXEMPLO

Um cidadão chinês pretende efetuar uma viagem de negócios, com início em Frankfurt, na Alemanha. Permanecerá 10 dias nesse país, seguindo depois para Paris (11 dias) e, finalmente, para Lisboa (9 dias). Como a visita inclui vários países, o visto de curta duração deverá ser pedido na representação consular de França na China, uma vez que é o país com maior duração da estada (onze dias). O visto concedido por essa representação francesa permitirá a visita aos vários países da União Europeia.

7.1.1. Visto para efeitos de trabalho sazonal

São concedidos para trabalho sazonal por período igual ou inferior a 90 dias a quem pretenda desenvolver uma atividade subordinada sazonal nos setores de atividade aprovados. Estes vistos não são concedidos por Portugal em representação de outro Estado-membro e vice-versa. Devem ser solicitados no posto consular do país onde o requerente pretenda exercer a atividade profissional sazonal.

7.1.2. Visto para efeitos de escala aeroportuária

São concedidos para consentir o trânsito na área internacional de um aeroporto, permitindo ao seu titular apanhar um voo de ligação para fora do Espaço Schengen, sem que chegue a entrar nesse espaço. O pedido de visto deverá ser apresentado presencialmente pelo requerente no Posto Consular da área de residência.

A instrução do pedido de visto deverá justificar o objetivo e as condições da estada prevista. Caso se entenda oportuno, poderá ser marcada pelo Posto Consular uma entrevista com a presença obrigatória do requerente do pedido de visto, a realizar no prazo de duas semanas a contar da data da apresentação do pedido. Os documentos a apresentar deverão ser originais, acompanhados de uma cópia.

Caso pretenda deslocar-se, no período da sua estada, para outro país da União Europeia, deverá pedir o visto Schengen, que o habilita a viajar dentro do espaço comunitário.

No estrangeiro, podem ser concedidos os seguintes vistos: visto de escala portuária, visto de curta duração, visto de estada temporária e visto para obtenção de autorização de residência, denominado visto de residência (art. 45º).

7.1.3. Visto de estada temporária

O visto de estada temporária destina-se a permitir a entrada e a saída em território nacional por período inferior a um ano para:

a) Tratamento médico em estabelecimento de saúde oficial ou oficialmente reconhecido.
b) Transferência de cidadãos nacionais de Estados Partes na Organização Mundial de Comércio, no contexto da prestação de serviços ou da realização de formação profissional em território português.
c) Exercício em território nacional de uma atividade profissional independente.
d) Exercício em território nacional de uma atividade de investigação científica em centros de investigação, de uma atividade docente num estabelecimento de ensino superior ou de uma atividade altamente qualificada durante um período inferior a um ano:
e) Exercício em território nacional de uma atividade desportiva amadora, certificada pela respetiva federação, desde que o clube ou a associação desportiva se responsabilize pelo alojamento e cuidados de saúde.
f) Permanência em território nacional por períodos superiores a três meses, em casos excecionais, devidamente comprovados, designadamente para frequência de programa de estudos em estabelecimento de ensino, intercâmbio de estudantes, estágio profissional não remunerado ou voluntariado, de duração igual ou inferior a um ano, ou para efeitos de cumprimento dos compromissos internacionais no âmbito da Organização Mundial de Comércio e dos decorrentes de convenções e acordos internacionais de que Portugal seja Parte, em sede de liberdade de prestação de serviços
g) Acompanhamento de familiar sujeito a tratamento médico nos termos da alínea a).

h) Trabalho sazonal por período superior a 90 dias.
i) Frequência de curso em estabelecimento de ensino ou de formação profissional (art. 54º, nº 1).

No que respeita à primeira alínea, em 2019 Portugal recebeu 37 pedidos de Angola, 458 de Cabo Verde, 389 da Guiné-Bissau, 27 de Moçambique e 128 de São Tomé e Príncipe para tratamento médico, ao abrigo de acordos de cooperação:

> «Todos os dias chegam ao nosso país pessoas oriundas dos PALOP que vêm tratar a sua saúde nos nossos hospitais. Umas chegam ao abrigo dos acordos de saúde celebrados com Portugal, outras vêm com um qualquer visto de estada temporária. Mas vêm porque no seu país não existe tratamento para os seus males! Por isso nos deparamos com uma grande diversidade cultural nos nossos hospitais, reforçada pelo peso dos imigrantes provenientes desses países em Portugal.
>
> Subjacente à vinda de muitos destes doentes, estão anos de «batalhas», de sofrimento, enquanto aguardam a decisão do Ministério da Saúde do seu país quanto ao pedido de junta médica, ou aguardam as verbas do Ministério das Finanças para pagamento da viagem para Portugal ou esperam por um visto. Também os processos de triagem nos países de origem apontam para processos de seleção pouco claros e ineficazes.
>
> Já em Portugal, a falta de apoio das suas embaixadas, associada a fatores como o desconhecimento da língua, o desenraizamento cultural, entre outros, leva a que muitas destas pessoas vivam com grandes dificuldades. Apesar dos problemas com que estes doentes (sobre)vivem em Portugal, muitos não querem regressar ao país de origem. A dificuldade em obter tratamento médico e medicamentos é a razão mais apontada para não regressar.» («A Imigração PALOP em Portugal. O caso dos doentes evacuados», Maria Adelina Henriques, Forum Sociológico, 22/2012).

7.2. Visto de residência

O visto de residência destina-se «a permitir ao seu titular a entrada em território português a fim de solicitar autorização de residência», sendo válido por duas entradas e habilitando o seu titular a aqui permanecer pelo período de quatro meses (art. 58º).

A denominação é equívoca, proporcionando confusão com a autorização de residência. Mas as diferenças são muitas. O visto de residência visa a obtenção da autorização de residência, necessária para permanecer no país mais de um ano, pelo que a sua concessão apenas habilita o titular do visto de residência a permanecer no país por um máximo de quarto meses, para esse fim específico.

Há paradoxos evidentes: não é necessário estar pessoalmente em Portugal para pedir a autorização de residência. Por outro lado, o período de quatro meses é manifestamente insuficiente para a obtenção do visto.

Na apreciação do pedido, atender-se-á designadamente à finalidade pretendida com a fixação de residência.

A concessão de visto para a obtenção de autorização de residência para o exercício de atividade profissional subordinada depende da existência de oportunidades de emprego, não preenchidas por nacionais portugueses, trabalhadores nacionais de Estados-membros da União Europeia, do Espaço Económico Europeu, de Estado terceiro com o qual a Comunidade Europeia tenha celebrado um acordo de livre circulação de pessoas, bem como trabalhadores nacionais de Estados terceiros com residência legal em Portugal (art. 59º, nº 1).

8. CONDIÇÕES GERAIS

Só pode requerer um visto quem preencha as seguintes condições cumulativas:

a) Não tenha sido sujeito a uma medida de afastamento e se encontre no período subsequente de interdição de entrada em território nacional.
b) Não esteja indicado para efeitos de não admissão no Sistema de Informação Schengen por qualquer Estado-membro da União.
c) Não esteja indicado para efeitos de não admissão no Sistema Integrado de Informações do SEF, nos termos do art. 33º.
d) Disponha de meios de subsistência, definidos por portaria dos membros do Governo responsáveis pela área da administração interna e da solidariedade e segurança social.
e) Disponha de documento de viagem válido.
f) Disponha de autorização parental ou documento equivalente, quando o requerente for menor de idade e durante o período de estada não esteja acompanhado por quem exercer o poder parental ou a tutela.

(art. 52º, nº 1)

8.1. Capacidade económica

Uma vez que se pretende, acima de tudo, controlar a imigração por motivos económicos, vigora um princípio geral, expresso no art. 11º, nº 1: «Não é permitida a entrada no país de cidadãos estrangeiros que não disponham de meios de subsistência suficientes, quer para o período da estada quer para a viagem para o país no qual a admissão esteja garantida, ou que não estejam em condições de adquirir legalmente esses meios.»

Para avaliar a capacidade económica, são exigidos vários documentos, como recibos de remunerações, declarações fiscais relativas aos últimos três anos e extratos de conta bancária.

Em alternativa à apresentação de documentos de comprovação económica, o requerente poderá apresentar um termo de responsabilidade subscrito por cidadão nacional ou cidadão estrangeiro habilitado a residir legalmente em Portugal (art. 12º, nº 1).

O formulário do termo de responsabilidade está disponível no *site* do SEF, já indicado. O garante deverá demonstrar a sua capacidade financeira. Do termo deve constar obrigatoriamente o compromisso de assegurar as condições de estada em território nacional, bem como a reposição dos custos de afastamento em caso de permanência ilegal. Uma vez subscrito, constitui título executivo da obrigação de reposição dos custos de afastamento.

A assinatura do subscritor do termo deverá estar notarialmente reconhecida.

O requerente do visto deverá preencher o requerimento de visto, disponível no *site* do Ministério dos Negócios Estrangeiros ou do Consulado de Portugal no país onde reside. Não havendo representação consular, poderá verificar se a autoridade consular de Portugal, noutro país próximo, exerce também funções no país de residência do requerente.

Entre os documentos de instrução do pedido, além dos já mencionados para prova da capacidade económica, temos também a reserva do voo (não é necessária a compra do bilhete), bem como a reserva no estabelecimento hoteleiro (não é necessário o pagamento).

Compreende-se que não seja necessário o bilhete da viagem (de ida e volta) ou a prova do pagamento em hotel. O requerente não sabe se o visto será concedido, pelo que escusa de suportar a despesa antecipadamente. Aliás, há bilhetes que, uma vez adquiridos, não permitem mudança de datas, tal como alguns hotéis não reembolsam em caso de anulação da reserva paga.

8.2. Apresentação do pedido

Os pedidos de Visto Schengen podem ser apresentados pessoalmente na representação consular com uma antecedência máxima de seis meses e, regra geral, até 15 dias de calendário antes em relação ao início da visita prevista.

Os marítimos no exercício das suas funções podem apresentar o pedido até nove meses em relação ao início da data da visita prevista.

Em casos individuais devidamente justificados, poderá ser autorizada a apresentação de pedidos com antecedência inferior a 15 dias.

Pode ser exigido que os requerentes marquem uma entrevista para a apresentação do pedido. Regra geral, esta deve realizar-se no prazo de duas semanas a contar da data em que foi solicitada, podendo, em casos justificados de urgência, o consulado autorizar a sua dispensa ou conceder imediatamente a entrevista.

Os pedidos de visto de estada temporária são apresentados mediante:

- Requerimento em modelo próprio.
- Passaporte ou outro documento de viagem válido por mais três meses para além da duração da estada prevista.
- Duas fotografias iguais, tipo passe, atualizadas e em boas condições de identificação do requerente.
- Título de transporte que assegure o seu regresso.
- Comprovativo da situação regular caso seja de outra nacionalidade que não a do país onde solicita visto.
- Seguro de viagem válido, que permita cobrir as despesas necessárias por razões médicas, incluindo assistência médica urgente e eventual repatriamento.
- Requerimento para consulta do registo criminal português pelo Serviço de Estrangeiros e Fronteiras (SEF).
- Certificado de registo criminal do país de origem ou do país onde o requerente resida há mais de um ano (os menores de 16 anos estão isentos da apresentação dos documentos relativos ao registo criminal).
- Comprovativo da existência de meios de subsistência tal como definidos por portaria dos membros do Governo competentes.
- A prova da posse de meios de subsistência pode igualmente efetuar-se mediante apresentação de termo de responsabilidade, subscrito por cidadão nacional ou cidadão estrangeiro habilitado, com documento de residência em Portugal.

Consoante a finalidade da estada temporária, são exigidos documentos específicos, complementares, mencionados no site do SEF.

Uma vez apresentado o pedido no estrangeiro, nos serviços consulares de Portugal, o processo é remetido por via eletrónica ao SEF para efeitos de emissão de parecer.

O parecer prévio obrigatório tem lugar nos seguintes casos:

a) Quando sejam solicitados vistos de residência e de estada temporária.
b) Quando tal for determinado por razões de interesse nacional, por motivos de segurança interna ou de prevenção de imigração ilegal e da criminalidade conexa.

Embora não seja obrigatório o pedido de parecer ao SEF no caso de vistos de curta duração, há secções consulares que o pedem de forma sistemática, precisamente pelo fenómeno migratório.

Sempre que o requerente tenha sido condenado em Portugal por sentença transitada em julgado em pena de prisão superior a um ano, ainda que esta não tenha sido cumprida, ou tenha sofrido mais de uma condenação em idêntica pena ainda que a sua execução tenha sido suspensa, o parecer é negativo (art. 52º, nº 3).

9. ENTRADA NO PAÍS

Ao entrar em Portugal, o cidadão estrangeiro apresenta o documento de viagem, no qual está aposto o visto, se necessário. Poderá suceder que, estando isento de visto, seja necessário apresentar outro documento, como a prova dos meios de subsistência. Daí a necessidade de consultar os serviços consulares de Portugal no país onde reside, designadamente o *site*.

9.1. Obrigações das transportadoras

As transportadoras têm obrigações específicas, designadamente a de transmitir ao SEF, até ao final do registo de embarque, as informações relativas aos passageiros que transportarem até um posto de fronteira através do qual entrem em território nacional (art. 42º, nº 1). Por outro lado, são obrigadas a promover o retorno, bem como a pagar as taxas correspondentes à estada do passageiro no centro de instalação temporária ou espaço equiparado, caso o passageiro não reúna as condições de entrada no país. Daí o cuidado especial das transportadoras em verificar, no momento do embarque, os documentos de viagem e vistos dos passageiros.

O cidadão estrangeiro a quem tenha sido recusada a entrada pode comunicar com a representação diplomática do seu país e beneficia de assistência médica e de apoio jurídico. Tal apoio é indispensável para a impugnação judicial da decisão de recusa de entrada perante os tribunais administrativos (art. 39º).

O Decreto-Lei nº 104/2021, de 27/11 fixou regras aplicáveis ao tráfego aéreo e aos aeroportos, bem como ao tráfego terrestre, marítimo e fluvial, designadamente no que se refere às obrigações de solicitação e apresentação do Certificado Digital Covid da União Europeia e do formulário de localização de passageiros (PLF).

O diploma estabeleceu as obrigações de apresentação de teste PCR ou teste rápido de antigénio com resultado negativo ou de confinamento obrigatório, por parte dos passageiros e das companhias aéreas e dos armadores dos navios de passageiros ou respetivos representantes legais, nos termos das declarações das respetivas situações de alerta, contingência ou calamidade. Foi estabelecida uma coima de 300 a 800 euros para quem entrar em território nacional por via terrestre, marítima e fluvial sem apresentar teste negativo à covid-19.

9.2. Fronteira não sujeita a controlo

Caso o cidadão estrangeiro nacional de Estado terceiro entre em Portugal por uma fronteira não sujeita a controlo, vindo de outro Estado-membro e fique temporariamente instalado em casa particular ou outro tipo de alojamento não vinculado à comunicação de alojamento ao SEF, é obrigado a declarar esse facto no prazo de três dias úteis a contar da data de entrada (art. 14º, nº 1). Estado terceiro é o Estado não integrado na União Europeia ou equiparado.

Não precisam de fazer essa declaração junto do SEF:

- Cidadãos nacionais de estados terceiros que entrem em Portugal por fronteira sujeita a controlo.
- Cidadãos nacionais de Estados terceiros residentes ou, sendo titulares de visto, autorizados a permanecer em Portugal por período superior a seis meses.
- Cidadãos nacionais de estados terceiros que se instalem em estabelecimentos hoteleiros ou outros tipos de alojamento turístico que estejam obrigados à comunicação de alojamento ao SEF.
- Cidadãos comunitários.

A declaração é efetuada em qualquer balcão do SEF. Para tal, é necessário imprimir e preencher o modelo próprio Declaração de Entrada disponível online no *site* do SEF na área «Impressos». Depois, entregar presencialmente, mediante agendamento prévio para deslocação ao balcão do SEF, o modelo preenchido acompanhado de passaporte ou outro documento de viagem válido, onde conste o visto, caso aplicável, ou carimbo de entrada noutro Estado Schengen.

9.3. Menores desacompanhados

É recusada a entrada de cidadãos estrangeiros menores de 18 anos quando desacompanhados de quem exerce as responsabilidades parentais ou quando em território português não exista quem, devidamente autorizado, se responsabilize pela sua estada (art. 31º, nº 1).

10. VISTO À CHEGADA

Nos postos de fronteira sujeitos a controlo pode ser concedido, a título excecional, visto de curta duração ao cidadão estrangeiro que, por razões imprevistas, não tenha podido solicitar um visto à autoridade competente, desde que o interessado seja titular de documento de viagem válido, tenha meios de subsistência e satisfaça as restantes condições do art. 67º, nº 1. É o que se poderia designar visto à chegada, correspondente ao «Visa on arrival», existente em muitos países. A diferença reside em que aqui se denomina visto de curta duração e a sua validade não pode exceder 15 dias.

11. PRORROGAÇÃO DE PERMANÊNCIA

Aos cidadãos estrangeiros, admitidos em território nacional nos termos da lei, que pretendam permanecer em Portugal por período superior ao inicialmente previsto, pode ser prorrogada a permanência (art. 71º, nº 1), desde que se mantenham as condições que permitiram a admissão do cidadão estrangeiro.

O pedido é formulado em impresso próprio, disponível no *site* do SEF em Impressos (impresso para requerer prorrogação de permanência/validade/ou duração do visto Schengen, ao abrigo do art. 71º).

Existem limites objetivos à prorrogação da permanência. No caso do visto de curta duração, a prorrogação é até 90 dias, prorrogáveis por igual período.

A decisão dos pedidos de prorrogação de permanência é da competência do diretor nacional do SEF, com a faculdade de delegação (art. 73º).

EXEMPLO

Um cidadão do Quénia chega a Portugal no dia 1/01/2022, com um visto de curta duração. Qual é o limite de prorrogação?

Caso o visto tenha sido concedido com um prazo de validade de três meses, caducará a 1 de abril de 2022. Nesse caso, poderá ser prorrogado por 90 dias, por duas vezes. Assim, a data de permanência poderá ir até ao 270º dia do ano de 2022.

12. COVID-19

A situação de pandemia obriga a cuidados especiais no que respeita a vistos e autorizações em geral de entrada no nosso país, tal como sucede para quem pretenda deslocar-se ao estrangeiro.

Praticamente todos os países introduziram medidas adicionais de controlo de fronteiras, com a finalidade de reduzir os riscos de contágio.

Por isso, quem pretenda deslocar-se a Portugal, seja para uma viagem de curta duração, seja para uma estada prolongada, deverá certificar-se das restrições existentes, consultando, nomeadamente, a representação consular de Portugal no país da sua residência e os sites do SEF e do Ministério dos Negócios Estrangeiros.

No número 9 deste capítulo, aludimos às coimas a que se sujeita quem não cumpra as normas sanitárias.

Capítulo XI
Residência em Portugal

1. NECESSIDADE DE AUTORIZAÇÃO

Chegar a território nacional e entrar é uma coisa. Permanecer nele é outra, bastante diferente. O cidadão estrangeiro que entre em Portugal, titular de documento de viagem e com visto, poderá aqui ficar até ao final do período de validade do visto, podendo beneficiar ainda de prorrogações. Para permanecer aqui além desse prazo, terá de possuir uma autorização de residência.

Todas as permanências prolongadas ou duradouras são tituladas por uma autorização de residência (arts. 74º e seguintes). O art. 18º da Convenção de Schengen preceitua que qualquer estada em território nacional por período superior a um ano tem de ser titulada por autorização de residência, único título para legitimar a permanência. Porém, já sabemos que um cidadão de outro país comunitário não precisa de autorização para aqui residir, sem prejuízo de ter de cumprir as formalidades descritas no capítulo anterior.

1.1. Duração da autorização de residência

A autorização de residência pode ser temporária ou permanente, consoante a sua duração (art. 74º).

A autorização temporária é válida pelo período de um ano contado a partir da data de emissão do título, renovável por períodos sucessivos de dois anos. Quanto à autorização permanente por tempo indeterminado, o seu título deve ser renovado de cinco em cinco anos.

A autorização dá origem à emissão de um título de residência, o qual deve ser renovado sempre que se verifique qualquer alteração dos elementos de identificação nele registados.

Para todos os efeitos, o título de residência substitui o documento de identificação (art. 84º).

2. TIPOS DE AUTORIZAÇÃO

Em obediência à opção legislativa da União Europeia de atribuição de autorização de residência consoante as finalidades, os arts. 88º e seguintes enunciam, de forma exemplificativa, vários tipos de autorização de residência: para o exercício de atividade profissional, para o exercício de atividade profissional independente ou para imigrantes empreendedores, para atividade de investimento, para investigação, estudo, estágio profissional ou voluntariado, mobilidade de estudantes, reagrupamento familiar, vítimas de tráfico de pessoas ou de ação de auxílio à imigração ilegal, titular do estatuto de residente de longa duração noutro Estado-membro da União Europeia, situações especiais...

Os artigos indicam, na epígrafe, o tipo de autorização e enunciam as condições necessárias para a sua concessão. Mas antes mesmo de tais condições específicas para os diversos tipos de visto, importa satisfazer as condições gerais de concessão de autorização de residência temporária (art. 77º) e de residência permanente (art. 80º).

2.1. Exercício de atividade profissional subordinada

Pela sua dimensão, vejamos como se processa a autorização de residência para o exercício de atividade subordinada.

No capítulo anterior, verificámos quão difícil se torna obter o visto de residência para o exercício de atividade profissional subordinada (art. 59º). Se um cidadão estrangeiro pretender vir para Portugal para ser operário da construção civil ou para trabalhar em serviços domésticos, será muito difícil conseguir o visto.

O art. 77º, nº 1, al. a) indica, como primeiro requisito para a concessão de autorização temporária, a «posse de visto de residência válido concedido para uma das finalidades previstas na presente lei para a concessão de autorização de residência». O não preenchimento deste requisito levaria à não concessão da autorização de residência a numerosos trabalhadores estrangeiros.

Todavia, o nº 2 do art. 88º permite contornar esta dificuldade. Na prática, o que acontece? A maioria dos estrangeiros que vem trabalhar para Portugal, em vez de pedir o visto de trabalho, tão difícil de obter, pede visto de curta duração, de turismo, menos exigente na atribuição. O turismo é incentivado por constituir uma parcela importante do rendimento do país. Ser o melhor destino turístico do mundo não pode atrair apenas os mais ricos. Uma vez em Portugal, não respeitam a finalidade do visto e iniciam a busca de uma relação laboral, tantas vezes desigual, pois há quem se aproveite do estado de necessidade.

Há alguns formalismos a cumprir, designadamente ter NIF e também número de identificação na Segurança Social. Não há qualquer controlo por parte das Finanças ou da Segurança Social na atribuição de tais números, mais exatamente estas entidades não cuidam de saber se o cidadão estrangeiro está autorizado a trabalhar, nem há qualquer cruzamento de dados com o SEF.

Para obter o NIF, é suficiente indicar um responsável residente. A obtenção do número de identificação na Segurança Social também é fácil. Ana Mendes Godinho, Ministra do Trabalho, da Solidariedade e da Segurança Social, alardeou a facilidade, numa entrevista publicada no jornal *Tempo Livre*, do INATEL.

> «Dou-lhe o exemplo do que fizemos com o projeto Segurança Social na Hora. Surgiu um repto dos problemas que me estavam a ser sinalizados: estrangeiros que não conseguiam obter um número na Segurança Social não conseguiam contribuir para o sistema. O número da Segurança Social para os estrangeiros estava a demorar cerca de oito meses. Durante oito meses estávamos a permitir que essas pessoas não contribuíssem para o sistema de que todos fazemos parte. Qual a razão para não darmos o número na hora? O que temos de verificar: se a pessoa existe; se existe uma entidade empregadora, se há uma empresa já interessada em empregar. O resto já temos tudo.» (jan-fev. 2020, pág. 12).

Ana Mendes Godinho considerou muito positiva a medida tomada, de atribuição do número de Segurança Social na hora, concluindo que «faz parte desta prioridade de sermos um país aberto e inclusivo para acolher os estrangeiros». Mas a governante não incluiu, entre as questões a verificar, se o interessado está autorizado a trabalhar. Quem entrou ilegalmente no país ou tem apenas um visto de turismo está legalmente impedido de trabalhar. Limitou-se a considerar muito positiva a medida tomada, ou seja, a atribuição do número de Segurança Social na hora, concluindo que «faz parte desta prioridade de sermos um país aberto e inclusivo para acolher os estrangeiros».

O nº 2 do art. 88º permite a dispensa de apresentação de visto de residência para a obtenção de autorização de residência para o exercício de atividade profissional subordinada mediante «manifestação de interesse» apresentada através do *site* do SEF na Internet ou diretamente numa das suas delegações regionais.

A manifestação de interesse é preenchida em impresso próprio do SEF, disponível no *site* (apresentação manifestação de interesse para acesso de autorização de residência para exercício de atividade profissional subordinada ou independente).

O cidadão estrangeiro deverá preencher, além de outras, as seguintes condições:

a) Possuir um contrato de trabalho, ou promessa de contrato de trabalho, ou ter uma relação laboral comprovada por sindicato, por representante de comunidades migrantes com assento no Conselho para as Migrações ou pela Autoridade para as Condições do Trabalho.
b) Ter entrado legalmente em território nacional.
c) Estar inscrito na segurança social, salvo os casos em que o documento apresentado nos termos da alínea a) seja uma promessa de trabalho.

Com a exigência da alínea b), ficariam «de fora» os que tivessem entrado ilegalmente em Portugal. Porém, a Lei nº 28/2019, de 29 de março, introduziu o número 6 ao referido art. 88º, pelo qual «presume-se a entrada legal prevista na alínea b) do nº 2 sempre que o requerente trabalhe em território nacional e tenha a sua situação regularizada perante a segurança social há pelo menos 12 meses».

Esta presunção é considerada inilidível pelo SEF, cuja Direção Nacional aprovou um parecer interno nesse sentido. Deste modo, basta provar os descontos no decurso de um ano para se considerar que a entrada foi legal, o que implica, na prática, um convite à imigração ilegal.

Pretende-se premiar a inserção efetiva no mercado de trabalho sem questionar a forma como o cidadão estrangeiro entrou no nosso país, dando-se, assim, guarida às reivindicações das associações de imigrantes, que se batiam pela legalização. «NÃO SOMOS CRIMINOSOS, QUEREMOS DIREITOS, EXPULSÃO NÃO É SOLUÇÃO!» e «QUE JUSTIÇA, 3, 4, 5, 6 OU MAIS ANOS A TRABALHAR SEM DESCONTOS?», eis alguns dos cartazes empunhados nas manifestações que acabaram por pressionar o legislador.

A Comissão Europeia já questionou Portugal a propósito da aplicação do nº 2 do art. 88º, pois a regra comunitária é a de que a entrada no mercado de trabalho seja uma entrada legal, com visto de trabalho.

Na prática, há uma subversão das normas comunitárias que são nesta matéria rígidas. O procedimento adotado em Portugal constitui uma forma indireta de contornar a proibição de regularização extraordinária de imigrantes, interdita face às normas comunitárias.

Mesmo assim, as associações de imigrantes queixam-se da dificuldade de agendamento no SEF, bem como da demora na regularização. Temos o seguinte quadro na obtenção de autorização de residência:

Trabalhador que entrou legalmente em Portugal com visto de residência para exercício de atividade profissional subordinada: teve muita dificuldade na obtenção desse visto, pode requerer autorização de residência.

Trabalhador que entrou legalmente em Portugal com visto de turismo, mas com objetivo de fixar residência: obtém número de contribuinte, obtém número de identificação na Segurança Social, inicia uma relação laboral (ou obtém a promessa), efetua a manifestação de interesse através do *site* do SEF e requer autorização de residência.

Trabalhador que entrou ilegalmente em Portugal sem documento de viagem: obtém número de contribuinte, obtém número de identificação na Segurança Social, inicia uma relação laboral e, decorrido um ano, efetua a manifestação de interesse através do *site* do SEF e requer autorização de residência.

Em 28/03/2020, no início da pandemia, foi publicado o Despacho nº 3863-B/2020, de 27 de março, pelo qual a manifestação de interesse e o pedido de agendamento entregue até 18 de março passaram a funcionar como uma autorização de residência temporária, dando acesso a todos os serviços públicos, como o Serviço Nacional de Saúde e apoios sociais. Os requerentes de asilo também são abrangidos. A medida é «um dever de sociedade solidária em tempos de crise», declarou o ministro Eduardo Cabrita ao *Público*, acentuando que abrangeu 246 000 imigrantes.

Em 8/11/2020, foi publicado o Despacho nº 10944/2020, pelo qual os pedidos de regularização comprovadamente entregues no Serviço de Estrangeiros e Fronteiras entre 18 de março e 15 de outubro funcionam igualmente como autorização de residência temporária, com o inerente acesso a direitos sociais. Estudantes do ensino secundário e superior podem recorrer a renovação automática.

Pelo Despacho nº 4473-A/2021, de 30/04/2021, o Governo alargou a situação de permanência regular em território nacional dos cidadãos estrangeiros com processos pendentes iniciados até 30 de abril de 2021 junto do Serviço de Estrangeiros e Fronteiras (SEF), ao abrigo da Lei de Estrangeiros.

Servem como meio de prova da sua situação regular:

- o documento de manifestação de interesse ou pedido emitido pelas plataformas em uso no SEF para efeitos de entrada, permanência, saída e afastamento de estrangeiros no território nacional;
- o comprovativo do agendamento no SEF;
- o recibo comprovativo do pedido efetuado para todas as outras situações de processos pendentes no SEF, como concessões ou renovações de autorização de residência.

Pela primeira vez, os descendentes dos cidadãos estrangeiros nesta situação passaram a poder aceder ao abono de família, bastando que os progenitores tivessem iniciado o processo de regularização junto do SEF, conforme atrás descrito acima.

Os documentos são considerados válidos perante todos os serviços públicos, designadamente para obtenção do número de utente, acesso ao Serviço Nacional de Saúde ou a outros direitos de assistência à saúde, obtenção do número de identificação da segurança social, acesso às prestações sociais de apoio, celebração de contratos de arrendamento, celebração de contratos de trabalho, abertura de contas bancárias e contratação de serviços públicos essenciais.

Note-se que esta medida de salvaguarda dos direitos dos cidadãos com processos pendentes abrangeu, com o primeiro despacho de março de 2020, cerca de 246 mil pessoas e, com o segundo despacho de novembro de 2020, cerca de 166.700 pessoas.

3. REAGRUPAMENTO FAMILIAR

O reagrupamento familiar está contemplado nos arts. 98º a 108º, constituindo um grande reforço dos instrumentos de imigração legal. Considera-se que «o cidadão com autorização de residência válida tem direito ao reagrupamento familiar com os membros da família que se encontrem fora do território nacional, que com ele tenham vivido noutro país, que dele dependam ou que com ele coabitem, independentemente de os laços familiares serem anteriores ou posteriores à entrada do residente» (art. 98º, nº 1).

O beneficiário ou titular do direito é o residente legal e os destinatários do direito os membros da família que estejam em Portugal ou no estrangeiro. Consideram-se membros da família «o cônjuge, os filhos menores ou incapazes a cargo do casal ou de um dos cônjuges, os menores adotados pelo requerente quando não seja casado, pelo requerente ou pelo cônjuge, por efeito de decisão de autoridade competente do país de origem, desde que a lei desse país reconheça aos adotados direitos e deveres idênticos aos da filiação natural e que a decisão seja reconhecida em Portugal, os filhos maiores que preencham as condições das alíneas d) e e) do nº 1 do art. 99º, os ascendentes na linha reta e em 1º grau do residente ou do seu cônjuge, desde que se encontrem a seu cargo e os irmãos menores desde que se encontrem sob tutela do residente, de harmonia com a decisão proferida pela autoridade competente do país de origem e desde que essa decisão seja reconhecida por Portugal» (art. 99º, nº 1).

A união de facto também goza de proteção, devendo ser «devidamente comprovada nos termos da lei». No que diz respeito à apreciação do pedido, o nº 2 do art. 104º estatui que deve ser considerada a existência de filhos em comum, a coabitação prévia, o registo da união ou mesmo qualquer outro meio de prova fiável. A união de facto não deixa de ser uma situação nem sempre fácil de comprovar.

Para que o pedido de reagrupamento seja deferido, são definidas condições no art. 101º: ter alojamento e meios de subsistência, constituindo a insuficiência de rendimentos para custear as despesas da família um dos grandes motivos de indeferimento por parte do SEF.

Os meios de subsistência, nos termos da al. d), do nº 1, do art. 52º da Lei nº 23/2007, são definidos pela portaria nº 1563/2007, de 11 de Dezembro.

O critério-base da portaria nº 1563/2007 tem subjacente a existência de recursos estáveis e regulares suficientes para as necessidades essenciais do cidadão estrangeiro e da sua família (alimentação, alojamento, cuidados de saúde, higiene e vestuário). Aliás, a jurisprudência considera serem estas as necessidades essenciais. Em termos quantitativos, há uma correspondência com a retribuição mínima mensal.

Multiplica-se a remuneração mensal líquida das quotizações para a Segurança Social, havendo uma valorização *per capita*. Há, no entanto, a preocupação de reduzir os montantes de subsistência, de modo a não privar o cidadão estrangeiro de trazer a sua família.

Os montantes variam consoante os títulos. A concessão e a renovação da Autorização de Residência (AR) para a atividade profissional é de sete meses. Eis outras situações de concessão de AR temporária: investigação e estudo (12 meses de remuneração mínima garantida), tal como a AR permanente ou de longa duração (art. 8º da Portaria).

> Art. 266º – Retribuição mínima mensal garantida (Código do Trabalho).
>
> 1. A todos os trabalhadores é garantida uma retribuição mínima mensal garantida (RMMG) com o valor que anualmente for fixado por legislação especial, ouvida a Comissão Permanente de Concertação Social.
>
> 2. Na definição dos valores da RMMG são ponderados, entre outros fatores, as necessidades dos trabalhadores, o aumento do custo de vida e a evolução da produtividade.

De acordo com o Decreto-Lei nº 167/2019, de 21 de outubro, o valor da RMMG, popularmente conhecida como salário mínimo, correspondia, no ano de 2020, a 635,00€ (seiscentos e trinta e cinco euros). Para o ano de 2021, esse valor foi fixado em 665,00 (seiscentos e sessenta e cinco euros) e para o ano de 2022 em 750,00 € (Decreto-Lei nº 109-B/2021, de 7 de dezembro) Conclui-se, pois, que a exigência de meios de subsistência é suave, havendo a preocupação de facilitar o reagrupamento familiar. Há, aliás, mecanismos para atenuar as exigências. Por exemplo, em certas situações, como o estágio profissional ou o voluntariado, caso o alojamento e a alimentação estejam garantidos as quantias são reduzidas a 10% e na atividade religiosa a 50% (90% se tiver alimentação).

Quando a portaria foi publicada, detetou-se uma anomalia: quem estivesse a receber o salário mínimo garantido não perfazia o valor mínimo para ter acesso à autorização ou ao visto, o que não era justo, pois o cidadão estava impedido de trabalhar e era insuficiente economicamente.

Instituiu-se, então, a regra de que sempre que a aplicação estrita da ponderação ou da majoração gere distorção do regime legal, poderá ser adotado um critério de suficiência com base na concessão de uma AR temporária, otimizando, assim, os mecanismos de integração.

Quanto ao alojamento, este tem de ser de acordo com a dimensão da família, traduzindo-se numa habitação que ofereça as condições mínimas para vida familiar e em comunidade.

O pedido de reagrupamento familiar deve ser endereçado ao diretor nacional do SEF (art. 102º). O titular do direito ao reagrupamento familiar é, à partida, o cidadão que vive em Portugal (nº 1 do art. 103º), mas se os seus familiares já se encontrarem em território nacional, estes também têm a faculdade de elaborar o pedido (nº 2 do art. 103º).

O requerente deve anexar todos os documentos necessários para fundamentar o pedido (al. a), b) e c) do nº 3, do art. 103º), tais como comprovativos da relação familiar, de subsistência e documentos de viagem.

Na posse do pedido, o diretor nacional do SEF, ou alguém por sua delegação, examina se todas os requisitos estão atendidos, e, no caso de união de facto, tem em consideração elementos que confirmem a relação efetiva, como já referido anteriormente.

O prazo de que o SEF dispõe para estas diligências é de 90 dias, podendo ser prorrogado, sempre que se justificar pela complexidade do pedido, por mais 90 dias (nºs 1 e 2 do art. 105º).

Caso esteja no estrangeiro, o beneficiário solicita no SEF o reconhecimento do direito; o deferimento gera a aprovação do visto, transmitida para o Ministério dos Negócios Estrangeiros (MNE) por via informática. O beneficiário é avisado da concessão, devendo os membros da família deslocar-se ao posto consular do país onde residem para efeitos de obtenção do visto.

4. VÍTIMAS DE TRÁFICO DE PESSOAS OU DE AÇÃO DE AUXÍLIO À IMIGRAÇÃO ILEGAL

Os arts. 109º a 115º abrangem o cidadão estrangeiro que seja ou tenha sido vítima de infrações penais ligadas ao tráfico de pessoas ou ao auxílio à imigração ilegal, mesmo que tenha entrado ilegalmente no país e não preencha as condições de concessão de autorização de residência.

Como condições para a concessão deste tipo de autorização, o interessado deve manifestar vontade clara de colaborar com as autoridades na investigação e na repressão do tráfico de pessoas ou do auxílio à imigração ilegal, bem como romper as relações que tinha com os presumíveis autores das infrações.

Pretende-se, acima de tudo, fomentar o arrependimento e a colaboração dos autores da infração com a polícia.

5. SITUAÇÕES ESPECIAIS

O art. 122º enuncia várias situações de autorização de residência com dispensa de visto de residência. De um modo geral, as normas são interpretadas de forma extensiva, no sentido de aumentar e de reforçar a integração e a aplicação do artigo ao maior número de cidadãos estrangeiros.

Os menores, filhos de cidadãos estrangeiros titulares de autorização de residência, nascidos em território português não necessitam de autorização de residência, assim como os menores, nascidos em território nacional, que aqui tenham permanecido e se encontrem a frequentar a educação pré-escolar ou o ensino básico, secundário ou profissional (alíneas a) e b)).

Numa formação promovida pelo Conselho Regional de Lisboa da Ordem dos Advogados, em novembro de 2020, Helena Santos, Chefe do Núcleo do Contencioso e do Apoio Jurídico do SEF, referiu que os menores que tenham nascido em Portugal e que não se encontrem a frequentar o ensino pré-escolar por não haver vagas também não carecem de autorização de residência, desde que os progenitores demonstrem que os tentaram inscrever, sem êxito. Tendo em conta o superior interesse da criança, acentuado em convenções internacionais às quais Portugal aderiu, também não é exigida autorização de residência aos menores de três anos.

Mesmo que o progenitor não esteja em condições de suportar os encargos inerentes às responsabilidades parentais, seja por estar desempregado, sem subsídio ou por estar detido em estabelecimento prisional, desde que mantenha a ligação ao menor, beneficia da aplicação da norma da alínea k), que dispensa o visto de residência para obtenção da autorização de residência aos que tenham filhos menores residentes em Portugal ou com nacionalidade portuguesa sobre os quais exerçam efetivamente as responsabilidades parentais e a quem assegurem o sustento e a educação. Esta é a orientação do SEF.

Temos, no entanto, muitas dúvidas sobre a possibilidade de interpretação extensiva da norma, pois o seu teor é muito claro, ao exigir que assegurem o sustento e a educação.

A alínea o) dispensa também de visto de residência os estudantes do ensino secundário ou do 1º ciclo do ensino superior que, tendo beneficiado de autorização de residência concedida ao abrigo do art. 91º, tenham concluído os seus estudos e pretendam exercer em território nacional uma atividade profissional, subordinada ou independente, salvo quando aquela autorização tenha sido emitida no âmbito de acordos de cooperação e não existam motivos ponderosos de interesse nacional que o justifiquem. Compreende-se que assim seja, uma vez que tais estudantes beneficiam de acordos de cooperação, ao abrigo dos quais se comprometem a regressar ao Estado de origem, suportando o Estado português os custos inerentes à sua estada. O pressuposto é o regresso aos países para aí exercerem as suas atividades profissionais, pelo que seria imoral facilitar a continuação da sua estada em Portugal.

Caso o beneficiário de autorização de residência para estudo ou investigação os tenha concluído e pretenda procurar trabalho ou criar uma empresa, fica também dispensado de visto de residência para obtenção de autorização de residência (alínea p). No entanto, o trabalho ou a empresa terão de ter alguma conexão com os seus estudos ou investigação. Não pode, por exemplo, invocar a prestação de trabalho de motorista de táxi quando concluiu a licenciatura em engenharia.

6. REGIME EXCECIONAL

O art. 123º constitui a última oportunidade, enquanto mecanismo excecional, para a concessão de autorização de residência nacional para quem não preencha os requisitos exigidos pela lei. Por razões de interesse nacional, por razões humanitárias e por razões de interesse público decorrentes do exercício de uma atividade relevante no domínio científico, cultural, desportivo, económico ou social, mediante proposta do diretor nacional do SEF ou por iniciativa do membro do Governo responsável pela área da administração interna, pode um cidadão estrangeiro beneficiar de autorização de residência. Os cidadãos estrangeiros com problemas de saúde, que não conseguem ter acesso por via do art. 122º, têm sido abrangidos pelo mecanismo excecional descrito.

7. DIREITOS DOS TITULARES DE AUTORIZAÇÃO DE RESIDÊNCIA

O titular de autorização de residência tem direito (art. 83º, nº 1):

a) À educação e ao ensino.
b) Ao exercício de uma atividade profissional subordinada.
c) Ao exercício de uma atividade profissional independente.
d) À orientação, à formação, ao aperfeiçoamento e à reciclagem profissionais.
e) Ao acesso à saúde.
f) Ao acesso ao direito e aos tribunais.

Alguns destes direitos resultam da Constituição, como é o caso do acesso ao direito e aos tribunais (art. 20º). A este respeito, houve uma primeira orientação de concessão do apoio judiciário apenas a quem estivesse legalmente em Portugal há mais de um ano, o que foi considerado inconstitucional, por violação do art. 20º.

Hoje considera-se que o acesso ao direito e aos tribunais é um direito de todos, quer estejam em situação legal, quer não, fazendo parte do núcleo garantístico do Estado de Direito. Todos os que necessitem e solicitem devem ser apoiados. No entanto, em termos de acesso à saúde, os Centros de Saúde, integrados nas Administrações Regionais de Saúde, exigem a apresentação do cartão de utente do Serviço Nacional de Saúde, o qual implica a exibição de autorização de residência.

A igualdade de tratamento em variados domínios, incluindo benefícios sociais, resulta do art. 13º da Constituição.

No que respeita à educação, os filhos dos imigrantes têm direito a ela, como qualquer criança portuguesa. Mesmo que as crianças estejam indocumentadas, sem autorização de residência, podem e devem ser matriculadas. Foi divulgada uma Resolução do Grupo de Trabalho Interministerial, no âmbito do Alto Comissariado para a Imigração e Minorias Étnicas, com as seguintes orientações:

1. Às crianças e aos jovens, mesmo que indocumentados, deve ser garantida a matrícula e a respetiva renovação.
2. Os resultados académicos devem ser publicados, para todos os efeitos escolares e legais, nas mesmas condições que qualquer outro aluno.
3. Deve estar assegurado, em condições de igualdade, o acesso aos exames (incluindo os nacionais) e à realização de provas, com vista ao seu programa educativo, sem discriminações.
4. Deve ser garantida a transição de ano ou de ciclo, conforme os casos, sem efeitos suspensivos ou provisórios, por força da situação dos pais.
5. Os apoios socioeducativos devem estar garantidos em condições de igualdade, mediante a apresentação de prova dos rendimentos auferidos pelo agregado familiar ou, na sua falta, por declaração da situação económica pela Junta de Freguesia da área de residência.
6. Na falta de documentos comprovativos das habilitações literárias e na impossibilidade da sua obtenção, por iniciativa do encarregado de educação ou oficiosamente, a certificação das habilitações feita mediante declaração sob compromisso de honra prestada pelo encarregado de educação, sem prejuízo da verificação posterior, junta das escolas e países envolvidos da veracidade das suas declarações.
7. Os diplomas e a certificação dos estudos efetuados devem ser garantidos pelas escolas.

Foi criado um registo nacional de menores estrangeiros que se encontrem em situação irregular em território nacional e que se destina exclusivamente a assegurar o acesso dos menores à educação pré-escolar e escolar, bem como aos cuidados de saúde.

Cabe ao Alto Comissariado para a Imigração e Minorias Étnicas (ACIME) assegurar que os menores registados tenham acesso aos direitos que a lei atribui aos menores em situação regular em Portugal.

Outro dos direitos dos titulares de autorização de residência reside no facto de apenas poderem ser afastados do território nacional por sentença do Tribunal. Ou seja, o diretor do SEF não pode proceder ao afastamento coercivo (art. 145º, a contrário), ainda que a instrução do processo seja da competência do SEF. Lê-se no Relatório de Imigração Fronteiras e Asilo (RIFA) destes serviços o seguinte relativamente ao ano de 2019:

> «**Processos de Afastamento Coercivo**
>
> Em termos de processos de expulsão administrativa, foram instaurados 695 processos, o que representa uma diminuição de 10,9% face a 2018. Dos 1003 procedimentos concluí-dos foram proferidas 309 decisões de expulsão e 694 de arquivamento. Na instrução de processos de expulsão administrativa são estabelecidas prioridades para casos em que existem medidas de coação privativas da liberdade ou se verifiquem indícios de envolvimen-to em práticas criminais, dando-se também primazia à execução das respetivas decisões, salvaguardando assim a segurança jurídica em termos de prevenção e punição dos ilícitos.
>
> As nacionalidades mais representativas são a brasileira (264), a cabo-verdiana (75), a guineense-Bissau (54), a angolana (45) e a indiana (26).»
>
> (disponível em https://sefstat.sef.pt/Docs/Rifa2019.pdf).

Refletindo a situação de pandemia, o relatório relativo ao ano de 2020 indica menor atividade:

> Quanto aos processos de expulsão administrativa, foram instaurados 478 processos, o que representa uma diminuição de 31,2% face a 2019. Dos 681 procedimentos concluídos, foram proferidas 208 decisões de expulsão e 473 de arquivamento.

O acórdão do Tribunal Central Administrativo Sul, de 10/10/2019, concluiu pela justificação da expulsão na situação referenciada no sumário:

> «I – Nos termos do disposto no art. 135º da Lei nº 23/2007, de 4 de julho, na redação dada pela Lei nº 29/2012, de 9.8, há três tipos de estrangeiros que, mesmo que se encontrem em situação irregular, não podem ser expulsos, salvo em caso de ameaça à segurança nacional e à ordem pública: (i) os imigrantes de segunda geração, que tenham nascido em território português e aqui residam habitualmente; (ii) os que

tenham a seu cargo filhos menores de nacionalidade portuguesa ou estrangeira, a residir em Portugal, sobre os quais exerçam efetivamente as responsabilidades parentais e a quem assegurem o sustento e a educação; (iii) e, finalmente, os que se encontrem em Portugal desde idade inferior a 10 anos e aqui residam habitualmente.

Estes estrangeiros (em situação conforme ou desconforme com a lei) gozam de uma proteção forte face à expulsão, exceto se constituírem uma ameaça à segurança nacional e à ordem pública, circunstância em que, pese embora preencherem algum dos limites à expulsão ainda assim podem ser expulsos (administrativa ou judicialmente).

II – As três alíneas do artigo 135º da Lei nº 23/2007, de 4 de julho (regime jurídico de entrada, permanência, saída e afastamento de estrangeiros do território nacional) não relevam, *inter alia*, nos casos de o estrangeiro (i) ter cometido atentado contra a ordem pública ou (ii) poder cometer – e, por maioria de razão, ter cometido – atos criminosos graves.

III – O cidadão estrangeiro ao cometer crimes de homicídio qualificado, sequestro, roubo, dano e condução sem habilitação legal, por que foi condenado à pena única de 22 anos de prisão, atentou contra a ordem pública e cometeu crimes que, pelas molduras penais respetivas, são graves.

IV – Pelo que não pode beneficiar o recorrido dos limites à expulsão do território nacional previstos no artigo 135º da Lei nº 23/2007, de 4.7, com as alterações introduzidas pela Lei nº 29/2012, de 9.8.»

(Relatora Alda Nunes)

O Guia de Recursos para a Cidadania, conceptualizado pela Direção-Geral dos Assuntos Consulares e Comunidades Portuguesas e OIM-Organização Internacional para as Migrações, disponível em https://elearning.iefp.pt, contém ampla informação sobre os direitos dos cidadãos estrangeiros.

7.1. Reconhecimento de habilitações e competências

Quantas vezes não nos deparamos, no nosso quotidiano, com cidadãos estrangeiros que nos seus países de origem exercem atividades altamente qualificadas e em Portugal são relegados à execução de tarefas por vezes braçais? Tal deve-se, muitas vezes, ao facto de não vislumbrarem a forma de obter a equiparação das suas habilitações.

Como obter a equivalência entre os níveis de educação em Portugal e os níveis de educação noutros países? A correspondência deverá ser avaliada em função dos anos de formação académica. Até aos 12 anos de escolaridade, inclusive, deverá ser contactado o respetivo departamento do Ministério da Educação (até aos 9 anos de escolaridade, o Departamento do Ensino Básico; dos 9 aos 12 anos de idade, o Departamento do Ensino Secundário).

Quanto ao ensino superior, os pedidos de equivalência/reconhecimento são analisados caso a caso, incumbindo à instituição do ensino superior a concessão ou o indeferimento da equivalência, sem que haja lugar a renovação automática. A fim de apurar os níveis de correspondência entre o sistema educativo do país de origem e o português, deverá ser contactado o Gabinete de Apoio ao Reconhecimento de Habilitações e Competências, bem como o Centro de Informações sobre o Reconhecimento de diplomas, a funcionar na Direção Geral do Ensino Superior.

O Reconhecimento Profissional é a comprovação das qualificações profissionais obtidas noutros países, de forma a possibilitar o exercício, em Portugal, da correspondente atividade ou profissão, proporcionando uma situação de igualdade de acesso no mercado de trabalho. No âmbito da União Europeia, o reconhecimento de diplomas, certificados e outros títulos que atestem uma formação profissional, obtida por cidadãos nacionais dos Estados-membros da União Europeia e dos Estados signatários do Acordo sobre o Espaço Económico Europeu que pretendam exercer a sua atividade em Portugal, encontra-se regulamentado por diversas diretivas comunitárias que estabelecem sistemas de reconhecimento e por diretivas específicas a determinadas áreas profissionais, bem como por legislação nacional de transposição dos dispositivos comunitários.

O processo de reconhecimento profissional fora do âmbito da União Europeia processa-se no âmbito do Sistema Nacional de Certificação Profissional (SNCP).

8. RENOVAÇÃO AUTOMÁTICA DAS AUTORIZAÇÕES DE RESIDÊNCIA

É possível efetuar a renovação automática da autorização de residência.

Para tal, o interessado deverá efetuar o registo na área pessoal do Portal do SEF, caso ainda não o tenha feito, e aceder à área Pedidos > Renovação Automática. Deverá seguir todos os passos necessários e submeter o pedido de renovação automática do título de residência.

9. MORTE ANUNCIADA DO SEF

Como se referiu, a Lei nº 73/2021 procede à extinção do SEF e procede à reestruturação de funções que lhe estão atribuídas.

Eis alguns dos pontos essenciais sobre as mudanças com a extinção do SEF:

- As competências policiais do SEF vão passar para a Polícia de Segurança Pública, Guarda Nacional Republicana e Polícia Judiciária.

- A GNR ficará responsável por vigiar, fiscalizar e controlar as fronteiras marítima e terrestre, agir no âmbito de processos de afastamento coercivo e à expulsão judicial de cidadãos estrangeiros, nas áreas da sua jurisdição e assegurar a realização de controlos móveis e de operações conjuntas com forças e serviços de segurança nacionais e congéneres espanhóis.
- A PSP integrará as competências de vigiar, fiscalizar e controlar as fronteiras aeroportuárias e terminais de cruzeiros e agir no âmbito de processos de afastamento coercivo e de expulsão judicial de cidadãos estrangeiros, nas áreas da sua jurisdição.
- A PJ fica com a competência reservada na investigação dos crimes de auxílio à imigração ilegal, associação de auxílio à imigração ilegal, tráfico de pessoas e de outros com estes conexos.
- Os processos de afastamento coercivo e de expulsão judicial de cidadãos estrangeiros vão passar para a competência da PSP e GNR, que vão ficar também com a responsabilidade de gerir os espaços equiparados de instalação temporária nas suas áreas de jurisdição.
- A transição dos inspetores do SEF para a PSP, GNR e PJ deve ter em conta os conteúdos funcionais e a natureza das funções exercidas anteriormente pelo trabalhador nos últimos três anos".

  A passagem dos inspetores do SEF para as outras polícias "não pode implicar a redução das respetivas categoria, antiguidade e índice remuneratório, sendo assegurada a contagem de todo o tempo de serviço prestado no SEF, designadamente para efeitos de promoção, disponibilidade e aposentação".

  Vai ser assegurada formação regular e continuada dos efetivos da PSP, GNR e PJ em matérias de direitos humanos, migrações e asilo.
- As atuais atribuições em matéria administrativa do SEF relativamente a cidadãos estrangeiros passam a ser exercidas pela Agência Portuguesa para as Migrações e Asilo (APMS) e pelo Instituto dos Registos e do Notariado.
- O Governo vai apresentar o diploma que cria a APMA, um serviço de natureza administrativa com atribuições específicas.
- A APMA terá a missão de concretizar as políticas públicas em matéria migratória e de asilo, nomeadamente a de regularização da entrada e permanência de cidadãos estrangeiros em território nacional, emitir pareceres sobre os pedidos de vistos, de asilo e de instalação de refugiados, assim como participar na execução da política de cooperação internacional do Estado português no âmbito das migrações e asilo.
- Junto da APMA vai funcionar um órgão consultivo em matéria migratória e de asilo, assegurando a representação de departamentos governamentais e de organizações não governamentais, cujo objeto estatutário se destine

primordialmente à defesa dos direitos das pessoas migrantes, refugiadas e requerentes de asilo, à defesa dos direitos humanos ou ao combate ao racismo e xenofobia, competindo-lhe, designadamente, emitir pareceres, recomendações e sugestões que lhe sejam submetidos.

- Até à entrada em vigor do diploma que cria a APMA "são mantidas em vigor as normas que regulam os sistemas informáticos e de comunicações do SEF, incluindo as relativas à Parte Nacional do Sistema de Informação Schengen e outros existentes no âmbito do controlo da circulação de pessoas, passando a sua gestão a ser assegurada por uma unidade de tecnologias de Informação de Segurança".
- O Instituto dos Registos e Notariado vai passar a renovar as autorizações de residência dos cidadãos estrangeiros que vivem que Portugal, mas o Governo ainda tem de aprovar um diploma próprio.

Atualmente o SEF tem 1.666 trabalhadores, 1.049 dos quais são inspetores e os restantes.

Capítulo XII
Vistos Gold

Entre as autorizações de residência previstas na Lei nº 27/2007, de 4 de julho, consta a ARI – Autorização de Residência para Atividade de Investimento, vulgarmente conhecida por Vistos Gold. O objetivo não é propriamente proporcionar autorização de residência aos requerentes, mas conceder-lhes alguns benefícios, a troco da entrada de investimento em Portugal.

O beneficiário tem a possibilidade de residir e de trabalhar em Portugal, mas só é obrigado a permanecer no país um mínimo de sete dias, no primeiro ano, e 14 dias nos anos subsequentes.

1. ACESSO

Todos os cidadãos nacionais de Estados Terceiros que exerçam uma atividade de investimento, pessoalmente ou através de sociedade constituída em Portugal ou noutro Estado da U.E. e com estabelecimento estável em Portugal, que reúnam os requisitos especificados no art. 80º, podem solicitar Autorização de Residência para Atividade de Investimento por via de investimento numa das seguintes modalidades:

I) A transferência de capitais no montante igual ou superior a 1 milhão de euros;
II) A criação de, pelo menos, 10 postos de trabalho;
III) A aquisição de bens imóveis de valor igual ou superior a 500 mil euros;
IV) Aquisição de bens imóveis, cuja construção tenha sido concluída há, pelo menos, 30 anos ou localizados em área de reabilitação urbana e realização de obras de reabilitação dos bens imóveis adquiridos, no montante global igual ou superior a 350 mil euros;

V) Transferência de capitais no montante igual ou superior a 350 mil euros, que seja aplicado em atividades de investigação desenvolvidas por instituições públicas ou privadas de investigação científica, integradas no sistema científico e tecnológico nacional;
VI) Transferência de capitais no montante igual ou superior a 250 mil euros, que seja aplicado em investimento ou apoio à produção artística, recuperação ou manutenção do património cultural nacional, através de serviços da administração direta central e periférica, institutos públicos, entidades que integram o setor público empresarial, fundações públicas, fundações privadas com estatuto de utilidade pública, entidades intermunicipais, entidades que integram o setor empresarial local, entidades associativas municipais e associações públicas culturais, que prossigam atribuições na área da produção artística, recuperação ou manutenção do património cultural nacional;
VII) Transferência de capitais no montante igual ou superior a 350 000€, destinados à aquisição de unidades de participação em fundos de investimento ou fundos de capitais de risco vocacionados para a capitalização de empresas, que sejam constituídos ao abrigo da legislação portuguesa, cuja maturidade, no momento do investimento, seja de, pelo menos, cinco anos e, pelo menos, 60% do valor dos investimentos seja concretizado em sociedades comerciais sediadas em território nacional;
VIII) Transferência de capitais no montante igual ou superior a 350 000€, destinados à constituição de uma sociedade comercial com sede em território nacional, conjugada com a criação de cinco postos de trabalho permanentes, ou para reforço de capital social de uma sociedade comercial com sede em território nacional, já constituída, com a criação ou manutenção de postos de trabalho, com um mínimo de cinco permanentes, e por um período mínimo de três anos.

O regime ARI não é aplicável a cidadãos que possuam a nacionalidade portuguesa e a cidadãos nacionais da União Europeia e do Espaço Económico Europeu.

O pré-online obrigatório é efetuado no Portal ARI, disponível em http://ari.sef.pt.

2. BENEFÍCIOS

O regime de Autorização de Residência para Atividade de Investimento (ARI), em vigor desde 8 de outubro de 2012, permite que cidadãos nacionais de Estados

Terceiros possam obter uma autorização de residência temporária para atividade de investimento com a dispensa de visto de residência para entrar em território nacional. O beneficiário de ARI tem a possibilidade de:

- Entrar em Portugal com dispensa de visto de residência.
- Residir e trabalhar em Portugal, devendo, no mínimo, permanecer em Portugal por um período não inferior a 7 dias no primeiro ano e não inferior a 14 dias nos anos subsequentes.
- Circular pelo Espaço Schengen, sem necessidade de visto.
- Beneficiar de reagrupamento familiar.
- Solicitar a concessão de Autorização de Residência Permanente nos termos da Lei de Estrangeiros (Lei nº 23/2007, de 4 julho, com a atual redação).
- Solicitar a aquisição da nacionalidade portuguesa, por naturalização, cumprindo os demais requisitos exigidos na Lei da Nacionalidade (Lei nº 37/81, de 3 outubro, com a atual redação).

Aos cidadãos titulares de autorização de residência para atividade de investimento e seus familiares, que cumpram os requisitos previstos no artigo 80º da referida lei e requeiram a concessão de autorização de residência permanente, será emitida uma autorização de residência para atividade de investimento permanente, excecionando a este regime o previsto na alínea b) do nº 2 e os nºs 3 e 4 do artigo 85º do mesmo diploma (cancelamento do direito por ausências do território nacional, cf. artigo 65º-K do Decreto-Regulamentar nº 84/07 de 5/11, na sua atual redação).

A Autorização de Residência para Atividade de Investimento Permanente poderá ser objeto de taxas específicas de análise e de emissão. Entre janeiro e setembro de 2020 foram atribuídos 993 vistos «dourados» em Portugal. Entre os maiores beneficiários estão investidores da China, do Brasil e dos Estados Unidos da América.

Nos primeiros oito meses de 2021, o investimento captado por via dos vistos gold totalizou 295,1 milhões de euros, um recuo de cerca de 40% face aos mais de 496 milhões nos primeiros oito meses de 2020.

3. ALTERAÇÕES

Anunciado em fevereiro de 2020 e suspenso devido à pandemia, o fim dos Vistos Gold em Lisboa e no Porto está para breve.

A medida constava da proposta de alteração ao Orçamento do Estado para 2020, ainda antes da pandemia. Foi suspensa durante esse período, mas foi incluída na proposta de Orçamento de Estado apresentada pelo Governo para o ano de 2021. A 22 de dezembro de 2020, o Governo aprovou o decreto-lei que altera o regime, com o objetivo de «favorecer a promoção do investimento de estrangeiros nas regiões de baixa densidade, nomeadamente, na requalificação urbana, no património cultural, nas atividades de alto valor ambiental ou social, no investimento produtivo e na criação de emprego» (comunicado do Conselho de Ministros).

Deste modo, em 12 de fevereiro foi publicado o Decreto-Lei nº 14/2021, que introduziu a oitava alteração à Lei nº 23/2007, de 4 de julho (Lei dos Estrangeiros). As autorizações de residência concedidas a investidores estrangeiros que apliquem em imobiliário nacional mais de 500 mil euros ficam limitadas às Regiões Autónomas e aos territórios do interior, identificados no anexo à Portaria nº 208 /2017, de 13 de julho, ficando, assim, excluídas as zonas litorais, como as Áreas Metropolitanas de Lisboa e do Porto. Também foram alterados os valores relativos às transferências de capitais, constantes no art. 3º, alínea d) da Lei nº 23/2007, passando de 1 milhão para 1,5 milhões de euros (i) e de 350 mil euros para 500 mil euros (v, vii e viii).

O diploma entrou em vigor em 1 de janeiro de 2022.

Para a Associação Portuguesa de Promotores e Investidores Imobiliários, o fim dos Vistos Gold em Lisboa e no Porto tira 700 milhões de euros de investimento por ano à economia nacional. Pretende-se, com estas alterações, evitar a especulação imobiliária nas duas principais cidades do país, promovendo o investimento no interior.

Mas como sempre há logo quem procure contornar a lei. Lê-se num site:

> "Os investidores estrangeiros vão ter mais dificuldade em obter um **visto gold** a partir de janeiro de 2022, tendo o Governo colocado um travão a este regime. Os promotores imobiliários estão, no entanto, a encontrar formas de "contornar" a situação, permitindo que esses mesmos investidores adquiram imóveis e consigam, assim, ver concedido o Golden Visa. Como? Através de **fundos de investimento** e de **apartamentos turísticos**.
>
> "As pessoas têm readequado a forma de investir e fazem-no através de fundos de investimento. Houve muitos promotores a criarem fundos de investimento, de private equity, que permitem ao investidor continuar a investir onde quiser", disse **Hugo Santos Ferreira**, presidente da Associação Portuguesa de Promotores e Investidores Imobiliários (APPII), citado pelo ECO.
>
> Segundo escreve a publicação, os promotores imobiliários constituem estes fundos de investimento e colocam na carteira imóveis, o que permite que um investidor estrangeiro subscreva **unidades de participação** (UP) deste fundo. Desta forma, por um mínimo de 500.000 euros obtêm um visto gold.
>
> "A desvantagem é que, no fundo, o investidor não compra a propriedade direta [do imóvel], mas sim uma UP. Não há uma compra direta do imóvel, nem é propriedade plena, mas **acaba por ser proprietário de um imóvel**", explicou Hugo Santos Ferreira.

Outra forma de contornar o travão imposto pelo Executivo ao programa passa pela **transformação de imóveis de Alojamento Local,** que eram considerados habitação, em **apartamentos turísticos**, adiantou uma fonte do mercado imobiliário, salientando que esta modalidade não se insere no residencial e continua a dar acesso ao visto.

Os apartamentos turísticos são uma modalidade que permite ao comprador adquirir um imóvel, do ponto de vista do investimento, e passar duas ou três semanas por ano lá, sendo que no resto do tempo este é arrendado para fins turísticos, escreve o ECO (https://www.idealista.pt/news/financas/investimentos/2021/11/22/49812-como-contornar-o-fim-dos-vistos-gold-atraves-de-fundos-e-apartamentos-turisticos).

4. POLÉMICA

A verdade é que a polémica tem acompanhado, desde o início, os Vistos Gold. Não trouxeram postos de trabalho, como se pretendia, e não houve controlo em relação à idoneidade dos requerentes, servindo, em muitos casos, para lavagem de dinheiro. No *Jornal Económico*, de 27/11/2020, Paulo Mendonça escreveu:

> «Existem muitos argumentos a favor e contra o regime de Vistos Gold. Diz-se que foram a tábua de salvação do imobiliário numa fase crítica da nossa economia, que contribuíram para fixar em Portugal investidores com capital disponível para criar emprego (direto e indireto), que potenciaram um influxo de capital estrangeiro que foi positivo para toda a economia e que, em geral, contribuíram para uma melhoria geral e renovação do estado do nosso parque habitacional. Diz-se também, em sentido contrário, que não passa de uma forma de «vender» a residência em Portugal (e o acesso ao Espaço Schengen) a quem tem dinheiro para a comprar, que contribuíram para um aumento significativo dos preços dos imóveis de gama média/alta e para a desertificação e gentrificação das grandes cidades, que potenciam o risco de entrada em Portugal de pessoas com ligações ao mundo do crime, o branqueamento de capitais e a corrupção em geral. Há argumentos para todos os gostos. Para que fosse tomada uma decisão desapaixonada sobre este regime, os resultados do mesmo face aos propósitos que presidiram à sua criação deviam ser avaliados de forma objetiva. Mas, na verdade, nem parece ter havido uma análise do potencial de ganhos para o país aquando da introdução do regime que permitisse monitorizar se esses ganhos se materializaram, de forma transversal para a economia, ao longo dos anos de vigência, nem agora estamos em condições de perceber se as vantagens do regime excederam ou ficaram aquém dos objetivos propostos, o que poderia justificar a sua manutenção ou extinção. É que se a autorização legislativa for utilizada, o regime vai ficar praticamente esvaziado, pois o apetite dos investidores imobiliários

estrangeiros pelas zonas de baixa densidade é, para ser comedido, bastante limitado. Como a estabilidade legislativa é um princípio sempre apregoado, mas também sempre desprezado na prática, não será por aqui que o problema se vai resolver. Esperemos que se a decisão passar por utilizar a autorização legislativa no sentido que à mesma foi conferido no OE20, pelo menos se estude se vai ter algum impacto estrutural negativo no desempenho do setor imobiliário que, apesar da crise generalizada causada pela Covid 19, tem conseguido andar em contraciclo, embora muito ajudado, obviamente, pela situação conjuntural de taxas de juros historicamente baixas. Se as motivações forem meramente de oportunidade política, podemos entrar por um caminho sinuoso que, como alguém já disse, seria o equivalente a deitar gasolina no fogo.»

Em janeiro de 2019, o Tribunal Criminal de Lisboa condenou António Figueiredo, ex-presidente do Instituto de Registos e Notariado, por peculato no julgamento chamado «Vistos Gold». Já Jarmela Palos e Miguel Macedo, outros dos arguidos, foram absolvidos.

Figueiredo foi absolvido dos crimes de corrupção relacionados com os Vistos Gold, mas condenado por peculato. Já no caso do concurso para diretor daquela entidade, foi provada a autoria de um crime de corrupção ativa e um crime de corrupção passiva por António Figueiredo e Maria Antónia Anes.

A suspeita de tráfico de influência nos Vistos Gold não ficou provada no caso de António Figueiredo. Também caiu o crime de prevaricação, recebimento indevido de vantagem, e, por conseguinte, o de branqueamento de capitais.

O ex-presidente do IRN foi, assim, condenado a quatro anos e sete meses de prisão com pena suspensa e suspensão de funções por três anos. Maria Antónia Anes, ex-secretária-geral do Ministério da Justiça, foi condenada a quatro anos e quatro meses com pena suspensa, por corrupção ativa e passiva para a prática de ato ilícito, e suspensão de funções públicas por um período de três anos.

Os empresários Zhu Xiong e Zhu Baoe foram condenados por um crime de tráfico de influências a 100 dias de multa a 15€ por dia, num total de 1500€.

Os restantes arguidos, pessoas singulares e empresas foram absolvidos. Da lista de arguidos singulares constavam Paulo Lalanda de Castro, Eliseu Bumba, a chinesa Xia Baoling, os funcionários do IRN Paulo Vieira, José Manuel Gonçalves, Elisa Alves, Abílio Silva, bem como João Salgado, da Coimbra Editora, e Fernando Pereira. As empresas absolvidas do crime de corrupção e tráfico de influência foram a Lusomerap, Formalizze, Inteligente Life Solutions e a JAG.

Em acórdão de 25/06/2020, o Tribunal da Relação de Lisboa confirmou a decisão de primeira instância de absolvição do antigo presidente do Serviço de Estrangeiros e Fronteiras (SEF), Jarmela Paulos bem como do ex-Ministro Miguel Macedo.

Quanto ao antigo presidente do Instituto de Registos e Notariado (IRN), António Figueiredo, a Relação decidiu condenar este arguido por dois crimes de corrupção passiva, em coautoria, e a um crime de peculato de uso, também em coautoria, tendo-lhe "em cúmulo jurídico aplicado a pena conjunta de cinco anos de prisão", ficando a pena suspensa por igual período.

Relativamente à antiga secretária-geral do Ministério da Administração Interna Maria Antónia Anes, o TRL decidiu condená-la pela autoria material de um crime de corrupção passiva para prática de ato ilícito na pena de três anos e cinco meses de prisão, suspensa por igual período.

A Relação decidiu condenar agora Zhu Xiaodong pela coautoria material de um crime de corrupção ativa na pena de três anos e cinco meses de prisão, cuja execução fica suspensa por período idêntico.

O criticismo em relação aos Vistos Gold não é apenas interno. Em outubro de 2020, o Parlamento Europeu (PE) defendeu que os países da União Europeia (UE) devem «acabar imediatamente com os programas de Vistos Gold, que dão residência ou cidadania a investidores estrangeiros», criticando que esta é uma «entrada rápida para criminosos».

Numa discussão na sessão plenária do Parlamento Europeu, em Bruxelas, os eurodeputados tomaram posição para exigir o fim dos designados programas de passaportes dourados, existentes em 19 Estados-membros, vincando que «a cidadania da União Europeia não pode ser comercializada como uma mercadoria», segundo comunicado de imprensa do PE.

Nesse debate, que contou com o comissário europeu da Justiça, Didier Reynders, os eurodeputados sublinharam os riscos inerentes a estes programas, nomeadamente o branqueamento de capitais, a evasão fiscal e a corrupção, insistindo que a Europa «não deve ser uma entrada rápida para os criminosos». A posição da assembleia europeia surge depois de, também em outubro, a Comissão ter aberto um procedimento de infração contra Malta e Chipre devido aos seus programas nacionais de passaportes dourados de atribuição de nacionalidade a investidores estrangeiros.

Segundo a argumentação divulgada, o órgão comunitário entende que esta atribuição da nacionalidade e, consequentemente, da cidadania europeia em troca de investimento viola o princípio da cooperação sincera consagrado no Tratado da UE, além de prejudicar a integridade do estatuto de cidadania.

Ao todo, existem na União Europeia 19 Estados-membros com programas como o português, que autorizam a residência para investimento. No caso de Chipre, Malta e Bulgária, é concedida a cidadania em troca de investimento. Em janeiro de 2019, a Comissão Europeia criou um grupo de trabalho com representantes de todos os Estados-membros da União Europeia para desenvolver normas e orientações comuns nesta área.

Capítulo XIII
Sanções

A entrada de cidadãos estrangeiros em violação da Lei nº 23/2007, de 4 de julho, bem como a permanência e trânsito, é expressamente considerada ilegal (art. 181º). Trata-se, de certo modo, de uma redundância, pois um incumprimento de normas reguladoras é, por natureza, ilícito.

Em matéria de sancionamento, há disposições penais para as situações mais graves, aplicando-se coimas para outras, de menor intensidade.

Os crimes previstos na lei são auxílio à imigração ilegal (art. 183º), associação de auxílio à imigração ilegal (art. 184º), angariação de mão de obra ilegal (art. 185º), utilização de atividade de cidadão estrangeiro em situação ilegal (art. 185º-A), casamento ou união de conveniência (art. 186º) e violação de medida de interdição de entrada (art. 187º).

A investigação dos crimes cabe ao SEF, sem prejuízo da competência de outras entidades. Além das penas de prisão previstas nos artigos indicados, podem também ser aplicadas penas acessórias de proibição ou de suspensão do exercício de funções públicas previstas no Código Penal, bem como as medidas de coação previstas no Código de Processo Penal (art. 190º).

1. CRIMES

1.1. Investigações

Operação Rota do Cabo

Em 16/10/2019, o *Público* noticiou o desmantelamento pela Polícia Judiciária de uma rede criminosa que se dedicava à legalização de imigrantes. Funcionários das Finanças, Segurança Social, Serviço de Estrangeiros e Fronteiras e advogados foram incluídos entre os principais arguidos.

A investigação da Unidade Nacional Contra o Terrorismo da PJ foi iniciada em 2015, estimando-se que através da rede tenham entrado no Espaço Schengen milhares de imigrantes ilegais, oriundos da Península Indostânica (Índia, Paquistão e Bangladesh) e também de África. Uma só funcionária da Autoridade Tributária emitiu 15 000 números de identificação fiscal fraudulentos num período de três anos. A rede era liderada por um advogado moçambicano de origem indiana e moçambicana, com escritório na Baixa de Lisboa, o qual já anteriormente fora condenado por crimes semelhantes envolvendo cidadãos brasileiros. Contava com a ajuda de vários familiares, nomeadamente de três irmãos.

Além de angariarem clientes imigrantes, os três irmãos forjavam-lhes contratos de trabalho através de empresas de fachada, ligadas à prestação de serviços e a trabalho temporário. No entanto, os imigrantes nem sequer chegavam a residir em Portugal. Logo que estivessem em condições, uma vez obtidas as autorizações de residência em território nacional, dirigiam-se para Inglaterra.

O grupo contava com a ajuda de dois funcionários da Segurança Social e de uma empregada de limpeza do Centro Distrital de Segurança Social de Lisboa, que fazia chegar a um dos funcionários os requerimentos para a emissão dos números de Segurança Social. Para saberem se os processos já tinham sido despachados, os arguidos recorriam à pergunta codificada: «Trazes as chamuças hoje?».

Além das autorizações de residência e documentos de frequência escolar, o esquema envolvia ainda casamentos de conveniência. Esta parte operacional estava a cargo de um dos irmãos do advogado e passava por obter o reconhecimento em território nacional de matrimónios contraídos em Goa.

Uma das duas funcionárias da Autoridade Tributária, com a ajuda de uma Chefe de Finanças adjunta, procedia à emissão dos números de identificação fiscal, mas em tal quantidade, que despertou suspeitas, o que levou as Finanças a instaurar um inquérito interno e a participar os factos ao Ministério Público.

O esquema beneficiava ainda da ajuda de dois outros advogados, um dos quais tinha uma empresa de fachada para criar declarações contributivas falsas para os imigrantes bem como contratos de trabalho fictícios.

A inspetora do SEF, Sónia Francisco, facilitava a emissão das autorizações de residência. Alguns anos antes, tinha sido apanhada em flagrante delito a receber dinheiro de um advogado para facilitar vistos a cidadãos estrangeiros.

No âmbito da «Operação Rota do Cabo, foram detidas 30 pessoas, tendo nela participado 240 agentes de autoridade, que efetuaram mais de 40 buscas domiciliárias e dez em estabelecimentos comerciais.

Operação Pente Fino

Em abril de 2020, o SEF notificou dois cidadãos estrangeiros para abandonarem de forma voluntária o território português, por se encontrarem em situação irregular. A notificação surgiu na sequência de uma megaoperação de combate à exploração laboral e ao tráfico de seres humanos em Cascais, uma das zonas mais cosmopolitas do país.

Numa semana, o SEF realizou duas operações do género em Cascais. Uma, já no âmbito da operação denominada «Pente Fino», em que fiscalizou 20 empresas de estética, salões de cabeleireiro e barbearias. Outra, no centro de Cascais, que apelidou «Little Bangladesh», onde fiscalizou 19 empresas de comércio e de restauração.

Na operação denominada «Pente Fino», as autoridades migratórias identificaram «31 cidadãos nacionais e 17 cidadãos estrangeiros, que, na sua maioria, cumpriam a legislação em vigor», mencionou um comunicado do SEF.

No entanto, indicou a nota do SEF, nesta operação «dois cidadãos estrangeiros foram notificados para abandono voluntário de território nacional, uma vez que se encontravam irregulares no país», tendo outros quatro sido «notificados para comparência no SEF a fim de ser aferida a sua situação documental».

Já na operação «Little Bangladesh» foram identificados «oito cidadãos portugueses e 52 imigrantes de diversas nacionalidades que, na sua maioria, cumpria a legislação em vigor». A operação contou com a participação de 13 inspetores do SEF.

Operação Kebab

Três pessoas foram acusadas de tráfico humano e auxílio à imigração ilegal em Portalegre. Os arguidos exploravam cidadãos estrangeiros em situação irregular no país. A Operação Kebab, do SEF, teve início em outubro de 2019.

Na sequência de outra investigação realizada entre fevereiro e abril de 2019, pelo SEF, foi condenado a quatro anos de prisão efetiva um cidadão de origem indostânica pela prática dos crimes de auxílio à imigração ilegal e de falsificação de documentos.

O homem, que se fazia acompanhar por outros três cidadãos da mesma nacionalidade, aos quais foi recusada a entrada em território nacional, foi detido pelo SEF em janeiro de 2019, durante uma ação de *preboarding* realizada no Aeroporto de Bissau. O detido apresentou documentos reveladores da nacionalidade portuguesa. No entanto, não conseguia articular quaisquer palavras em português, o que, de imediato, levantou suspeitas.

Iniciada a investigação, veio a concluir-se que o cidadão estrangeiro, que ficou detido preventivamente até à leitura da sentença, se dedicava a auxiliar a entrada e a permanência de cidadãos indostânicos no espaço europeu a troco de avultadas quantias monetárias, recorrendo, para o efeito, a documentação portuguesa genuína obtida por meios fraudulentos. A estrutura, entretanto, desmantelada pelo SEF, mantinha ligações à Ásia, à África, à Europa e à América do Norte.

Operação Blusão

O SEF realizou, em agosto de 2020, uma operação policial que visou dar cumprimento a nove mandados de busca e de apreensão domiciliárias e a quatro mandados de busca e de apreensão a escritórios comerciais, no âmbito de um inquérito que investigou os crimes de auxílio à imigração ilegal, angariação de mão de obra ilegal, utilização de atividade de cidadão estrangeiro em situação ilegal, falsificação de documentos, fraude fiscal e branqueamento de capitais.

A operação «Blusão», coordenada pelo Departamento Central de Investigação e Ação Penal (DCIAP), decorreu na área da Grande Lisboa.

Ao longo das buscas – realizadas em Lisboa, Setúbal, Cascais, Oeiras, Sintra e Carregado – foi constituído arguido um indivíduo por suspeita da prática dos crimes referidos e foi apreendida diversa documentação. Foram feitas buscas a diversas empresas de construção civil, de trabalho temporário, contabilidade e alojamento virtual de empresas.

No total, participaram 38 inspetores do SEF, um magistrado do Ministério Público e dois técnicos informáticos do DCIAP.

Operação «Fewas»

O SEF desmantelou, em Lisboa, em setembro de 2020, uma rede internacional de falsificação de documentos, com a detenção de dois cidadãos estrangeiros por suspeita da prática dos crimes de falsificação e contrafação de documentos e outros crimes informáticos.

A operação «Fewas» foi o culminar de uma investigação de dois anos a uma complexa e furtiva rede internacional que recorria à *darkweb* para vender diversos tipos de documentos de identificação, incluindo passaportes portugueses de vários países europeus, americanos e árabes.

A rede tinha pessoas a viajar por vários países europeus e da América do Sul, movimentava quantias significativas sob a forma de criptomoedas, o que lhes permitia, além do avultado lucro, obter tecnologia de ponta para a elaboração de milhares de documentos falsos de elevada qualidade.

Foram apreendidos centenas de documentos falsos, designadamente passaportes, cartas de condução, títulos de residência, cartões de cidadão, cartões de crédito/débito. Foram igualmente apreendidos computadores, impressoras de alta qualidade, incluindo impressoras 3D, bem como elementos de segurança utilizados no fabrico de documentos.

As caraterísticas transnacionais desta rede levaram à colaboração do SEF com as autoridades do Brasil, Espanha, França e Reino Unido. A investigação contou ainda com a colaboração de diversas agências internacionais, designadamente Europol e Interpol.

Os arguidos foram presentes a Tribunal, tendo-lhes sido aplicada a medida de coação de prisão preventiva.

Odemira

A Polícia Judiciária intensificou em 2021 as investigações de crimes ligados ao auxílio à imigração ilegal, tráfico de pessoas e escravatura na zona de Odemira.

Estes casos não têm apenas que ver com o denunciado pelo presidente da Câmara Municipal de Odemira, José Alberto Guerreiro, que afirmou ter feito queixa de várias situações.

Este tipo de investigações não é inédito. Algumas operações do Serviço de Estrangeiros e Fronteiras (SEF) identificaram vítimas de tráfico de seres humanos de origem estrangeira, em várias regiões, na agricultura. Em 2019, a maioria das vítimas de tráfico de seres humanos identificadas foi para exploração na agricultura, em Beja — foram 44 ao todo, revelou o *Relatório Anual de Segurança Interna* (RASI). Há anos que existem referências nos relatórios do Observatório de Tráfico de Seres Humanos de exploração laboral de imigrantes.

A delegação de Beja da associação Solidariedade Imigrante (Solim) tem também feito denúncias sobre abusos em relação a trabalhadores no concelho, de situações próximas do tráfico de seres humanos por causa de trabalhadores que os contactam queixando-se de patrões que retêm os documentos ou que ficam com as *passwords* do sistema de acesso ao Serviço de Estrangeiros e Fronteiras (SEF), onde fazem o pedido de autorização de residência, impedindo-os de entrar no mesmo. As situações não são necessariamente todas de Odemira.

1.2. Auxílio à imigração ilegal

«Quem favorecer ou facilitar, por qualquer forma, a entrada ou o trânsito ilegais de cidadão estrangeiro em território nacional é punido com pena de prisão até três anos» (art. 183º, nº 1).

Existindo intenção lucrativa, é punido com pena de prisão de um a cinco anos (nº 2). Em abril de 2020, dez arguidos foram condenados a penas entre três anos e meio e sete anos de prisão efetiva. Em comunicado, o SEF referiu que no julgamento, realizado no Juízo Central Criminal de Lisboa, ficaram provadas as ligações existentes entre todos os arguidos que, entre 2015 e 2018, de forma organizada e a troco de elevadas quantias financeiras, se dedicaram à prática dos crimes de auxílio à imigração ilegal e à falsificação ou contrafação de documentos.

Tal atividade criminosa – acrescentou o SEF – visava a atribuição de documentos nacionais (cartão de cidadão e passaporte português eletrónico) a cidadãos de nacionalidade brasileira, mediante a falsificação de documentos autênticos (certidões de nascimento e bilhetes de identidade) para atestar que eram descendentes de cidadãos portugueses.

A investigação do SEF, denominada «Não estás à venda», teve início em 2016, sob coordenação do Departamento Central de Investigação e Ação Penal (DCIAP) e terminou em abril de 2018, numa operação policial que decorreu em vários pontos do país para cumprimento de sete mandados de detenção e 17 mandados de busca, entre os quais a dois escritórios de advogados e a uma Conservatória do Registo Civil. Segundo um relato do SEF,

> «Pelo menos desde agosto de 2015 e até abril de 2018, os arguidos organizaram-se com o objetivo de obter benefícios financeiros com a tramitação e a instrução de pedidos de atribuição de nacionalidade portuguesa a cidadãos de origem brasileira, recorrendo, para isso, à falsificação dos documentos exigidos pela lei. As somas monetárias que eram cobradas aos interessados na nacionalidade portuguesa variavam entre os 8 e os 10 mil euros.»

Junto de diversas conservatórias do registo civil, os arguidos diligenciavam pela atribuição fraudulenta da nacionalidade portuguesa a cidadãos brasileiros não residentes em território nacional, através da falsificação de documentos oficiais brasileiros, o que lhes permitia «comprovar» que, pessoas nascidas no estrangeiro, estavam em condições de lhes ser atribuída a nacionalidade portuguesa originária por alegadamente serem filhos de pai ou de mãe portuguesa.

Posteriormente, os cidadãos brasileiros, já com a nacionalidade portuguesa atribuída, solicitavam a emissão de documentos de identificação portugueses, designadamente o cartão de cidadão e o passaporte que lhes permitiriam a livre circulação, não só no Espaço Schengen, mas também em 172 países, com dispensa de visto.

A investigação, efetuada pelo SEF, teve âmbito transnacional e contou com a colaboração das agências EUROPOL e INTERPOL, permitindo identificar ligações a outros países, nomeadamente Brasil, França, Itália, Reino Unido, Irlanda, Estados Unidos da América e Canadá.

Simultaneamente, novas linhas de investigação foram abertas, como é o caso da investigação em curso no SEF sob a coordenação do DCIAP, denominada «Alma Lusa», que teve início em 2018 e levou já à detenção de dois dos principais suspeitos, que aguardam julgamento em prisão preventiva. Este caso tem ligações ao Brasil, Reino Unido, Luxemburgo, França, Itália, Espanha, Alemanha, Áustria, Grécia, Hungria, Irlanda, Canadá, Chile e Estados Unidos da América.

1.3. Angariação de mão de obra ilegal

«Quem, com intenção lucrativa, para si ou para terceiros, aliciar ou angariar com o objetivo de introduzir no mercado de trabalho cidadãos estrangeiros que não sejam titulares de autorização de residência ou visto que habilite ao exercício de uma atividade profissional é punido com pena de prisão de um a cinco anos» (art. 185º, nº 1).

Em janeiro de 2014, o Tribunal de Famalicão condenou vários arguidos a penas de prisão até cinco anos, suspensas na sua execução, por tráfico de pessoas, lenocínio, auxílio à imigração ilegal e angariação de mão de obra ilegal.

Em comunicado, o Serviço de Estrangeiros e Fronteiras acrescentou que os arguidos, desde finais de 2007 até ao verão de 2008, trouxeram para Portugal mais de 20 mulheres, «quase todas tendo como destino a casa de alterne e prostituição que exploravam».

A «prática criminosa» foi interrompida no verão de 2008, após uma investigação do SEF que decorreu ao longo daquele período. Em tribunal, os arguidos, com idades compreendidas entre os 30 e os 55 anos, «confessaram todos os crimes» de que foram acusados na sequência da investigação do SEF.

O coletivo de juízes considerou provada a acusação de que os arguidos se dedicavam ao tráfico de mulheres provenientes da América Latina, que depois exploravam na prostituição num bar, na freguesia de Calendário, em Famalicão.

Entre os condenados pela decisão do Tribunal de Vila Nova de Famalicão encontrava-se o agente de viagens «que dava o apoio logístico na vinda das vítimas angariadas».

1.4. Utilização da atividade de cidadão estrangeiro em situação ilegal

«Quem, de forma habitual, utilizar o trabalho de cidadãos estrangeiros que não sejam titulares de autorização de residência ou visto que habilite a que permaneçam legalmente em Portugal, é punido com pena de prisão até um ano ou com pena de multa até 240 dias» (art. 185º-A), nº 1).

A expressão «de forma habitual» deixa de fora a contratação ocasional de trabalhador estrangeiro, que constitui mera contraordenação.

1.5. Casamento ou união de conveniência

«Quem contrair casamento ou viver em união de facto com o único objetivo de proporcionar a obtenção ou de obter um visto, uma autorização de residência ou um "cartão azul" ou defraudar a legislação vigente em matéria de aquisição da nacionalidade é punido com pena de prisão de um a cinco anos» (art. 186º, nº 1).

Uma investigação do Serviço de Estrangeiros e Fronteiras, no âmbito do combate ao crime de casamento ou união de conveniência, resultou em sentença condenatória proferida pelo Tribunal Judicial de Braga, em janeiro de 2018.

Foi dado como provado que a arguida, de nacionalidade estrangeira, pretendia obter autorização de residência em Portugal e, só com esse desiderato, convenceu um cidadão nacional a casar-se com ela, não tendo nenhum dos dois qualquer intenção de constituir família e passar a viver como cônjuges, pois não mantinham nem pretendiam manter nenhuma relação amorosa ou de afinidade.

A fundamentação da sentença teve em atenção o percurso migratório da arguida, como a identificação da mesma em diferentes estabelecimentos conotados com a prática do alterne e de prostituição. Foi instaurado um processo de afastamento coercivo, que culminou na decisão da sua expulsão e subsequente interdição de entrada em Portugal pelo período de seis anos. Pesou também o facto de a arguida não se encontrar presente em território nacional aquando da organização do processo preliminar de casamento, a diferença de idade dos então nubentes e a circunstância de o processo ter sido conduzido e pago por uma terceira pessoa, proprietária de um dos referidos estabelecimentos de diversão noturna.

Apenas a atuação preventiva por parte do SEF e da Conservatória do Registo Civil permitiu impedir os arguidos de concretizarem o plano criminoso gizado. A arguida, que acabou por ser localizada em Portugal, foi condenada pela prática de um crime de casamento ou de união de conveniência, na forma tentada, na pena de sete meses de prisão substituída por 150 dias de multa, à taxa diária de 5.00€ num total de 750 00€.

O arguido nacional já havia sido condenado em novembro de 2016 pela prática do mesmo crime, na pena de seis meses de prisão, substituída por 180 horas de trabalho a favor da comunidade, após confissão integral dos factos de que vinha sendo acusado.

1.6. Violação da medida de interdição de entrada

«O cidadão estrangeiro que entrar em território nacional durante o período por que essa entrada lhe foi interditada é punido com pena de prisão até dois anos ou multa até 100 dias» (art. 187º, nº 1).

Em caso de condenação, o tribunal pode decretar acessoriamente, por decisão devidamente fundamentada, a expulsão do cidadão estrageiro (nº 2).

O Tribunal da Comarca de Santarém condenou, em abril de 2011, uma cidadã estrangeira pela autoria do crime de violação da medida de interdição de entrada na pena de 80 (oitenta) dias de multa, à taxa diária de 6.00 € (seis euros), o que perfaz a multa global de 480 00 € (quatrocentos e oitenta euros).

A sentença baseou-se na seguinte factualidade:

> «No âmbito do processo ---/06 da Direcção Regional de Faro do SEF, a arguida tomou conhecimento da decisão administrativa de expulsão e da aplicação de medida de interdição de entrada em território Português por 5 anos. Em 2006, em execução da decisão de expulsão a arguida partiu do aeroporto de Lisboa, tendo como destino Fortaleza, no Brasil.
>
> Porém, e apesar da medida que lhe foi aplicada, em data não concretamente apurada, mas anterior a 23/07/2010, a arguida regressou e permaneceu em território nacional.
>
> A arguida sabia que não podia entrar nem permanecer em Portugal, pelo menos até 13/08/2011 e, não obstante, quis e representou entrar e permanecer em território nacional contra a vontade e conhecimento das autoridades portuguesas.»

2. CONTRAORDENAÇÕES

Tratando-se de cidadão de país terceiro, a sua contratação em Portugal só é possível se não existirem para o posto de trabalho:

i) cidadãos nacionais;
ii) cidadãos da UE ;
iii) cidadãos do Espaço Económico Europeu; (iv) de Estado terceiro com o qual a União Europeia tenha acordo de livre circulação; ou (v) nacionais de Estados terceiros com residência legal em Portugal. Este princípio da prioridade é igualmente aplicável, nos demais Estados da União Europeia e do Espaço Económico Europeu.

Assim, tendo o empregador interesse em contratar, em Portugal, um cidadão de país terceiro, que não se enquadre em nenhum dos casos supra aludidos, deverá colocar, no sítio do Instituto do Emprego e Formação Profissional, I.P. (IEFP), um anúncio de emprego (comunicando ao IEFP que o mesmo se destina à contratação de estrangeiro previamente selecionado), por um prazo de 30 dias. O empregador terá de aguardar que nenhum candidato abrangido pelo Princípio da Prioridade preencha os requisitos fixados no anúncio.

Decorridos os 30 dias sem que tenha sido aplicado o Princípio da Prioridade, o IEFP emite uma Declaração para efeitos de concessão de Visto pelo Consulado Português.

Além da obtenção de título para prestar atividade subordinada a definir casuisticamente pelas autoridades (visto de residência ou visto de estada temporária), o trabalhador uma vez em Portugal tem de assegurar a validade do título junto do SEF, observando os períodos legais de entrada/saída.

Quanto ao contrato de trabalho a celebrar, este fica sujeito aos requisitos gerais fixados no Código do Trabalho (CT), incluindo os específicos da contratação de estrangeiros/apátridas do artigo 5º do CT, não se podendo olvidar também que para estes trabalhadores há obrigações fiscais e de Segurança Social a cumprir.

Capítulo XIV
Direito de asilo

1. IMIGRANTE *VERSUS* REFUGIADO

«Com fome, sede e um elemento do grupo a necessitar de assistência médica. Era este o retrato dos 21 migrantes que esta terça-feira (21 de julho) chegaram ao Algarve numa embarcação intercetada pela GNR na praia da ilha do Farol, em Faro. A GNR não indica a nacionalidade dos migrantes, mas tudo indica que se trata de marroquinos, que antes de serem retirados do local pela Guarda ainda tiveram direito a sopa fornecida por um restaurante local», lia-se na edição digital do *Diário de Notícias*, de 23/07/2020.

O grupo em causa juntou-se aos 48 migrantes, na sua maioria marroquinos, que desde dezembro de 2019 têm chegado a Portugal por via marítima, através da costa algarvia, havendo indícios de que Portugal se irá tornar uma nova rota de imigração ilegal, ainda que sem a dimensão da que se regista na Grécia ou na Itália.

Alguns dos migrantes solicitaram a proteção internacional do Estado português, mais exatamente requereram asilo político. O pedido de concessão do estatuto é registado e entregue documento que comprova estar em análise. Tal garante assistência médica, educação e inclusive meios de subsistência durante esse período. Na esmagadora maioria, os pedidos de asilo são recusados.

Do primeiro grupo de oito migrantes marroquinos, com idades compreendidas entre os 16 e os 20 anos, cujo desembarque ocorreu em dezembro de 2019, todos pediram proteção internacional; apenas um, por ser menor, recebeu o estatuto de refugiado em Portugal.

Alguns não querem esperar pela decisão do processo administrativo e rumam sem autorização para Espanha, França ou outros países mais a norte, sendo Portugal apenas a porta de entrada para a Europa mais rica.

A informação referida sobre a migração do grupo de marroquinos ajuda-nos a diferenciar o conceito de imigração (em sentido restrito) do conceito de asilo.

A imigração consiste no ato de entrar num país estrangeiro para nele permanecer de forma duradoura.

Em conferência promovida pela Ordem dos Advogados, a 19/10/2015, Constança Urbano de Sousa indicou a seguinte tipologia na imigração:

- económica
- social ou familiar
- por razões humanitárias

Quanto ao asilo, mencionou:

- Proteção de refugiados (Convenção de Genebra de 1951 relativa ao Estatuto dos Refugiados)
- Protocolo Adicional de Nova Iorque (de 1967)
- Proteção subsidiária
- Proteção temporária

Apenas as duas primeiras (económica e social ou familiar) consubstanciam a imigração em sentido estrito: ato de entrar num país estrangeiro para nele permanecer de forma duradoura, assente numa opção voluntária motivada por considerações de ordem económica, social ou familiar.

Quanto ao asilo consiste na «proteção que o Estado concede no seu território, ou noutro local dependente de algum dos seus órgãos, a um indivíduo que a veio procurar» (Instituto de Direito Internacional).

Enquanto o imigrante (em sentido restrito) opta por sair do seu país de origem para melhorar a sua situação económica, o refugiado é obrigado a emigrar, tornando-se o asilo um meio de proteger os seus direitos e liberdades.

Muitos imigrantes optam por solicitar asilo, invocando perseguições imaginárias, apenas para poderem beneficiar de um estatuto mais favorável, pelo menos durante um período transitório. O nosso país é atualmente considerado, mas nem sempre foi assim.

Portugal sempre teve uma forte corrente emigratória. Não é por acaso que Paris é considerada a segunda cidade do mundo em número de portugueses, o que reflete a busca de muitos, principalmente nos anos 60 do século passado, por uma vida melhor. Havia quem emigrasse legalmente, mas outros passavam a fronteira a «salto», ou seja, sem passaporte, fugindo ao controlo policial. Mas também houve aqueles que, por razões políticas, sujeitos a prisão ou perseguição, tiveram de sair do país, beneficiando de asilo ou de outra forma de proteção nos países que os acolheram.

2. RECONHECIMENTO DO DIREITO DE ASILO

2.1. Antecedentes históricos

O reconhecimento do direito de asilo remonta à Grécia Antiga. Na Idade Média, o asilo tinha uma componente essencialmente religiosa. Como refere Ana Rita Gil, «dos vários estudos existentes na matéria depreendemos que na Europa desde cedo se cultivou, por parte dos poderes instalados, uma tradição de acolhimento dos «perseguidos injustamente». Tal proteção era, ela própria, uma manifestação do poder soberano de, por ato de Graça, se conceder proteção a quem se considerava dela necessitado, em particular por força da defesa de valores ou interesses com os quais os próprios protetores se identificavam. Simultaneamente, vários pensadores desenvolviam doutrinariamente a existência de um dever de acolher» («40 Anos de Direito Constitucional de Asilo – Origens e novos caminhos de um direito fundamental», revista *Julgar*, nº 29, 2016).

As diversas Declarações de Direitos, que surgiram nos finais do século XVII, apenas garantiam os direitos dos cidadãos nacionais, não havendo espaço para a ideia de proteção dos estrangeiros, em virtude da inexistência da figura dos direitos do não cidadão. Mesmo assim, em consequência da força da tradição de acolhimento, a Constituição Francesa de 1793, que nunca chegou a entrar em vigor, continha a previsão de que «a França dá asilo aos estrangeiros banidos da sua pátria pela causa da liberdade e recusa-o aos tiranos».

Após a Segunda Guerra Mundial, a Declaração Universal dos Direitos do Homem acolheu diretamente o instituto do direito de asilo, no seu art. 14º. Também a Convenção de Genebra sobre o Estatuto dos Refugiados, de 1951, e o posterior Protocolo de Nova Iorque, de 1967, contribuíram de forma decisiva para a proteção do direito do asilo, como salientou Ana Rita Gil, no estudo citado.

2.2. Consagração legal

A Constituição da República Portuguesa, de 1976, acompanhou esta evolução, consagrando o direito de asilo, tal como as suas congéneres europeias. Como refere Jorge Miranda, «Portugal reabriu-se à comunidade internacional e retomou a tradição ecuménica de fraternidade entre os povos que haviam marcado os momentos mais altos da sua história» (*Direito de Asilo e Refugiados na Ordem Jurídica Portuguesa*, Universidade Católica Editora, 2016, pág. 11).

O direito de asilo está hoje consagrado na Constituição como um verdadeiro direito subjetivo, constando atualmente no art. 33º, nº 8, incluído no capítulo referente aos direitos, liberdades e garantias.

Para alguns autores, como refere Ana Rita Gil, «os termos em que o direito de asilo foi constitucionalizado entre nós fazem da Constituição Portuguesa uma das mais garantísticas nesta matéria».

O Tribunal Constitucional invocou já «a clara vontade histórica do legislador constituinte de acompanhar o passo da jurisprudência europeia no desenvolvimento dos direitos fundamentais».

Sofia Pinto Oliveira explica-nos a evolução legislativa do direito asilo na obra «Lei do Asilo Anotada e Comentada», Petrony, 2019, de que também é coautora Anabela Russo.

O primeiro ato legislativo a regular o direito de asilo e o estatuto do refugiado foi a Lei nº 38/80, de 1 de agosto, alterada posteriormente pelo Decreto-Lei nº 415/83, de 24 de novembro.

Em 1993, foi publicada a segunda Lei do Asilo portuguesa, a Lei nº 70/93, de 29 de setembro, a primeira após a adesão de Portugal à Comunidade Europeia. Este diploma continha soluções legislativas, designadamente ao nível do procedimento para a concessão do asilo, destinadas a apreciar com especial rapidez os pedidos formulados com o único objetivo de impedir a execução de uma decisão de expulsão do território nacional. A palavra mágica «Asilo» parecia ser suficiente para criar um sério obstáculo ao controlo das admissões no território.

Deste modo, o legislador criou um processo muito expedito para que um processo de asilo fosse resolvido em cinco dias, o que, no entanto, era manifestamente insuficiente para uma ponderação adequada do pedido.

Em 1998, foi publicada a terceira Lei do Asilo, que criou um procedimento em duas fases: a primeira, de admissibilidade do pedido, destinada a excluir os pedidos fraudulentos, eivados de propósitos dilatórios, destinados apenas a evitar a expulsão, e a segunda apenas para prosseguir os pedidos admitidos, beneficiando esta fase de prazos mais alargados que permitem uma efetiva ponderação dos fundamentos e provas apresentados. Este é, aliás, o procedimento que ainda hoje prevalece. A lei de 1998 foi complementada em 2006 pela Lei nº 20/2006, que transpôs para a ordem jurídica interna a Diretiva 2003/CE, de 27 de janeiro. Esta definiu normas mínimas em matéria de acolhimento dos requerentes de asilo nos Estados-membros.

Em 2008, surgiu a quarta Lei do Asilo, a Lei nº 27/2008, de 30 de junho, que ainda está em vigor, com as alterações subsequentes. Este diploma consubstancia uma resposta às primeiras diretivas europeias em matéria de asilo. De facto, a lei transpôs para o nosso ordenamento jurídico duas diretivas, abrangendo matérias essenciais para a harmonização no espaço comunitário: a definição das condições de que depende a proteção internacional a alguém que invoca a sua necessidade (Diretiva 2004/83/CE, de 29 de abril) e a definição dos procedimentos de que depende a concessão daquela proteção (Diretiva 2005/CE, de 1 de dezembro).

A Lei nº 26/2014, de 5 de maio, introduziu na Lei nº 27/2008 algumas alterações impostas pelas Diretivas 2013/32/EU, e 2013/33/EU, ambas de 26 de junho.

Como refere Sofia Pinto de Oliveira na obra citada, a Lei do Asilo «é o resultado da europeização das decisões políticas em matéria de asilo. A Europa pretende instituir um sistema europeu comum de asilo (SECA). O Tratado de Lisboa prevê que sejam dados passos concretos nesse sentido, traduzidos em medidas que instituam, entre outros aspetos, um estatuto uniforme de asilo para os nacionais de terceiros Estados, válido em toda a União; procedimentos comuns em matéria de concessão e retirada do estatuto uniforme de asilo ou de proteção subsidiária; critérios e mecanismos de determinação do Estado-membro responsável pela análise de um pedido de asilo ou de proteção subsidiária» (pág. 13).

A Lei nº 27/2008 estabelece as condições e os procedimentos de concessão de asilo ou proteção subsidiária e os estatutos de requerente de asilo, de refugiado e de proteção subsidiária.

No que respeita à União Europeia, o direito de asilo está garantido no art. 18º da Carta dos Direitos Fundamentais da União Europeia. O art. 19º proíbe as expulsões coletivas e estipula que ninguém pode ser expulso ou extraditado para um Estado onde corra sério risco de ser sujeito a pena de morte, a tortura ou a outros tratos ou penas desumanos ou degradantes.

Por outro lado, importa referir que os Estados-membros da União Europeia chegaram a um acordo quanto a uma política europeia comum de asilo, incluindo uma proteção subsidiária e uma proteção temporária. Os procedimentos para asilo devem ser justos e efetivos no território da União, o que constitui a base do Sistema Europeu Comum de Asilo (SECA), composto por vários atos legislativos, abrangendo todos os aspetos do processo de asilo:

- O Regulamento de Dublin, que determina o Estado-Membro responsável pela análise de um pedido de asilo.
- Uma Diretiva relativa aos procedimentos de asilo, que estabelece normas comuns a respeitar para que os procedimentos de asilo sejam justos e eficientes.
- Uma Diretiva relativa às condições de acolhimento, que estabelece normas comuns mínimas a respeitar em matéria de condições de vida dos requerentes de asilo e que assegura o acesso dos requerentes à habitação, alimentação, emprego e cuidados de saúde.
- Uma Diretiva que estabelece as condições para ser considerado um refugiado ou um beneficiário de proteção subsidiária e que prevê um conjunto de direitos para os beneficiários (autorização de residência, documentos de viagem, acesso ao emprego e educação, segurança social e cuidados de saúde).

3. CONTEÚDO DO DIREITO DE ASILO

Sofia Pinto Oliveira, que temos vindo a citar, apresentou a primeira tese de doutoramento em Portugal sobre direito de asilo e migrações. Caraterizou o direito de asilo como um direito complexo, com um leque de faculdades.

3.1. Princípio do acolhimento

No seu entendimento, possui um conteúdo imediato, que consiste na proteção concedida à pessoa carecida de ajuda através de autorização de residência em território nacional. O acesso a esta proteção permite à pessoa em causa levar ao conhecimento das autoridades o pedido de proteção, bem como a possibilidade de apresentar razões que fundamentem o pedido. Daí que seja necessário requerer o asilo e indicar as razões justificativas do pedido, para ter direito ao acolhimento. Para beneficiar desse direito ao acolhimento, a pessoa carecida de proteção internacional tem de estar presente no território estadual quando pede asilo.

Há quem aponte uma contradição nesta exigência de presença. Muitos dos requerentes de asilo não conseguem chegar de forma legal aos países onde pretendem pedir asilo. Por força de uma política comum de controlo de fronteiras (Espaço Schengen), os controlos migratórios são efetuados pelas polícias dos Estados-membros onde se processam as entradas, que procuram, a todo o custo, evitar tais entradas, como se verificou na crise de refugiados que atingiu a Europa especialmente desde 2015, cabendo à Itália, à Grécia e à Hungria a função de controlo.

Como refere Ana Rita Gil no artigo citado, «tal sistema leva a que os Estados, interessados em limitar o número de pessoas a quem conceder proteção, adotem as mais variadas medidas para dificultar o acesso das mesmas aos seus territórios. Daí que alguns autores considerem tratar-se de um sistema «esquizofrénico», já que os Estados se mantêm fiéis ao reconhecimento de um direito fundamental de asilo, mas fazem os mais variados esforços para evitar que as pessoas que careçam do mesmo dele beneficiem».

O Regulamento (EU) nº 604/2013 do Parlamento Europeu e do Conselho, de 26/6/2013, definiu os critérios e mecanismos de determinação do Estado-Membro responsável pela análise de um pedido de proteção internacional apresentado num dos Estados-membros pelo nacional de um país terceiro ou por um apátrida. Mas tais critérios revelaram-se ineficazes durante a crise migratória de 2015 e anos seguintes, pois os países que constituíam a porta de entrada na União Europeia ficaram sobrecarregados. Angela Merkel surpreendeu todos ao defender uma posição liberal, que lhe custou votos na Alemanha. Defendeu igualmente um mecanismo de solidariedade, de distribuição dos refugiados pelos vários países europeus.

3.2. Princípio do *non refoulement*

A Convenção de Genebra protege contra expulsões para territórios onde haja ameaça para a vida ou liberdade, devido à raça, religião, nacionalidade, filiação em certo grupo social ou opiniões políticas.

A jurisprudência do Tribunal Europeu dos Direitos do Homem desenvolveu a regra expressa no art. 19º, nº 2, da Carta dos Direitos Fundamentais da União Europeia, pelo qual «ninguém pode ser afastado, expulso ou extraditado para um Estado onde corra sério risco de ser sujeito a pena de morte, a tortura ou a outros tratos ou penas desumanos ou degradantes». Assim, tal regra abrange muitas situações, como o risco de sujeição a penas corporais ou penas de prisão perpétua ou de morte; sujeição a práticas como a mutilação genital feminina ou mesmo violência doméstica; grave perturbação no país de origem, derivada da natureza do regime político ou de uma situação de insegurança geral, como guerra civil; nestes casos, é concedida proteção independentemente do facto de a pessoa em causa ser perseguida por um dos motivos enunciados na Convenção de Genebra.

Em Portugal, a proteção contra o «refoulement» tem por base a garantia do direito de asilo, consagrada no nº 2 do art. 33º da Constituição, e também o art. 25º, que contempla o direito à integridade pessoal e à proibição de tortura, bem como de penas ou tratamentos cruéis, desumanos e degradantes. Deste modo, o estrangeiro não deve ser expulso para o país de origem se aí corre o sério risco de perseguição relacionada com atividades em favor da democracia, da libertação social e nacional, da paz entre os povos, da liberdade dos direitos da pessoa humana, ou em função da raça, religião, nacionalidade ou pertença a grupo social.

No acórdão nº 474/95, o Tribunal Constitucional considerou constitucionalmente proibida a extradição em caso de sujeição a pena de prisão perpétua ou de duração indeterminada, por simples aplicação do art. 30º, nº 1, da Constituição, que proíbe tais penas. Muito embora prevista para nacionais, considerou o Tribunal Constitucional que a proteção devia ser alargada a casos de extradição para país onde houvesse sujeição a pena proibida, por conjugação com «os princípios da universalidade da igualdade e da equiparação dos estrangeiros e apátridas que se encontrem ou residam em Portugal em matéria de direitos».

Importa referir que o *non refoulement* é garantido não apenas aos titulares de direito de asilo, como também a todos os estrangeiros (refugiados, requerentes de asilo, simples imigrante em situação legal como ilegal). O facto de não poder ser expulso para o país de origem, se aí correr sério risco, não significa que o requerente de asilo tenha necessariamente de beneficiar de asilo. Pode ser enviado para um país terceiro ou mesmo ficar em Portugal, ao abrigo de outro estatuto que não o do asilo.

4. BENEFICIÁRIOS

O art. 3º da Lei nº 27/2008 identifica as pessoas a quem pode ser concedido asilo. Terão de preencher quatro requisitos:

a) Ser estrangeiros ou apátridas;
b) Ser perseguidos ou gravemente ameaçados de perseguição;
c) Exercer atividades no Estado da sua nacionalidade ou da sua residência habitual;
d) As atividades exercidas terem como destino a promoção da democracia, da libertação social ou nacional, da paz entre os povos, da liberdade e dos direitos humanos.

Quanto à alínea a), a restrição é óbvia, pois não pode ser concedido a nacionais, já que estes gozam do direito de entrada e fixação de residência em Portugal. Hilariante a atitude do ex-deputado madeirense José Manuel Coelho, a propósito da sua condenação a pena de prisão, pelo crime de difamação, conforme noticiou o *Público*, em março de 2017.

> «É no "Principado" do Ilhéu da Pontinha que o deputado madeirense José Manuel Coelho procura asilo. O "principado" é um ilhéu, uma formação rochosa onde está edificado o Forte de São José, localizado a cerca de 70 metros da cidade do Funchal, na Madeira. "Refugio-me aqui e a polícia da República portuguesa não me pode prender", disse José Manuel Coelho à TVI, acrescentando que o mandado de captura não funciona no "principado", uma vez que não se trata de "território português".
>
> O seu proprietário, Renato Barros – o "príncipe" do ilhéu –, comprou o terreno no ano de 2000 e declarou-o independente em 2007. Renato Barros promete proteção absoluta a José Manuel Coelho, referindo que o ilhéu "é efetivamente um país, não importa o tamanho". O "principado" tem 178 metros quadrados, sendo pouco maior do que um campo de voleibol e um pouco mais pequeno do que um campo de ténis.
>
> José Manuel Coelho, detentor de um cartão de identificação do "principado" do Ilhéu, foi condenado a uma pena de um ano de prisão efetiva pelo Tribunal da Relação de Lisboa, que pode ser cumprida aos fins de semana, em "72 períodos com a duração mínima de 36 horas e máxima de 48 horas, cada um", refere o acórdão da Relação, datado de 26 de Janeiro. É nestes fins-de-semana que o deputado pretende permanecer no "Principado" do Ilhéu da Pontinha.»

Caso o candidato a asilo tenha dupla ou mais nacionalidades, como tantas vezes acontece agora, é necessário que num dos países de que é nacional se verifique a perseguição ou a ameaça grave e em nenhum dos outros possa ser oferecida proteção, de modo a evitar situações de abuso.

Quanto aos cidadãos de Estados-membros da União Europeia, são reduzidas as possibilidades de concessão de asilo, já que existem valores comuns a todos os Estados, impeditivos de perseguição. Porém, com a deriva de governos, como o da Hungria e da Polónia para o autoritarismo e restrições às liberdades, podem começar a surgir pedidos.

No que respeita à verificação da perseguição ou grave ameaça de perseguição, exige-se que os atos de perseguição já estejam em curso ou que pelos menos existam fortes indícios de efetivação da perseguição num curto espaço de tempo. Estas expressões (perseguição e ameaça de perseguição) afastam as meras suposições ou especulações.

O art. 5º, nº 2, enuncia, de forma exemplificativa, os atos de perseguição:

a) Atos de violência física ou mental, inclusive de natureza sexual;
b) Medidas legais, administrativas, policiais ou judiciais, quando forem discriminatórias ou aplicadas de forma discriminatória;
c) Ações judiciais ou sanções desproporcionadas ou discriminatórias;
d) Recusa do acesso a recurso judicial que se traduza em sanção desproporcionada ou discriminatória;
e) Ações judiciais ou sanções por recusa de cumprir o serviço militar numa situação de conflito na qual o cumprimento do serviço militar implicasse a prática de crime ou ato suscetível de provocar a exclusão do estatuto de refugiado, nos termos da alínea c) do nº 1 do artigo 9º;
f) Atos cometidos especificamente em razão do género ou contra menores.

Quanto ao terceiro elemento (territorialidade), a ação desenvolvida pelo estrangeiro ou apátrida não tem necessariamente de estar circunscrita ao território de que ele é nacional. Mas terá de haver aí uma atuação objetiva.

O quarto e último elemento assume complexidade, considerando-se legítimos os pedidos de concessão de asilo fundamentados em ações persecutórias contra pessoas devido às suas afinidades ideológicas e atividades políticas, assim como o empenhamento dos ativistas. Mas o direito deve ser negado nas situações em que não esteja preenchido o ideário referido.

As «atividades em favor da democracia» poderão merecer diversas interpretações, devido à ausência de uma definição universalmente aceite de «democracia». Considera-se, no entanto, que deverá ser atendido o critério de democracia tal como o entendemos no nosso país, consagrado no art. 2º da Constituição, que qualifica a República Portuguesa como sendo um «Estado de direito democrático».

A «libertação social» compreende as ações tendentes a afirmar e a reconhecer direitos a um grupo de pessoas com caraterísticas comuns e que sejam alvo de discriminação em relação a outros cidadãos, como é o caso das confissões religiosas. A perseguição em razão da orientação sexual também se pode incluir, como é o caso dos homossexuais em alguns países africanos.

O conceito de «libertação nacional» visa incluir os que se batem pelo direito à autodeterminação, direito fundamental que integra os chamados «direitos de quarta geração». No entanto, se os grupos ou movimentos desenvolvem ações armadas, utilizando a violência, entende-se que os seus elementos não devem beneficiar de asilo. A expressão «direitos da pessoa humana» exclui da possibilidade de asilo as pessoas coletivas.

4.1. Motivações económicas

Em muitos pedidos de asilo subjaz, de forma expressa ou implícita, também uma motivação económica, o desejo profundo de ter uma vida melhor. Regra geral, os pedidos são formulados na perspetiva de uma mudança para um país mais desenvolvido, não para um país mais pobre, ainda que seguro. Será que esta motivação económica faz excluir a concessão de asilo?

Quem está verdadeiramente empenhado na luta por transformações políticas no seu país, sabe que é permanecendo no país que consegue agir com alguma eficácia. O exílio, o afastamento, significa, a maior parte das vezes, a desistência, o afrouxamento.

Seria, por isso, defensável excluir a motivação económica da possibilidade de concessão de asilo, reservando a concessão para os casos mais graves, de verdadeira a gravosa perseguição. No entanto, a coexistência de motivações económicas não exclui, sem mais, a desqualificação do pedido, o que significa que a existência de ofensas graves aos direitos fundamentais do requerente prevalece, abstraindo-se, na valoração do pedido, se existem ou não também motivações económicas. Dito de outro modo, o pedido de asilo é indeferido se houver apenas motivações económicas. Poderá ser deferido se houver violação ou perigo de violação dos direitos fundamentais, ainda que coexistam motivações económicas.

5. FORMAS DE PROTEÇÃO

Não basta conferir direitos. Importa facultar meios para o seu exercício.

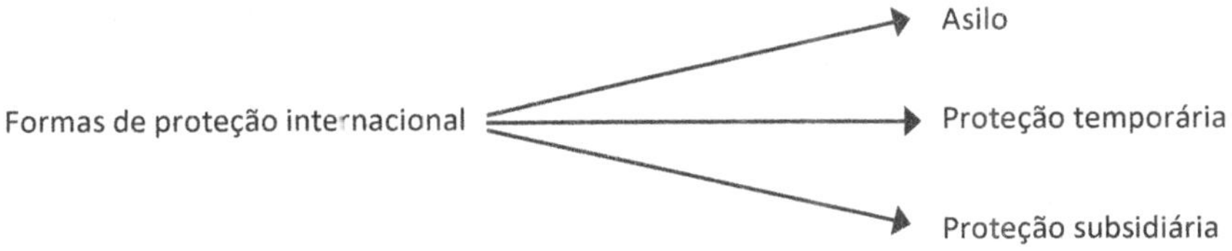

Como já vimos, o asilo consiste na proteção que um Estado dá aos refugiados, às pessoas perseguidas. O conceito de refugiado vem definido, tal como outros conceitos, no art. 2º da Lei nº 27/2008:

> «o estrangeiro ou apátrida que, receando com razão ser perseguido em consequência da atividade exercida no Estado da sua nacionalidade ou da sua residência habitual em favor da democracia, da libertação social e nacional, da paz entre os povos, da liberdade e dos direitos da pessoa humana ou em virtude da sua raça, religião, nacionalidade, convicções políticas ou pertença a determinado grupo social, se encontre fora do país de que é nacional e não possa ou, em virtude daquele receio, não queira pedir a proteção desse país ou o apátrida que, estando fora do país em que tenha a sua residência habitual, pelas mesmas razões, não possa ou, em virtude do referido receio, a ele não queira voltar, e aos quais não se aplique o disposto no art. 9º.»

Este conceito afasta, assim, a ideia generalizada de que o asilado é necessariamente um refugiado por razões políticas; poderão as razões ser religiosas ou outras.

5.1. Proteção subsidiária

Quanto à proteção subsidiária, prevista no art. 7º, consiste na proteção conferida pelo Estado a um estrangeiro que, sem ser juridicamente um refugiado, se encontra carecido de proteção internacional por ser oriundo de um país em guerra civil ou onde existe uma situação de violência generalizada ou ainda de violação sistemática de direitos humanos. Ou seja, o requerente de proteção subsidiária não é um refugiado, mas existem razões sérias para acreditar que não pode voltar para o seu país de origem, quer por aí ocorrerem situações de violação grave e sistemática de direitos humanos, quer por haver um risco efetivo de ofensa grave, e não possa, ou não queira, pedir a proteção desse país de origem.

A condição básica para que a proteção subsidiária ocorra consiste na não verificação dos pressupostos para o reconhecimento do estatuto de refugiado, que carateriza o beneficiário do asilo. Como proteção subsidiária, só se verifica quando o requerente não reúne as condições para lhe ser reconhecido o direito de asilo.

Poderá ser atribuído este estatuto em caso de violação dos direitos humanos no país de origem; risco de ofensa grave traduzida em pena de morte ou execução, tortura, tratamento cruel ou desumano; risco de ofensa grave em contexto de conflito armado internacional ou interno que ameace a vida ou a integridade física do requerente; risco de sofrer ofensa grave em contexto de violação generalizada de direitos humanos. O requerente não terá de provar que é alvo de uma ameaça particular que lhe é dirigida, como sucede com o pedido de asilo, sendo suficiente provar que existe uma situação generalizada de desrespeito sistemático dos direitos humanos que atingem gravidade suficiente para impossibilitar o seu regresso ao país de origem.

O Tribunal de Justiça da União Europeia apreciou, no acórdão de 24/04/2018, a situação de um requerente sujeito a tortura no seu país de origem, que alegava risco de ofensa grave para a saúde psicológica, em caso de regresso ao seu país. Considerou o Tribunal que o requerente era elegível para o benefício da proteção subsidiária, muito embora já não houvesse o risco de tortura, em caso de regresso. Porém, a sua saúde física e psicológica poderia deteriorar-se gravemente, com risco de suicídio, devido ao trauma decorrente dos atos de tortura de que foi vítima, caso existisse também um risco de privação real de cuidados médicos.

Compreende-se que o beneficiário de asilo tenha um estatuto mais favorecido do que o simples beneficiário de proteção judiciária, diferença essa que se verifica antes mesmo da concessão, ou seja, quando ainda são requerentes.

A proteção temporária é concedida durante um período determinado a uma categoria genérica de beneficiários (deslocados) em caso de afluxo maciço de pessoas que fogem de conflito armado ou da violação sistemática de direitos humanos.

Outros conceitos de interesse: recolocação e reinstalação. Na recolocação, ocorre a transferência do requerente de proteção internacional (asilo ou proteção subsidiária) do Estado-membro da União responsável pela análise do pedido para outro Estado-membro, que aceita tornar-se responsável por esse pedido.

Na reinstalação, os Estados acolhem, a pedido do Alto Comissariado das Nações Unidas para os Refugiados (ACNUR), refugiados em situação de especial vulnerabilidade, que se encontram num país de primeiro asilo.

6. GARANTIAS PROCEDIMENTAIS

A Diretiva 2013/32/E impõe mecanismos comuns para a atribuição e retirada de proteção internacional, garantindo aos requerentes o direito a um procedimento justo no processo administrativo, bem como no recurso das decisões aí proferidas.

Os Estados-membros devem apreciar todos os pedidos quanto ao fundo da questão, ou seja, apurar se o requerente preenche as condições para a concessão da proteção internacional, devendo também ser assegurado o direito à informação (sobre a tramitação do processo e direitos e deveres do requerente, em linguagem que este entenda), o direito a permanecer no território do Estado-membro durante o período de apreciação do pedido, a entrevista pessoal com o tradutor, a comunicar com o ACNUR ou outra organização que preste assistência jurídica ou outro tipo de aconselhamento, assim como o acesso destes a zonas vedadas. Deve ser conferida especial atenção às garantias quando se está perante crianças.

Embora exista no nosso ordenamento jurídico uma diferenciação clara entre o estatuto do refugiado e o estatuto da proteção subsidiária, não há procedimentos formalmente diferenciados para os dois institutos, cabendo às autoridades administrativas avaliar os fundamentos da pretensão. Assim, face ao circunstancialismo descrito, terá de se verificar se há enquadramento para a concessão de asilo e, em caso negativo, se é viável a proteção subsidiária.

Há, assim, duas fases no procedimento: a fase de admissibilidade e a fase da concessão, à qual só têm acesso os pedidos considerados admissíveis.

O direito de permanecer no território nacional, enquanto está pendente a apreciação do pedido de asilo, não habilita o requerente à emissão de uma autorização de residência (art. 11º, nº 2, da Lei nº 27/2008); terá apenas a declaração comprovativa da apresentação do pedido, que não confere direito a entrar no mercado de trabalho.

O pedido de proteção internacional de estrangeiro ou apátrida que entre em território nacional deve ser apresentado sem demora ao SEF ou a qualquer autoridade policial. No entanto, por vezes as autoridades policiais não estão preparadas para receber o pedido de asilo, que poderá, aliás, causar constrangimentos, quando a própria autoridade policial deteve o requerente de proteção.

A Lei nº 23/2007, de 4 de julho (Lei de Estrangeiros) estatui, no art. 146º, nº 5, al. a) que não será organizado processo de afastamento coercivo contra estrangeiro que «tendo entrado irregularmente em território nacional, apresente pedido de asilo a qualquer autoridade policial dentro das 48 horas após a sua entrada».

Ao requerente de proteção internacional é dado conhecimento dos seus direitos e deveres numa língua que este compreenda ou seja razoável presumir que compreenda (art. 14º, nº 2, da Lei nº 27/2008).

O requerente pode solicitar a extensão do pedido aos membros da família que o acompanham, quer sejam menores quer maiores, devendo obter o consentimento prévio destes últimos.

Deve apresentar todos os elementos necessários para justificar o pedido de proteção internacional, designadamente o «relato das circunstâncias ou factos que fundamentam a necessidade de proteção internacional», bem como as provas.

> «Cabe ao requerente do pedido de asilo, ou subsidiariamente, de autorização de residência por razões humanitárias, o ónus da prova dos factos que alega. Para tanto, exige-se um relato coerente, credível e suficientemente justificador do sentimento de impossibilidade de regressar ao país de origem por parte do requerente do pedido de asilo/proteção subsidiária, que os factos apurados permitem não existir, desde logo pela incoerência da narração e falta de credibilidade dos motivos que são apresentados como justificativos das medidas de proteção. Tendo a requerente do asilo declarado que, após ter estado na Noruega desde 2007, havia regressado a Angola em 2010 onde permaneceu até setembro de 2013, numa altura em que já haviam decorrido os acontecimentos que alegadamente envolveram o seu pai, sem nunca ter sido presa, detida ou interrogada, há que concluir que não existe um fundamento objetivo demonstrativo de risco de aí ser perseguida ou maltratada em razão da sua filiação.» (acórdão do Tribunal Central Administrativo Sul, de 15/10/2015).

Poderá não ser fácil a prova, e há que ponderar a situação concreta, podendo impor-se uma repartição do ónus da mesma, como bem referiu o acórdão do Tribunal Central Administrativo Sul, de 21/02/2013:

> «De acordo com a definição do Instituto de Direito Internacional, asilo é a proteção que o Estado concede no seu território, ou em outro local dependente de algum dos seus órgãos, a um indivíduo que a veio procurar. Na sua aceção *jus internacional*, o direito de asilo é uma manifestação do direito geral dos Estados de dispor, no âmbito da sua soberania territorial, sobre a entrada e permanência de cidadãos estrangeiros no seu território. É, portanto, uma prerrogativa soberana dos Estados dar proteção no seu território a um estrageiro ou apátrida que aí pede asilo, por a sua vida, liberdade e segurança estarem ameaçadas no seu país de origem, sem que este o possa ou queira proteger. O "benefício da dúvida no direito de asilo" é uma regra apurada internacionalmente que impõe o benefício do requerente de asilo, a ser concedido pelo examinador do pedido de asilo, caso o requerente não consiga, por falta de elementos de prova, fundamentar algumas das suas declarações, mas desde que estas sejam coerentes e plausíveis face à generalidade dos factos conhecidos. Constitui princípio geral de direito que o ónus da prova compete à pessoa que submete o pedido (art. 342º CC). Contudo, frequentemente acontecerá o requerente do asilo não ser justificadamente capaz de apoiar as suas declarações mediante provas documentais ou outras. Na ver-

dade, os casos em que o requerente pode fornecer elementos de prova para todas as suas declarações serão mais a exceção do que a regra, sendo claro que as possíveis repercussões de uma decisão errónea são muito negativas. Na maioria dos casos, o requerente chegará sem documentos pessoais. Por isso, considera-se que o ónus da prova tem de ser repartido entre o requerente, o examinador, incumbindo a este o dever de certificar e avaliar todos os factos relevantes invocados para suportar o pedido.»

A dificuldade de prova reside, muitas vezes, na ausência de documentos, já que muitos refugiados chegam ao país de destino em condições muito adversas, sofrendo muitas atribulações. Daí que a autoridade administrativa não se deva cingir a uma análise formalista dos documentos apresentados.

No acórdão do Tribunal Europeu dos Direitos Humanos de 2/10/2012, no caso Singh e outros contra a Bélgica, estava em apreciação uma queixa formulada por um conjunto de requerentes que alegava ser afegão, estando estes a ser perseguidos por pertencerem à minoria religiosa *sikh*, o que os teria levado a fugir para a Índia, em 1992. Após essa fuga, os autores apresentaram às autoridades belgas cópias dos seus passaportes e, posteriormente, documentos do ACNUR que demonstravam terem sido reconhecidos como refugiados na Índia. As autoridades belgas rejeitaram o pedido, por considerarem que os requerentes não provaram ser afegãos, pois um dos requerentes não conhecia bem o Afeganistão, não sabendo falar pashtun. Quanto aos documentos, foram rejeitados, por constituírem meras cópias, sem valor probatório. Considerou o Tribunal que, ao terem posto de parte «os documentos, que estavam no âmago do pedido de proteção, tendo-os considerado sem valor probatório, sem verificar previamente a sua autenticidade, o que poderiam ter feito sem dificuldade junto do Alto Comissariado da ONU para os Refugiados, não pode ser considerado como a análise atenta e rigorosa que se espera das autoridades nacionais nos termos do art. 13º da Convenção e não se adequa a um procedimento que visa a proteção efetiva face a tratamentos contrários ao art. 3º da Convenção».

Relativamente a este acórdão, sem prejuízo da justeza da apreciação sobre a forma como foram rejeitados os documentos, importa referir que a ida dos requerentes para a Índia, de acordo com o seu próprio relato, seria feita nuns moldes que tornariam desnecessário o pedido de asilo na Bélgica, uma vez que na Índia não havia qualquer risco de perseguição por pertencerem à religião sikh. Este caso demonstra, sem quaisquer dúvidas, a existência de uma motivação económica em grande parte dos pedidos de asilo. Na Índia, aufeririam possivelmente 100 euros por mês numa atividade desgastante, enquanto na Bélgica esse valor seria facilmente multiplicado por 15.

O SEF procede à realização de diligências, designadamente recolha de prova. O requerente deverá providenciar a tradução dos documentos para língua portuguesa; a seu pedido, quando não disponha de meios suficientes, o SEF providencia a tradução.

Antes de ser proferida a decisão, é assegurado ao requerente o direito de prestar declarações na língua da sua preferência ou noutro idioma que possa claramente compreender e em condições de confidencialidade. Nessas declarações, terá a oportunidade de expor, de viva voz, as circunstâncias que fundamentam a sua pretensão (art. 16º).

O SEF elabora um relatório escrito, do qual constam as informações essenciais relativas ao pedido (art. 17º), sendo o requerente notificado para se pronunciar no prazo de cinco dias. Nem sempre é fácil avaliar corretamente as situações descritas. Em 1944, dois fugitivos judeus apresentaram aos Governo dos Estados Unidos da América um relatório pormenorizado e coerente sobre o genocídio que estava a ocorrer em Auschwitz; ao invés de ser considerado verosímil, o relatório foi considerado mera propaganda. De igual modo, as primeiras informações de funcionários da ONU sobre os massacres no Ruanda foram consideradas exageradas.

A elaboração do relatório é essencial. O Supremo Tribunal Administrativo proferiu, a este propósito, o seguinte acórdão, em 28/03/2019:

«DIREITO DE ASILO. PRETERIÇÃO DE AUDIÊNCIA PRÉVIA.

Os beneficiários de proteção internacional podem ter direito de asilo, que lhes confere o estatuto de refugiado, ou ser-lhes concedida autorização de residência por proteção subsidiária, sendo único o procedimento desses pedidos.

Antes de proferida qualquer decisão sobre o pedido de proteção internacional, é assegurado ao requerente o direito de prestar declarações na língua da sua preferência ou noutro idioma que possa compreender e através do qual comunique claramente, em condições que garantam a devida confidencialidade e que lhe permitam expor as circunstâncias que fundamentam a respetiva pretensão. Ora, após a realização das diligências legalmente previstas, o SEF deve elaborar um relatório escrito do qual constam as informações essenciais relativas ao pedido, o qual é notificado ao requerente para que este se possa pronunciar sobre ele no prazo de cinco dias.

Significa isto que o requerente do pedido de proteção internacional tem direito a ser ouvido sobre as informações essenciais ao seu pedido, assim se assegurando a audiência do interessado. No caso dos autos, não foi elaborado o relatório sobre o qual o requerente se pudesse ter pronunciado, entendendo o Tribunal que não se podia considerar como "relatório" as declarações do próprio requerente. Em conformidade, a preterição da audição do interessado, por desrespeito de um formalismo essencial e legalmente previsto, conduz à anulação do ato por aquele impugnado.

Compete ao diretor nacional do SEF proferir decisão fundamentada sobre os pedidos infundados e inadmissíveis no prazo de 30 dias a contar da data do pedido de proteção internacional. Na falta de decisão no mencionado prazo, considera-se admitido o pedido (art. 20º).»

Relatora: Teresa Ferreira de Sousa

Para além da não observância do formalismo, gerador de anulabilidade, as declarações do requerente no processo atrás referido são elucidativas sobre a ausência de fundamento do pedido:

"P. Porque solicita proteção internacional?

R. Saí de Angola de forma forçada. Já não tive uma infância boa, nunca vi Angola como devia ver, os meus filhos nesta fase seriam forçados a passar o que eu passei no meu passado. O que lá se vive é a ditadura. Eu sempre me revi nos direitos humanos, viver os meus direitos humanos. Em Angola não há, não podemos falar. Até no trânsito, numa discussão, morrem pessoas. Alguém sai do carro, a discutir, pergunta sabes quem é que eu sou, pega numa arma e mata o outro. E não vai preso, porque é importante. Já tive de agredir um polícia porque estava a bater numa senhora grávida. Nunca fui de fazer política, mas acabei por participar numa marcha ou noutra de protesto. Um menino de 14 anos, num dia em que a polícia estava a deitar abaixo casas, foi perguntar a um militar porque estavam a fazer aquilo, o militar disparou e matou o menino. O menino de 14 anos é da idade do meu filho. O meu filho se ouve tiros não se esconde, mas vai a correr lá para fora para ver onde é o tiroteio. Já acha normal. Várias razões me fizeram abandonar, há a fome, que se aguenta, estarmos sujeitos a enorme insegurança, em qualquer esquina se perde a vida.

Educação não temos, para transitar para o ensino médio é uma luta. Todos os dias se vivem situações. O angolano por natureza é frustrado, oitenta por cento do angolano não está bom psicologicamente. Obrigam o angolano a emigrar.

P. Como tratou da sua viagem para a Europa?

R. Utilizei pessoas que tratam dos documentos necessários para viajar. Se não se for por terceiros, em Angola não consegues atingir a meta. Pedi os vistos em Luanda, em junho de 2017, e demorou bastante, aí uns dois meses. Viajei com os meus filhos diretamente do aeroporto de Luanda para o de Paris, França, em setembro, dia 15 de 2017. A intenção era mesmo emigrar, vir para Portugal, até pela língua, mas depois pensei que com a crise, em Portugal, podia ser mais difícil, pedir asilo, legalizar-me, para trabalhar, e assim. Optei por França. Em França tentei no centro de emprego, primeiro, mas percebeu-se que sem documentos não podia fazer nada, pelo que pedi asilo, para tentar ficar, ter documentos, trabalhar. Depois, porque tinha o visto português, transferiram-me para Portugal. Estive na França aproximadamente uns oito meses até vir para cá no dia 12 de abril e no dia seguinte pedi asilo.

P. No seu pedido de visto disse que era Polícia Militar, porquê?

R. O rapaz que tratou de tudo é que preencheu, isso seria porque os indivíduos ligados ao estado são mais privilegiados. Tratou da marcação, de tudo. Só fui à embaixada tirar a fotografia e impressões digitais. De resto ele tratou de tudo.

P. No aeroporto de Luanda, teve algum problema com as autoridades na saída para Portugal?

R. Não tive problemas e a mãe deu autorização para os meus filhos viajarem comigo.

P. É, ou alguma vez foi, membro de alguma organização política, religiosa, militar, étnica ou social, em Angola?

R. Não. Nem fiz o serviço militar. Participei em algumas marchas de protesto, mas nunca me envolvi em política, diretamente não.

P. Alguma vez foi alvo de perseguição por motivos de raça, credo religioso ou pertença étnica em Angola?

R. Não.

P. Tem algum problema com as autoridades policiais ou judiciais de Angola, ou com o Estado Angolano?

R. Não.

P. Alguma vez foi preso ou condenado por um crime?

R. Não

P. Conhece alguém em Portugal? Tem amigos ou família em Portugal ou noutros países da União Europeia?

R. Família não. Sei que andam por aí angolanos que saíram há muito tempo de lá, mas ainda não me cruzei com ninguém.

P. Receia regressar a Angola?

R. Sim, a insegurança, e que tipo de futuro vou dar aos meus filhos. Crianças a viverem em ditadura é muito chato. Está toda a gente a tentar abandonar Angola. Pensámos que a mudança política pudesse trazer alguma mudança, mas o outro quando saiu levou o dinheiro todo. Quero ficar cá, ter documentos, trabalhar, dar um melhor futuro aos meus filhos.

P. Tem algum problema em Angola, a nível pessoal, com alguém?

R. Individualmente não. Mas há aqueles tipos do MPLA que andam a tentar mobilizar a juventude, e que já me tentaram pôr a fazer isso. Eu disse que não concordo e que o meu voto não ia para eles, e disseram logo que eu era um revolucionário. Eles olham logo de lado para mim. O que eu fazia era dizer aos jovens para não irem apoiar o MPLA, não irem às festas que eles oferecem, com música e bebida oferecida, para os convencerem a dar o voto. Dizia que o MPLA não fazia nada por eles. Conversavam sobre isso nas minhas costas, indivíduo conotado. Mas problemas assim por causa disso não tenho.

P. Mas problemas, ameaças por causa dessas opiniões, teve?

R. Não, não tive. Vivo é a vida toda revoltado.

P. Deseja acrescentar alguma coisa?

R. No fundo, tudo está na falta de direitos humanos em Angola, crianças a morrerem do nada, falta de amor ao próximo, um cidadão não é tratado como cidadão, a democracia não existe. Quero dar um futuro aos meus filhos. As dificuldades económicas, mesmo tendo um ordenado no final do mês, não se consegue comprar nada, alimentação e acabou. É uma vida de dívidas. Cai um ordenado agora, depois só recebe mais tarde, muitos são forçados a deixar os trabalhos para fazer negócios O que me inquieta é quando poderei começar a trabalhar e garantir os meus filhos.

P. Autoriza que seja comunicada ao Conselho Português para os Refugiados, de acordo com o previsto no nº 3, do artigo 172, da Lei nº 27/08 de 30.06, com as alterações introduzidas pela Lei nº 26/14 de 05.05, as suas declarações e as decisões que vierem a ser proferidas no seu processo?

R. Sim."

E mais não disse, nem lhe foi perguntado, lidas declarações em língua portuguesa, que compreende e na qual se expressa, o achou conforme, ratifica e vai assinar juntamente comigo, pelas 10:10, hora a que findou este ato.

Declaro ter sido informado que o meu pedido de proteção vai ser analisado por um único Estado-membro, que será aquele que os critérios enunciados no Capítulo III do Regulamento CE nº 604/13 do Conselho de 26.06, designarem como responsável.

Mais declaro dar o meu consentimento, quando tal seja necessário, para que seja solicitado a outro Estado-membro os motivos invocados no pedido e respetiva decisão, de acordo com o artigo 34º, do Regulamento acima citado. Afirmo nada mais ter a acrescentar e que todas as declarações aqui prestadas são verdadeiras. O presente questionário foi-me lido na língua portuguesa, que compreendo e corresponde ao meu depoimento.

À requerente é entregue cópia autenticada do presente auto de declarações e notificado de que em conformidade com o nº 2 do artigo 17º da Lei 27/08, de 30 de junho, com as alterações introduzidas pela Lei 26/14 de 05.05, pode no prazo de 5 dias a contar da presente notificação pronunciar-se, por escrito, sobre o conteúdo do presente auto, em alegações a apresentar no Gabinete de Asilo e Refugiados, do Serviço de Estrangeiros e Fronteiras, sito na Rua Passos Manuel, nº 40, 1169-089 Lisboa, ou por email gar@sef.pt ou ainda por fax + 35121423 66 48.

LISBOA, 30 de abril de 2018.»

7. EFEITOS DO PEDIDO

O Requerente de asilo permanece na zona internacional do porto ou aeroporto, enquanto aguarda a decisão do diretor nacional do SEF, aplicando-se os procedimentos e garantias previstas na lei (art. 26º, nº 1).

Se o requerente de asilo ou proteção subsidiária estiver em situação de carência económica e social, é concedido, a ele e à sua família, apoio social para alojamento e alimentação, devendo ser tomadas, com o acordo, as medidas adequadas para manter a unidade da família que se encontre presente em território nacional (art. 51º). Também é concedido acesso ao Serviço Nacional de Saúde.

As condições materiais de acolhimento podem revestir as seguintes modalidades:

a) Alojamento em espécie.
b) Alimentação em espécie.
c) Prestação pecuniária de apoio social, com caráter mensal, para despesas de alimentação, vestuário, higiene e transportes.
d) Subsídio complementar para alojamento.
e) Subsídio complementar para despesas pessoais e transportes.

Quanto aos filhos menores, têm acesso ao sistema de ensino nas mesmas condições dos cidadãos nacionais.

Uma vez emitida a autorização de residência provisória, é assegurado o acesso ao mercado de trabalho, nos termos da lei geral; porém, cessa a aplicação do regime geral, a partir do exercício do emprego remunerado.

Em dezembro de 2021, a advogada Marisa Monteiro foi condenada pelo Tribunal da Comarca de Lisboa a cinco anos de prisão efetiva. Durante dois anos, dedicou-se a abrir as portas da Europa a dezenas de imigrantes ilegais, a maior parte dos quais continuam em paradeiro incerto. A sentença acentuou que lidava na maior parte das vezes com adolescentes menores e que demonstrou "total indiferença" pela crise humanitária que continua a matar milhares de migrantes e refugiados que tentam chegar à Europa.

A arguida era frequentadora assídua do Centro de Instalação Temporária do aeroporto de Lisboa, local onde ficam detidos os passageiros sem condições para entrar em território nacional. Até 2018, altura em que o Serviço de Estrangeiros e Fronteiras (SEF) a confrontou com as suas suspeitas, entregou mais de cem pedidos de asilo pelos quais cobrou aos requerentes entre mil e 1700 euros cada um. O estratagema a que recorreu, segundo ficou provado em tribunal, baseava-se acima de tudo na lentidão da justiça portuguesa.

Depois de alegar perante o SEF que os seus clientes, na sua maioria menores, eram pessoas que viajavam para Portugal fugidas de perseguições políticas, sexuais e religiosas nos seus países de origem, ficava à espera da recusa do visto de permanência em território nacional, uma vez que nenhum deles conseguia provar essa condição. De facto, estes jovens oriundos sobretudo do Senegal e países vizinhos queriam juntar-se a familiares seus residentes em França e noutros países europeus por questões económicas. Quando chegava a recusa de permanência em território nacional, Marisa Monteiro recorria sistematicamente da decisão para os tribunais administrativos, pois bem sabia que o recurso não seria decidido no prazo máximo de 60 dias que a lei prevê que os candidatos a asilo possam estar detidos. Quando finalmente os tribunais administrativos se pronunciavam, já os imigrantes tinham sido libertados e saído para os destinos europeus que tinham escolhido.

A sentença considerou provado que, com esta atividade, ganhou cerca de 130 mil euros, pois tinha de repartir os lucros com cúmplices que tinha nos países de origem, e que lhe indicavam em que voos seguiam os candidatos a asilo e a que horas chegavam ao aeroporto de Lisboa. A sua atuação tornou-se notada quer pela quantidade de casos que conseguia angariar quer por apresentar requerimentos em nome dos imigrantes antes mesmo de ter falado com eles no Centro de Instalação Temporária. Muitos deles tinham embarcado com documentos de identificação falsos ou roubados a compatriotas seus.

A decisão judicial refere, entre outros casos, a situação de uma menor de nome Marceline, que chegou a Lisboa em 1 de janeiro de 2017, nascida no Congo. Contou às autoridades que tinha 15 anos e vinha do Senegal, onde se prostituía às ordens de uma senhora que lhe dava abrigo e comida. Foi essa mulher, garantiu, que a convenceu a viajar para a Europa, pagando-lhe a viagem e tratando-lhe da documentação. Que não se preocupasse, porque teria alguém do sexo feminino à sua espera na capital portuguesa. E assim era.

Por ser menor não ficou no aeroporto: foi encaminhada para instalações do Centro Português de Refugiados, donde saiu para voltar à prostituição. Viria a ser intercetada pelas autoridades em Espanha num autocarro onde viajava acompanhada de um homem, com destino a França. A advogada aconselhava sempre os imigrantes a abandonarem Portugal pela via terrestre, pois os controlos policiais eram menos eficazes do que se viajassem por avião.

Para esconder das autoridades o que ganhava com esta atividade, os pagamentos eram feitos ao marido e a vários outros familiares através de agências de transferência de dinheiro. Ao tribunal, justificou esta forma de trabalhar alegando que as duas gravidezes que teve em pouco tempo, aliadas ao enorme volume de serviço, fez com que tivesse tido de recorrer à sua ajuda. Nem esta nem outras explicações que deu durante o julgamento convenceram a juíza, que acabou por a condenar por 50 crimes de auxílio à imigração ilegal.

"A culpa da arguida é elevadíssima, porquanto atuou durante um longo período de tempo e em elevadíssimo número de vítimas", considerou o Tribunal. "Numa época de verdadeira crise humanitária no que respeita a cidadãos estrangeiros que pretendem entrar no continente europeu, muitos deles vítimas de pessoas como a arguida, a quem pagam para arriscarem a vida no transporte, realizado por vezes em botes que, naufragando, conduzem à morte, demonstrou, com a sua conduta, uma total indiferença pela sorte destas pessoas, que podiam até ser vítimas de redes de prostituição".

8. GARANTIAS CONTENCIOSAS

Indeferido o pedido de proteção internacional, o interessado poderá impugnar a decisão nos Tribunais Administrativos, no prazo de 15 dias, com efeito suspensivo (art. 25º).

A ação de impugnação constitui um processo especial autónomo, de natureza urgente, que segue o regime previsto no art. 110º do Código de Processo nos Tribunais Administrativos, aplicando-se parcialmente a regulamentação do processo de intimação para proteção de direitos, liberdades e garantias.

Dada a natureza urgente do processo, o prazo corre em férias. Porém, em caso de apoio judiciário, aplica-se a interrupção na sua contagem, conforme preceituado no art. 33º, nº 4, da Lei nº 34/2004 (Lei do Apoio Judiciário).

São competentes os tribunais administrativos de 1ª instância. A garantia de recurso contencioso constitui um direito instrumental do direito de asilo, permitindo ao requerente sujeitar a apreciação judicial uma decisão administrativa de indeferimento.

O Tribunal Central Administrativo Sul proferiu, em 28/02/2018, o seguinte acórdão confirmativo:

> «I. O nº 1 do art. 3º da Lei nº 27/2008, de 30/06, que estabelece as condições e procedimentos de concessão de asilo ou proteção subsidiária e os estatutos de requerente de asilo, de refugiado e de proteção subsidiária, transpondo para a ordem jurídica interna as Diretivas nºs 2004/83/CE, do Conselho, de 29 de Abril, e 2005/85/CE, do Conselho de 1 de Dezembro, tal como no 1º parágrafo da Secção A, do art. 1º da Convenção de Genebra, referente ao estatuto dos refugiados, prevê quanto aos requisitos para a concessão do direito de asilo que o requerente: (i) seja estrangeiro ou apátrida; (ii) seja objeto de perseguição em consequência de atividade exercida no Estado da sua nacionalidade ou da residência habitual em favor da democracia, da libertação social e nacional, da paz entre os povos, da liberdade e dos direitos da pessoa humana e (iii) se sinta gravemente ameaçado em consequência da atividade exercida no Estado da sua nacionalidade ou da residência habitual pelos motivos referidos no ponto anterior.
>
> II. Não se extraindo das declarações da requerente do pedido de asilo ou dos autos que a mesma seja objeto de perseguição ou que se sinta gravemente ameaçada, não foram alegados factos que permitam fundar o pedido de asilo, à luz do nº 2 do art. 3º da Lei nº 27/2008.

III. Do mesmo modo, quanto ao disposto no nº 2 do art. 3º da citada Lei, por não se mostrar alegado que a requerente possua o fundado receio de ser perseguida em virtude da raça, da religião, da nacionalidade, de opiniões políticas ou de integração em certo grupo social e que não possa ou não queira voltar, em virtude desse receio, ao Estado da sua nacionalidade ou residência.

IV. Das declarações prestadas pela requerente não se pode retirar que a mesma tenha sido ameaçada, para efeitos de concessão de autorização de residência por razões humanitárias, ao abrigo do art. 7º da Lei nº 27/2008.» (relatora Ana Celeste Carvalho).

O Tribunal Europeu dos Direitos do Homem tem salientado que o recurso efetivo implica necessariamente a possibilidade de o tribunal reapreciar a prova, averiguando devidamente a veracidade da factualidade alegada pelo requerente.

9. EFEITOS DA DECISÃO FAVORÁVEL

Sendo a decisão favorável, os requerentes adquirem o estatuto de refugiado e de proteção subsidiária, gozando os mesmos direitos e estando sujeitos aos mesmos deveres dos estrangeiros residentes em Portugal (art. 65º).

Ao beneficiário do estatuto do refugiado é concedida uma autorização de residência válida pelo período inicial de cinco anos, renovável por iguais períodos. Ao beneficiário de proteção subsidiária é igualmente concedida autorização de residência, mas a sua duração é de três anos, sendo a renovação precedida de análise da evolução da situação no país de origem. Quer num caso, quer noutro, é concedida aos membros da família autorização de residência extraordinária, de validade idêntica à do beneficiário de asilo ou proteção subsidiária, com dispensa dos requisitos exigidos pelo regime jurídico de entrada, permanência, saída e afastamento de estrangeiros do território nacional.

Os menores têm acesso ao sistema de ensino nas mesmas condições que o cidadão nacional. Aos adultos, é permitido o acesso ao sistema de ensino em geral, bem como à formação, aperfeiçoamento ou reciclagem profissionais, nas mesmas condições que aos cidadãos nacionais.

É-lhes assegurado o acesso ao mercado de trabalho, cessando a aplicação do regime de apoio social logo que obtiverem o primeiro emprego remunerado. Têm também acesso ao Serviço Nacional de Saúde, nas mesmas condições que os cidadãos nacionais.

O direito ao reagrupamento familiar apresenta várias diferenças em relação ao regime geral dos titulares de autorização de residência; por um lado, o conceito de familiares é mais restrito, mas, por outro, há menos rigidez na prova da relação familiar e não se aplicam as exigências dos meios económicos para sustentar a família.

É garantida a liberdade de circulação em território nacional.

A seu pedido, é-lhes emitido documento de viagem, que lhes permite viajar para fora do território nacional.

Beneficiam dos direitos que já lhes tinham sido concedidos pela simples condição de requerentes.

10. NOVO PACTO

A Comissão elaborou o projeto de um novo Pacto, a apreciar pelo Parlamento Europeu e pelo Conselho. Eis a fundamentação:

> «A questão das migrações é uma questão bastante complexa, com muitos aspetos que devem ser tidos em conta simultaneamente. É o caso, por exemplo, da segurança das pessoas que procuram proteção internacional ou uma vida melhor e das preocupações dos países terceiros que fazem fronteira com a UE, que temem que as pressões migratórias excedam as suas capacidades e que necessitam de mostras de solidariedade dos outros. Ou das preocupações de alguns países da UE, que receiam que, se os procedimentos não forem respeitados nas fronteiras externas, os seus próprios sistemas nacionais de asilo, integração e regresso não estejam à altura em caso de grandes fluxos migratórios.
>
> Com base numa avaliação global, a Comissão propõe uma nova abordagem em matéria de migração: reforçar a confiança graças a procedimentos mais eficazes e novo equilíbrio entre responsabilidade e solidariedade.»

O projeto prevê:

- Nova triagem obrigatória nas fronteiras, com identificação, controlos sanitários, controlos de segurança, recolha de impressões digitais e registo na base de dados Eurodac.
- Novo procedimento acelerado em matéria de asilo na fronteira, eventualmente seguido de um procedimento de regresso acelerado, a fim de abreviar a tomada de decisões e de tornar os procedimentos de asilo mais eficientes.
- Sistema de gestão moderno e integrado das migrações e das fronteiras graças à melhoria da base de dados Eurodac, com especial atenção aos requerentes e não aos pedidos de determinação da responsabilidade pelos pedidos de asilo, dissuasão das deslocações não autorizadas para outros Estados-membros, facilitação da recolocação e melhor acompanhamento

dos repatriados e acompanhamento do apoio à partida voluntária e à reintegração.

- Garantias jurídicas: mecanismo de controlo independente com vista a assegurar o respeito pelos direitos fundamentais, apoiado pela Agência dos Direitos Fundamentais, pela Frontex e pela nova agência europeia para o asilo, avaliação individual dos pedidos de asilo e das garantias essenciais que protegem o acesso efetivo ao asilo, o direito à liberdade, os direitos da criança, bem como o direito a um recurso efetivo.

A questão da entrada dos refugiados na Europa ganhou contornos dramáticos em 2015, quando centenas de milhares de imigrantes, principalmente fugindo da Síria, dilacerada pela guerra civil, tentaram entrar no continente. Naquele ano, cerca de um milhão de imigraram chegaram à União Europeia, mas cerca de 4.000 morreram afogados durante a travessia do mar em embarcações precárias. Sob a liderança da Alemanha, houve uma tentativa de implementação de um sistema de "quotas" para redistribuir os imigrantes entre os países membros da União Europeia, mas o esforço fracassou devido à oposição de alguns países da Europa Central, sobretudo Hungria e Polónia, e do crescimento do movimento anti-imigração em vários países.

Em 2019, mais de 110 000 imigrantes e refugiados chegaram à Europa por mar – foi o sexto ano seguido em que mais de 100.000 psoas entraram no continente europeu por rotas no Mediterrâneo.

Em 2020 e 2021, a pandemia fez conter os números, mas registou-se novo drama em setembro de 2021, quando milhares de migrantes e refugiados, usados como peões humanos pela Bielorrússia para pressionar a União Europeia, enfrentaram um dilema ao chegar à fronteira com a Polónia: arriscar a vida ou perdê-la com certeza. "De um lado eles têm a cerca fronteiriça vigiada; do outro, os restos de um antigo muro soviético", disse Marysia Zlonkiewicz, ativista local da ONG Chleben i Sola ("pão e sal", em polaco), baseando-se no relato de centenas de pessoas ajudadas em setembro pela sua organização. "Ali já caíram numa armadilha. Quase diariamente recebemos a informação de que alguém morreu. A única forma de sair de lá é entrando na Polônia. Alguns tentam por conta própria. Outros, são ajudados por soldados bielorussos", acrescentou.

Parte III

Meios Processuais Administrativos e Contenciosos

Capítulo XV
Processos de nacionalidade

1. TRAMITAÇÃO ADMINISTRATIVA DOS PROCESSOS DE NACIONALIDADE

1.1. Competência

A tramitação dos processos de atribuição, aquisição e perda de nacionalidade, com exceção dos processos de naturalização, rege-se pelo Código do Registo Civil (CRC), conforme art. 41º, nº 6, do Regulamento da Nacionalidade (RN). Na contagem dos prazos aplicam-se subsidiariamente as normas do Código do Procedimento Administrativo (CPA).

Nos termos do art. 10º, nº 1, do CRC, compete às Conservatórias do Registo Civil o registo de todos os factos previstos no Código, quando ocorridos em território português, qualquer que seja a nacionalidade dos indivíduos a que respeitem. Os factos sujeitos a registo podem ser lavrados em qualquer conservatória do país.

A Conservatória dos Registos Centrais goza de competência para a inscrição do nascimento nos casos de atribuição e aquisição de nacionalidade portuguesa de pessoas nascidas no estrangeiro; porém, os requerimentos, declarações e documentos para inserção de atos e processos de registo destinados à Conservatória dos Registos Centrais podem ser apresentados em qualquer Conservatória do Registo Civil, que procede ao seu envio imediato, por via informática (art. 13º, nº 1, CRC).

1.2. Tramitação

O site Justiça.gov.pt enuncia as oito fases de um processo de nacionalidade:

1. A conservatória recebe o pedido.
2. O pedido é registado no sistema do Instituto dos Registos e do Notariado (IRN).
3. Verifica-se se todos os documentos necessários foram entregues.
4. Verifica-se se todos os documentos entregues cumprem os requisitos legais.
5. Para alguns tipos de pedidos consultam-se outras entidades para verificar se a pessoa que faz o pedido não tem antecedentes criminais relevantes.
6. Verifica-se se estão reunidas todas as condições necessárias para conceder a nacionalidade.
7. Decide-se se a pessoa tem direito à nacionalidade portuguesa.
8. Regista-se o novo Cidadão português no Registo Civil de Portugal.

O referido *site* indica também a forma de o interessado consultar o processo. A tramitação dos processos na Conservatória dos Registos Centrais consta nos arts. 41º e seguintes do Regulamento da Nacionalidade.

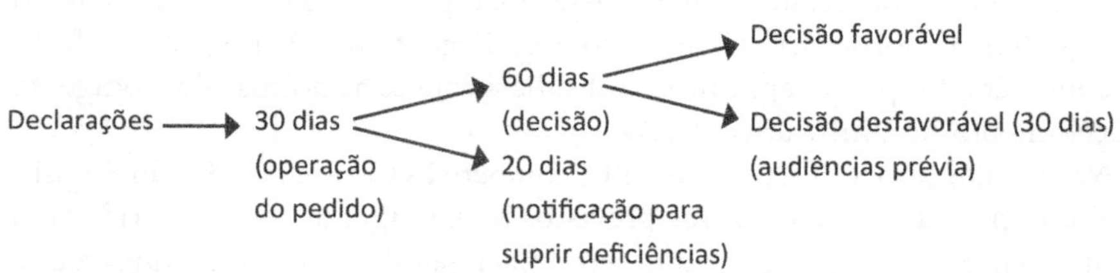

A Conservatória analisa as declarações para fins de atribuição, aquisição ou perda de nacionalidade no prazo de 30 dias, podendo notificar o interessado para, no prazo de 20 dias, suprir deficiências, sendo ainda possível promover diligências que considere necessárias à prolação da decisão.

Concluída a instrução, o conservador profere a decisão no prazo de 60 dias. Se o sentido da decisão for o do indeferimento, o interessado é notificado dos fundamentos que conduzem ao indeferimento, podendo pronunciar-se no prazo de 30 dias.

O processo seria rápido, quiçá três meses, se houvesse funcionários suficientes para a apreciação dos pedidos e preparação das decisões e se não surgissem, com muita frequência, dúvidas fundadas sobre a autenticidade dos documentos ou não se encontrassem pendentes diligências. Tais contingências levam à sustação do procedimento, ou seja, à sua suspensão, por vezes durante anos.

2. MEIOS DE REAÇÃO

2.1. Recurso hierárquico e ação de impugnação e condenação à prática do ato devido

Fazendo eco da insatisfação por tais demoras, o advogado Miguel Reis interroga-se no seu blogue:

> «A degradação dos serviços do registo civil português conduziu a que atos tão simples como são as transcrições de atos de registo processados em outras jurisdições cheguem a demorar anos e anos, nalguns casos décadas.
>
> Como podemos reagir a essa barbaridade, que importa consigo uma discriminação inaceitável dos emigrantes portugueses?»

Após mencionar que a única solução é recorrer à via judicial, disserta sobre os prazos e os efeitos da omissão da seguinte forma:

> «Prazo geral – Art. 86º do Código do Procedimento Administrativo
>
> 1 – Exceto quanto ao prazo de decisão do procedimento e na falta de disposição especial ou de fixação pela Administração, o prazo para os atos a praticar pelos órgãos administrativos é de 10 dias.
>
> 2 – É igualmente de 10 dias o prazo para os interessados requererem ou praticarem quaisquer atos, promoverem diligências, responderem sobre os assuntos acerca dos quais se devam pronunciar ou exercerem outros poderes no procedimento.
>
> Significa isto, de forma sucinta, que o procedimento não pode nem deve ficar parado por mais de 10 dias úteis, que se contam em conformidade com as regras do art. 87º.
>
> Prazo para a conclusão do procedimento
>
> O procedimento deve ser concluído no prazo de 90 dias, em conformidade com o disposto no art. 128º, 1, do Código do Procedimento Administrativo.
>
> Este prazo pode, em circunstâncias excecionais, ser prorrogado por um ou mais períodos, que não podem, em nenhuma circunstância, ultrapassar os 90 dias (art. 128º, 1).
>
> O prazo do art. 128º, 1, conta-se a partir da data da entrada do requerimento.
>
> A decisão da prorrogação tem de ser feita por despacho fundamentado, que é obrigatoriamente notificado ao requerente.
>
> O nº 5 do mesmo art. 128º determina que "para eventual apuramento de responsabilidade disciplinar a inobservância dos prazos referidos nos números anteriores deve ser justificada pelo órgão responsável dentro dos 10 dias seguintes ao termo dos mesmos prazos".

O art. 129º refere-se ao incumprimento do dever de decisão nos termos seguintes:

"Sem prejuízo do disposto no nº 2 do artigo 13º e no artigo seguinte, a falta, no prazo legal, de decisão final sobre pretensão dirigida a órgão administrativo competente constitui incumprimento do dever de decisão, conferindo ao interessado a possibilidade de utilizar os meios de tutela administrativa e jurisdicional adequados."

No novo Código do Procedimento Administrativo, o prazo procedimental tem natureza substantiva e o seu incumprimento, máxime no tocante à não prorrogação gera ato tácito.

Temos para nós que os pedidos de integração e transcrição para o registo civil português de atos de registo processados no estrangeiro devem ser objeto de decisão no prazo de 90 dias, o qual pode ser prorrogado, por despacho fundamentado, por um ou mais períodos que, cumulativamente, não ultrapassem os 90 dias.

Se não for proferido despacho prorrogando o prazo originário dos 90 dias, nos termos do disposto nos termos do art. 128º, 1, do CPA forma-se imediatamente ato tácito de deferimento, que, porém, não produz nenhum efeito se o particular não recorrer aos tribunais.»

Discordamos da aludida consequência do incumprimento de prazos. Na redação primitiva do CPA, o decurso do prazo legal de decisão, sem que a Administração tivesse tomado decisão, originava o indeferimento tácito. Ou seja, o silêncio fazia presumir um ato de indeferimento, contenciosamente impugnável por via de recurso de anulação.

Com a revisão do CPA de 2015, a inércia da Administração não dá lugar nem ao indeferimento tácito, nem ao deferimento tácito (a não ser nos casos expressamente previstos), permitindo apenas que o interessado possa reagir contenciosamente contra a omissão indevida do ato, solicitando ao Tribunal que condene a Administração a emitir o ato pretendido (decisão). O ato omitido não é necessariamente o deferimento da pretensão, mas a decisão em função dos elementos existentes, podendo, consequentemente, ser desfavorável ao autor da ação administrativa.

Perante o silêncio do Conservador e a omissão da prática do ato, o interessado pode interpor recurso hierárquico facultativo, nos termos do art. 166º e seguintes do CPA, devendo o requerimento ser dirigido ao Presidente do Conselho Diretivo do IRN ou propor ação de condenação à prática do ato devido (art. 67º CPTA).

Se a decisão do Conservador for de recusa do registo, o interessado pode também propor ação de impugnação da decisão e condenação à prática do ato devido. Na verdade, o que verdadeiramente se discute não é o «não», mas a questão sobre a qual o Conservador se pronunciou. Como resulta claramente do art. 66º, nº 2, do CPTA (Código de Processo nos Tribunais Administrativos), quando se veja confrontado com um ato de indeferimento o interessado deve impugnar o ato e também pedir a condenação à prática do ato que, em seu entender, é devido (efetivação do registo).

Poderá, também, interpor recurso hierárquico facultativo, nos termos mencionados no anterior penúltimo parágrafo.

Dever-se-á ter em atenção o prazo de 15 dias, nos termos dos arts. 286º, nº 4, e 287º a 289º do Código do Registo Civil, por força do art. 41º, nº 6, do Regulamento da Nacionalidade.

Recursos do conservador

Artigo 286º – Código do Registo Civil
Admissibilidade

1 – A decisão de recusa da prática de qualquer ato de registo nos termos requeridos pode ser impugnada mediante a interposição de recurso hierárquico para o presidente do IRN, I.P., ou mediante impugnação judicial para o tribunal da área da circunscrição a que pertence a conservatória.

2 – As decisões proferidas pelo conservador nos termos dos artigos 254º, 257º e 268º podem ser impugnadas judicialmente para o tribunal competente na área da circunscrição a que pertence a conservatória.

3 – (*Revogado pelo DL 324/2007, 28/9.*)

4 – Ao recurso hierárquico aplica-se, com as necessárias adaptações, o disposto nos artigos 287º a 289º, devendo a decisão ser proferida, no prazo de 90 dias, pelo diretor-geral dos Registos e do Notariado.

5 – Sempre que o recurso hierárquico tenha sido julgado improcedente, o interessado, se ainda não o tiver feito, pode impugnar judicialmente o despacho inicial do conservador para o tribunal da área da circunscrição a que pertence a conservatória, no prazo de 10 dias a contar da notificação da decisão, observando-se o disposto no nº 1 do artigo 288º

6 – No caso previsto no número anterior, o processo é instruído com o recurso hierárquico.

Significa isto que se o recurso hierárquico não for considerado procedente, o prazo para impugnar contenciosamente é de 10 dias a contar da notificação da decisão.

Quanto aos meios contenciosos, a ação de impugnação e condenação à prática do ato devido deverá ser proposta no Tribunal Administrativo no prazo de um ano (art. 61º do Regulamento da Nacionalidade). Caso tenha havido recurso hierárquico, o prazo já será de 10 dias, nos termos do indicado no parágrafo anterior.

2.2. Intimação para proteção de direitos, liberdades e garantias

Para a defesa dos direitos e interesses legalmente protegidos dos cidadãos no confronto perante atuações da Administração Pública, o CPTA faculta, além de providências cautelares, um conjunto diversificado de ações principais – umas urgentes, outras não-urgentes. As primeiras destinam-se a acautelar situações em que a celeridade da intervenção dos tribunais é exigida pelo interesse dos particulares, da Administração, ou de ambos, em ver resolvida rápida e definitivamente determinada situação litigiosa. Tais ações principais são urgentes, obedecem a prazos mais curtos do que o normal, correm em férias e têm prioridade sobre as demais (art. 36º do CPTA).

Uma dessas ações principais urgentes é a «intimação para proteção de direitos, liberdades e garantias», prevista e regulada nos artigos 109º a 111º do CPTA.

Através deste meio processual, podem ser obtidas decisões que imponham à Administração a adoção de uma conduta positiva ou negativa que se revele indispensável para assegurar o exercício, em tempo útil, de um direito, liberdade ou garantia – desde que para o efeito não se revele possível ou adequado o recurso à tutela cautelar.

Não há qualquer prazo para a propositura destas intimações. Assim que são propostas a sua tramitação é, em princípio, extremamente simplificada. Em situações de especial urgência, o juiz pode mesmo dispensar a apresentação de uma contestação escrita por parte da entidade requerida, promovendo a sua audição através de qualquer meio ou promovendo a realização de uma audiência oral, no termo da qual a decisão é tomada de imediato.

«Deve julgar-se improcedente o pedido de intimação para proteção de direitos, liberdades e garantias quando o direito, liberdade e garantia diretamente ligado à situação controvertida não está ameaçado ao ponto de carecer de tutela urgente e quando o direito cujo exercício se pretende alcançar com a concretização do primeiro direito ou não é ele próprio um direito desse tipo ou pura e simplesmente não é titulado pelo A.» (acórdão do STA, de 10/09/2020, relatora Maria Benedita Pires Urbano).

2.3. Ação de oposição à aquisição de nacionalidade

A Lei da Nacionalidade de Portugal prevê a possibilidade de o Ministério Público se opor ao deferimento do pedido de nacionalidade portuguesa, através de uma ação judicial específica no Tribunal Administrativo, por entender não estarem preenchidos os requisitos legais para tanto. Trata-se da ação de oposição à nacionalidade, que pode ser proposta no prazo de um ano a contar da data do facto de que depende a aquisição da nacionalidade.

A ação de oposição à nacionalidade pode ser proposta pelo Ministério Público nos casos de requerimento da nacionalidade por efeito da vontade. Em geral, o Ministério Público apresenta como fundamento de oposição à nacionalidade a inexistência de ligação efetiva do requerente à comunidade nacional portuguesa.

O requerente da nacionalidade é citado para contestar. A contestação deve ser feita através de advogado, que pode optar por apresentar mais provas e documentos em que procurará demonstrar a existência de um vínculo efetivo do réu com a comunidade nacional portuguesa, sabendo-se, de qualquer forma, que o ónus da prova de falta de ligação incumbe ao Ministério Público. Queixam-se os Procuradores do Ministério Público da dificuldade em obter prova, tanto mais que a recolha de informações pode colidir com a própria reserva da vida privada.

Capítulo XVI
Processos Lei dos Estrangeiros

1. RECUSA NA CONCESSÃO DE VISTO

O interessado pode reagir contra a decisão de recusa de visto.

Poderá optar entre:

- Reclamar para o próprio autor do ato, no prazo de 15 dias a contar da data em que o interessado teve conhecimento do indeferimento (art. 191º CPA, Código do Procedimento Administrativo).
- Apresentar recurso hierárquico facultativo para o Ministro dos Negócios Estrangeiros, no prazo de trinta dias após ter sido notificado do indeferimento (art. 59º CPTA, por remissão do nº 2 do art. 193º CPA).
- Propor, no prazo de três meses após ter sido notificado (artigos 69º e 59º CPTA), no tribunal competente (Tribunal Administrativo de Círculo de Lisboa, por determinação supletiva do artigo 22º CPTA), a ação administrativa de impugnação do ato de indeferimento, em cumulação com o pedido de condenação à prática de ato devido.

Note-se que os dois últimos meios não se excluem. Como tal, o requerente poderá proceder à prévia impugnação hierárquica, gozando do efeito geral de suspensão do prazo de recurso contencioso e, só depois, em função do resultado do recurso hierárquico, utilizar ou não a ação administrativa. Poderá não aguardar pelo desfecho do recurso hierárquico e propor a ação administrativa.

Poderá, também, em vez de apresentar recurso hierárquico facultativo da decisão de indeferimento, no pressuposto de que este estaria votado ao fracasso, ter imediatamente acesso a tribunal, sem necessidade de esperar pela decisão do recurso hierárquico (nos termos do nº 5 do art. 59º CPTA).

1.1. Recusa na concessão de autorização de residência

O SEF é competente para decidir sobre os pedidos de autorização de residência bem como da sua renovação. O pedido de autorização deve ser decidido no prazo de 90 dias e o da renovação no prazo de 60 dias (arts. 8º, nº 1, e 71º, nº 1, da Lei nº 23/2007 (Lei dos Estrangeiros).

No caso de pedido de autorização, não havendo resposta dentro do prazo, não ocorre deferimento tácito, pelo que, em rigor, o interessado fica em situação ilegal, caso já tenha decorrido o prazo de validade do título que legitima a sua estada, como é o caso do visto de curta duração. Durante o período de pandemia, foram aprovados diplomas que legalizaram a situação de quem tinha pedidos pendentes, conforme descrito no Capítulo XI.

Neste caso de silêncio do SEF, o estrangeiro poderá propor ação administrativa de condenação à prática do ato devido. Caso o pedido de autorização tenha sido recusado, o interessado poderá impugnar, propondo ação administrativa, em que pede também a condenação no ato devido, ou seja, na emissão de autorização de residência (art. 82º, nº 4, da Lei nº 23/2007).

No caso de pedido de renovação, se a resposta não for comunicada ao interessado no prazo de 60 dias, considera-se deferido, ou seja, há deferimento tácito, pois a lei expressamente o prevê (art. 82º, nº 3). Em caso de recusa na renovação, o interessado pode propor ação administrativa de impugnação, com o pedido de condenação na prática do ato devido.

2. REAGRUPAMENTO FAMILIAR

Os litígios submetidos aos tribunais em matéria de reagrupamento familiar dizem sobretudo respeito à não emissão do visto de residência, uma vez deferido o pedido de reagrupamento. Tem sido entendimento dominante que a recusa de emissão do visto de residência permite o uso do meio processual urgente de intimação judicial para proteção de direitos, liberdades e garantias, nos termos do art. 109º e seguintes do CPTA.

> «Constituem dois procedimentos administrativos autónomos, (i) o de **reagrupamento familiar** instaurado junto do Serviço de Estrangeiros e Fronteiras pelo "cidadão residente em território nacional que pretenda beneficiar do direito de **reagrupamento familiar**" e (ii) o de visto de residência a favor dos **familiares**, a instaurar por estes, isto é, pelos **familiares** do cidadão residente que obteve deferimento da pretensão deduzida no mencionado procedimento de **reagrupamento familiar**, e que corre no MNE na medida em que deve ser instaurado na "missão diplomática ou posto consular de carreira da respectiva área de residência" – vd. Arts. 66º e 68º,

Dec. Reg. 84/07 de 05.11. (ii) O que significa que os procedimentos em causa são da iniciativa dos particulares interessados e, por isso, têm sujeitos distintos relativamente ao acto propulsivo que determina a respectiva abertura, o que, derivado à legitimidade para os iniciar que assiste aos sujeitos requerentes, origina na esfera jurídica da Administração o dever de decidir procedimental – vd. Arts. 54º, 53º nº 1 e 9º nº 1 CPA.»

(acórdão do Tribunal Central Administrativo Sul, de 3/03/2011, relatora Cristina dos Santos)

3. AFASTAMENTO COERCIVO

Quando um estrangeiro é encontrado em Portugal em situação irregular, pode ser detido pelas autoridades e entregue ao SEF, devendo ser presente ao juiz criminal no prazo de 48 horas (art. 146º, nºs 1 e 7, Lei dos Estrangeiros). A prisão preventiva está expressamente excluída. Não havendo prisão, não há lugar a pedido de *habeas corpus*:

«I – De acordo com o disposto no art. 37º da Lei 23/2007, de 04-07 (Regime Jurídico de Entrada, Permanência, Saída e Afastamento de Estrangeiros do Território Nacional) a recusa da entrada em território nacional é da competência do director nacional do SEF, com faculdade de delegação e a sua decisão é susceptível de impugnação judicial com efeito meramente devolutivo perante os tribunais administrativos (art. 39º).

II – Sempre que não seja possível efectuar o reembarque do cidadão estrangeiro dentro das 48h após a decisão de recusa de entrada, desse facto é dado conhecimento a um juiz, com vista a determinar a sua manutenção em centro de instalação temporária ou espaço equiparado.

III – Porque os requerentes deduziram procedimento cautelar de suspensão do acto administrativo de recusa da sua entrada em território português, os autos foram remetidos a juízo, nos termos do nº 4 do citado art. 38º, na sequência do que foi autorizado que os passageiros ora requerentes permanecessem temporariamente nas instalações do aeroporto de Lisboa até à data do embarque, à transportadora incumbindo a prestação de todo o apoio e satisfação das necessidades básicas.

V – Os requerentes, embora não possam deambular no território nacional, onde verdadeiramente não entraram, não se encontram propriamente privados da liberdade, nomeadamente da de regresso ao país de origem ou a outro que os acolha, e, assim, porque não se encontram presos, não foram violados os preceitos legais invocados, por isso não podendo haver lugar à providência de *habeas corpus* requerida, não se verificando nenhum dos fundamentos do referido nº 2 do art. 222º do CPP.» (Acórdão do STJ, de 25/10/2017, relator Francisco Caetano)

O afastamento coercivo é a medida que o SEF irá promover, caso não haja abandono voluntário.

Os imigrantes em situação legal só podem ser afastados coercivamente por decisão judicial, em processo de expulsão judicial.

A decisão de afastamento coercivo não é considerada um ato político, podendo ser revista pelos tribunais administrativos, em ação de impugnação. Poderá também ser apresentado um pedido cautelar de suspensão de eficácia da medida.

4. EXPULSÃO

A expulsão aplica-se aos casos de imigração legal, sendo a decisão proferida pelo tribunal. Por vezes, é uma medida acessória, como decorre da situação tratada no acórdão do Tribunal Central Administrativo Sul, de 14/09/2020, em que o cidadão estrangeiro foi condenado pela prática do crime de homicídio qualificado.

> «**I** – Ponderando o elenco de motivos patenteados pelo Recorrido, é mister concluir que, não só se apresenta absolutamente percetível e inteligível a um homem médio a razão pela qual foi cancelada a autorização de residência permanente, como esta decisão configura um resultado lógico do elenco de razões convocadas. Pelo que não só o ato impugnado mostra-se fundamentado, como a fundamentação esgrimida pelo Recorrido é detentora de coerência, suficiência e intrínseca racionalidade.
>
> **II** – O art. 151º da Lei nº 23/2007 estabelece a possibilidade de o juiz penal decretar a expulsão de estrangeiro do território nacional a título de pena acessória. Ou seja, para além de outra pena, mormente, a pena de prisão, o juiz penal pode, se estiverem reunidas as condições descritas nos nºs 1, e ou 3 do dito art. 151º, expulsar um cidadão estrangeiro do território nacional, incluindo no caso de tal cidadão beneficiar de uma autorização de residência permanente, como acontece no caso concreto. Quer isto significar que o disposto no art. 151º da Lei nº 23/2007 não atribui qualquer competência ao Serviço de **Estrangeiros** e Fronteiras, mas antes a fornece a uma autoridade judicial.
>
> **III** – No caso dos autos, é de assinalar que o Recorrido não determinou a expulsão do agora Recorrente, nem o ato impugnado nestes autos, proferido em 25/07/2014, foi editado a coberto deste art. 151º.
>
> **IV** – Com efeito, o ato agora impugnado foi emitido em concretização do estatuído no art. 85º da Lei nº 23/2007, preceito este que estipula o regime de cancelamento da autorização de residência permanente anteriormente concedida.
>
> **V** – Tendo o Recorrente sido condenado na pena de prisão efetiva de 11 anos e 9 meses pela prática de dois crimes, de homicídio e de detenção de arma proibida, estão inequivocamente preenchidos os requisitos previstos no art. 85º, nº 1, al. c) da Lei nº 23/2007.

VI – Os crimes praticados pelo Recorrente são, efetivamente, *atos criminosos graves*, nos termos do exigido na al. c) do nº 1 do art. 85º, concorrendo para esta conclusão não só a moldura penal abstrata que se encontra prevista para cada um dos crimes pelos quais o Recorrente foi condenado, como, principalmente, a concreta pena de prisão que foi aplicada ao Recorrente – 11 anos e 9 meses.

VII – Ora, é evidente que o desvalor associado à prática do crime de homicídio é muitíssimo intenso, atento os limites mínimo e máximo da moldura penal abstratamente aplicável. E, no caso concreto, mais ainda, visto que o Recorrente foi condenado pela prática de um crime de homicídio qualificado.

VIII – Assim, e invocando a axiologia constitucional e penal, é seguro afirmar que, numa escala de gravidade, o crime de homicídio qualificado, associado a um outro crime de detenção de arma proibida, convoca um grau de gravidade muito elevado, que acarreta um desvalor da conduta igualmente muito elevado.» (relatora Paula de Ferreirinha Loureiro)

BIBLIOGRAFIA

LOPES, Mário Filipe Monteiro, *Nacionalidade – Notas Práticas*, Coimbra, Almedina, 2008.

AAVV, *Contencioso da Nacionalidade*, Coleção Formação Inicial, e-book do Centro de Estudos Judiciários.

AAVV, *O novo direito português da nacionalidade – Estudos em homenagem ao Prof. Doutor Ferrer Correia*, Coimbra, Universidade de Coimbra, 1986, vol. I.

COMTE, Isabel Grilo, *Lei da Nacionalidade»*, Forte da Casa, Petrony, 2020.

COSTA, Paulo Manuel, *Oposição e Aquisição da Nacionalidade*, *Revista da Ordem dos Advogados*, outubro-novembro de 2012.

DUARTE, Feliciano Barreiras, *As Leis da Nacionalidade dos Estados-Membros da CPLP*, Lisboa, Âncora, 2014.

ESTAPÀ, Jaime Saura, *Nacionalidad y nuevas fronteras en Europa, Madrid*, Marcial Pons, 1998.

OLIVEIRA, A. Sofia Pinto e RUSSO, Anabela, *Lei do Asilo – Anotada e Comentada*, Forte da Casa, Petrony, 2018.

RAMOS, Rui Manuel Moura, *Estudos de Direito Português da Nacionalidade»*, Coimbra, Gestlegal, 2ª edição, 2019.

SANTOS, António Marques, *Estudos de Direito da Nacionalidade*, Coimbra, Almedina, 1998.

SCHWALBACH, José Gaspar, *Direito da Imigração*, Coimbra, Almedina, 2021.

VARGAS, Ana, RUAS, Joaquim e TORRES, Mário, *Direito dos Estrangeiros*, Lisboa, Edições Cosmos, 1995.

Lei da Nacionalidade atualizada
(Lei nº 37/81, de 3 de outubro)

TÍTULO I
Atribuição, aquisição e perda da nacionalidade

CAPÍTULO I
Atribuição da nacionalidade

ARTIGO 1º
Nacionalidade originária

1 – São portugueses de origem:

a) Os filhos de mãe portuguesa ou de pai português nascidos no território português;

b) Os filhos de mãe portuguesa ou de pai português nascidos no estrangeiro se o progenitor português aí se encontrar ao serviço do Estado Português;

c) Os filhos de mãe portuguesa ou de pai português nascidos no estrangeiro se tiverem o seu nascimento inscrito no registo civil português ou se declararem que querem ser portugueses;

d) Os indivíduos com, pelo menos, um ascendente de nacionalidade portuguesa originária do 2º grau na linha reta que não tenha perdido essa nacionalidade, se declararem que querem ser portugueses e possuírem laços de efetiva ligação à comunidade nacional;

e) Os indivíduos nascidos no território português, filhos de estrangeiros, se pelo menos um dos progenitores também aqui tiver nascido e aqui tiver residência, independentemente de título, ao tempo do nascimento;

f) Os indivíduos nascidos no território português, filhos de estrangeiros que não se encontrem ao serviço do respetivo Estado, que não declarem não querer ser portugueses, desde que, no momento do nascimento, um dos progenitores resida legalmente no território português, ou aqui resida, independentemente do título, há pelo menos um ano;

g) Os indivíduos nascidos no território português e que não possuam outra nacionalidade.

2 – Presumem-se nascidos no território português, salvo prova em contrário, os recém-nascidos que aqui tenham sido expostos.

3 – A existência de laços de efetiva ligação à comunidade nacional, para os efeitos estabelecidos na alínea d) do nº 1, verifica-se pelo conhecimento suficiente da língua portuguesa e depende da não condenação a pena de prisão igual ou superior a 3 anos, com trânsito em julgado da sentença, por crime punível segundo a lei portuguesa, e da não existência de perigo ou ameaça para a segurança ou a defesa nacional, pelo envolvimento em atividades relacionadas com a prática do terrorismo, nos termos da respetiva lei.

4 – A prova da residência legal referida na alínea f) do nº 1 faz-se mediante a exibição do competente documento de identificação do pai ou da mãe no momento do registo.

CAPÍTULO II
Aquisição da nacionalidade

SECÇÃO I
Aquisição da nacionalidade por efeito da vontade

ARTIGO 2º
Aquisição por filhos menores ou incapazes

Os filhos menores ou incapazes de pai ou mãe que adquira a nacionalidade portuguesa podem também adquiri-la, mediante declaração.

ARTIGO 3º
Aquisição em caso de casamento ou união de facto

1 – O estrangeiro casado há mais de três anos com nacional português pode adquirir a nacionalidade portuguesa mediante declaração feita na constância do matrimónio.

2 – A declaração de nulidade ou anulação do casamento não prejudica a nacionalidade adquirida pelo cônjuge que o contraiu de boa-fé.

3 – O estrangeiro que, à data da declaração, viva em união de facto há mais de três anos com nacional português pode adquirir a nacionalidade portuguesa, após ação de reconhecimento dessa situação a interpor no tribunal cível.

ARTIGO 4º
Declaração após aquisição de capacidade

Os que hajam perdido a nacionalidade portuguesa por efeito de declaração prestada durante a sua incapacidade podem adquiri-la, quando capazes, mediante declaração.

SECÇÃO II
Aquisição da nacionalidade pela adoção

ARTIGO 5º
Aquisição por adoção

O adotado por nacional português adquire a nacionalidade portuguesa.

SECÇÃO III
Aquisição da nacionalidade por naturalização

ARTIGO 6º
Requisitos

1 – O Governo concede a nacionalidade portuguesa, por naturalização, aos estrangeiros que satisfaçam cumulativamente os seguintes requisitos:

a) Serem maiores ou emancipados à face da lei portuguesa;

b) Residirem legalmente no território português há pelo menos cinco anos;

c) Conhecerem suficientemente a língua portuguesa;

d) Não tenham sido condenados, com trânsito em julgado da sentença, com pena de prisão igual ou superior a 3 anos, por crime punível segundo a lei portuguesa;

e) Não constituam perigo ou ameaça para a segurança ou a defesa nacional, pelo seu envolvimento em atividades relacionadas com a prática do terrorismo, nos termos da respetiva lei.

2 – O Governo concede a nacionalidade, por naturalização, aos menores nascidos no território português, filhos de estrangeiros, e que no caso de terem completado a idade de imputabilidade penal cumpram os requisitos das alíneas d) e e) do número anterior, desde que, no momento do pedido, preencham uma das seguintes condições:

a) Um dos progenitores aqui tenha residência, independentemente de título, pelo menos durante os cinco anos imediatamente anteriores ao pedido;

b) Um dos progenitores tenha residência legal em território nacional;

c) O menor aqui tenha frequentado, pelo menos, um ano da educação pré-escolar ou ensino básico, secundário ou profissional.

3 – Tratando-se de criança ou jovem com menos de 18 anos, acolhidos em instituição pública, cooperativa, social ou privada com acordo de cooperação com o Estado, na sequência de medida de promoção e proteção definitiva aplicada em processo de promoção e proteção, ao abrigo do disposto no nº 3 do artigo 72º da Lei de Proteção de Crianças e Jovens em Perigo, aprovada em anexo à Lei nº 147/99, de 1 de setembro, cabe ao Ministério Público promover o respetivo processo de naturalização com dispensa das condições referidas no número anterior.

4 – O Governo concede a naturalização, com dispensa dos requisitos previstos nas alíneas b) e c) do nº 1, aos indivíduos que tenham tido a nacionalidade portuguesa e que, tendo-a perdido, nunca tenham adquirido outra nacionalidade.

5 – O Governo concede a nacionalidade, por naturalização, com dispensa do requisito estabelecido na alínea b) do nº 1, aos indivíduos que satisfaçam cumulativamente os seguintes requisitos:

a) Tenham nascido em território português;

b) Sejam filhos de estrangeiro que aqui tivesse residência, independentemente de título, ao tempo do seu nascimento;

c) Aqui residam, independentemente de título, há pelo menos cinco anos.

6 – O Governo pode conceder a naturalização, com dispensa dos requisitos previstos nas alíneas b) e c) do nº 1, aos indivíduos que, não sendo apátridas, tenham tido a nacionalidade portuguesa, aos que forem havidos como descendentes de portugueses originários, aos membros de comunidades de ascendência portuguesa e aos estrangeiros que tenham prestado ou sejam chamados a prestar serviços relevantes ao Estado Português ou à comunidade nacional.

7 – O Governo pode conceder a nacionalidade por naturalização, com dispensa dos requisitos previstos nas alíneas b) e c) do nº 1, aos descendentes de judeus sefarditas portugueses, através da demonstração da tradição de pertença a uma comunidade sefardita de origem portuguesa, com base em requisitos objetivos comprovados de ligação a Portugal, designadamente apelidos, idioma familiar, descendência direta ou colateral.

8 – O Governo pode conceder a nacionalidade, por naturalização, com dispensa do requisito estabelecido na alínea b) do nº 1, aos indivíduos que sejam ascendentes de cidadãos portugueses originários, aqui tenham residência, independentemente de título, há pelo menos cinco anos imediatamente anteriores ao pedido e desde que a ascendência tenha sido estabelecida no momento do nascimento do cidadão português.

9 – O Governo concede a nacionalidade, por naturalização, com dispensa dos requisitos estabelecidos nas alíneas a), b) e c) do nº 1, aos indivíduos que não

conservaram a nacionalidade portuguesa nos termos do artigo 2º do Decreto-Lei nº 308-A/75, de 24 de junho, por residirem em Portugal há menos de cinco anos em 25 de abril de 1974, desde que, após a perda da nacionalidade portuguesa, não tenham estado ao serviço do respetivo Estado e tenham permanecido e permaneçam em Portugal, independentemente do título, bem como aos seus filhos, nascidos em território nacional, aos quais não tenha sido atribuída a nacionalidade originária.

10 – O conhecimento da língua portuguesa referido na alínea c) do nº 1 presume-se existir para os requerentes que sejam naturais e nacionais de países de língua oficial portuguesa.

11 – A prova da inexistência de condenação, com trânsito em julgado da sentença, com pena de prisão igual ou superior a 3 anos referida na alínea d) do nº 1 faz-se mediante a exibição de certificados de registo criminal emitidos:

a) Pelos serviços competentes portugueses;

b) Pelos serviços competentes do país do nascimento, do país da nacionalidade e dos países onde tenha tido residência, desde que neles tenha tido residência após completar a idade de imputabilidade penal.

12 – O procedimento de naturalização das pessoas abrangidas pelos nºs 2, 3, 5 e 9 é gratuito.

ARTIGO 7º
Processo

1 – A naturalização é concedida, a requerimento do interessado, por decisão do Ministro da Justiça.

2 – O processo de naturalização e os documentos destinados à sua instrução não estão sujeitos às disposições do Código do Imposto do Selo.

CAPÍTULO III
Perda da nacionalidade

ARTIGO 8º
Declaração relativa à perda da nacionalidade

Perdem a nacionalidade portuguesa os que, sendo nacionais de outro Estado, declarem que não querem ser portugueses.

CAPÍTULO IV
Oposição à aquisição da nacionalidade por efeito da vontade

ARTIGO 9º
Fundamentos

1 – Constituem fundamento de oposição à aquisição da nacionalidade portuguesa por efeito da vontade:

a) A inexistência de ligação efetiva à comunidade nacional;

b) A condenação, com trânsito em julgado da sentença, com pena de prisão igual ou superior a 3 anos, por crime punível segundo a lei portuguesa;

c) O exercício de funções públicas sem caráter predominantemente técnico ou a prestação de serviço militar não obrigatório a Estado estrangeiro;

d) A existência de perigo ou ameaça para a segurança ou a defesa nacional, pelo seu envolvimento em atividades relacionadas com a prática do terrorismo, nos termos da respetiva lei.

2 – A oposição à aquisição de nacionalidade com fundamento na alínea a) do número anterior não se aplica às situações de aquisição de nacionalidade em caso de casamento ou união de facto quando existam filhos comuns do casal com nacionalidade portuguesa.

3 – A oposição à aquisição de nacionalidade com fundamento na alínea a) do nº 1 também não se aplica às situações de aquisição de nacionalidade quando o casamento ou a união de facto decorra há pelo menos seis anos.

4 – À prova da inexistência de condenação referida na alínea b) do nº 1 é aplicável o disposto no nº 11 do artigo 6º

ARTIGO 10º
Processo

1 – A oposição é deduzida pelo Ministério Público no prazo de um ano a contar da data do facto de que dependa a aquisição da nacionalidade, em processo a instaurar nos termos do artigo 26º

2 – É obrigatória para todas as autoridades a participação ao Ministério Público dos factos a que se refere o artigo anterior.

CAPÍTULO V
Efeitos da atribuição, aquisição e perda da nacionalidade

ARTIGO 11º
Efeitos da atribuição

A atribuição da nacionalidade portuguesa produz efeitos desde o nascimento, sem prejuízo da validade das relações jurídicas anteriormente estabelecidas com base em outra nacionalidade.

ARTIGO 12º
Efeitos das alterações de nacionalidade

Os efeitos das alterações de nacionalidade só se produzem a partir da data do registo dos atos ou factos de que dependem.

ARTIGO 12º-A
Nulidade

1 – É nulo o ato que determine a atribuição, aquisição ou perda da nacionalidade portuguesa com fundamento em documentos falsos ou certificativos de factos inverídicos ou inexistentes, ou ainda em falsas declarações.

2 – O disposto no número anterior não é aplicável nos casos em que da declaração da nulidade resulte a apatridia do interessado.

ARTIGO 12º-B
Consolidação da nacionalidade

1 – A titularidade de boa-fé de nacionalidade portuguesa originária ou adquirida durante, pelo menos, 10 anos é causa de consolidação da nacionalidade, ainda que o ato ou facto de que resulte a sua atribuição ou aquisição seja contestado.

2 – O prazo referido no número anterior é de 18 meses para os menores com nascimento no registo civil português.

3 – Nos casos de atribuição da nacionalidade, o prazo referido no nº 1 conta-se a partir da data do registo de nascimento, se a identificação como cidadão português tiver na sua origem o respetivo registo, ou a partir da data da emissão do primeiro documento de identificação como cidadão nacional, se a identificação como cidadão português derivar do documento emitido.

4 – Nos casos de aquisição de nacionalidade, o prazo referido no nº 1 conta-se a partir:

a) Da data do registo da nacionalidade, nos casos de aquisição por efeito da vontade, pela adoção ou por naturalização;

b) Da data do facto de que dependa a aquisição, nos casos de aquisição por efeito da lei;

c) Da data de emissão do primeiro documento de identificação, nos demais casos.

CAPÍTULO VI
Disposições gerais

ARTIGO 13º
Suspensão de procedimentos

1 – O procedimento de aquisição da nacionalidade portuguesa por efeito da vontade, por adoção ou por naturalização suspende-se durante o decurso do prazo de cinco anos a contar da data do trânsito em julgado de sentença que condene o interessado por crime previsto na lei portuguesa e em pena ou penas que, isolada ou cumulativamente, ultrapassem 1 ano de prisão.

2 – Com a suspensão prevista no número anterior, suspende-se também a contagem do prazo previsto no nº 1 do artigo 10º

3 – São nulos os atos praticados em violação do disposto no nº 1.

ARTIGO 14º
Efeitos do estabelecimento da filiação

Só a filiação estabelecida durante a menoridade produz efeitos relativamente à nacionalidade.

ARTIGO 15º
Residência

1 – Para os efeitos do disposto nos artigos precedentes, entende-se que residem legalmente no território português os indivíduos que aqui se encontram, com a sua situação regularizada perante as autoridades portuguesas, ao abrigo de qualquer dos títulos, vistos ou autorizações previstos no regime de entrada, permanência, saída e afastamento de estrangeiros e no regime do direito de asilo.

2 – O disposto no número anterior não prejudica os regimes especiais de residência legal resultantes de tratados ou convenções de que Portugal seja Parte, designadamente no âmbito da União Europeia e da Comunidade dos Países de Língua Portuguesa.

3 – Para os efeitos de contagem de prazos de residência legal previstos na presente lei, considera-se a soma de todos os períodos de residência legal em territó-

rio nacional, seguidos ou interpolados, desde que os mesmos tenham decorrido num intervalo máximo de 15 anos.

4 – Consideram-se igualmente como residindo legalmente no território português as crianças e jovens filhos de estrangeiros e acolhidos em instituição pública, cooperativa, social ou privada com acordo de cooperação com o Estado, na sequência de um processo de promoção e proteção.

TÍTULO II
Registo, prova e contencioso da nacionalidade

CAPÍTULO I
Registo central da nacionalidade

ARTIGO 16º
Registo central da nacionalidade

As declarações de que dependem a atribuição, a aquisição ou a perda da nacionalidade portuguesa devem constar do registo central da nacionalidade, a cargo da Conservatória dos Registos Centrais.

ARTIGO 17º
Declarações perante os agentes diplomáticos ou consulares

As declarações de nacionalidade podem ser prestadas perante os agentes diplomáticos ou consulares portugueses e, neste caso, são registadas oficiosamente em face dos necessários documentos comprovativos, a enviar para o efeito à Conservatória dos Registos Centrais.

ARTIGO 18º
Atos sujeitos a registo obrigatório

1 – É obrigatório o registo:

a) Das declarações para atribuição da nacionalidade;

b) Das declarações para aquisição ou perda da nacionalidade;

c) Da naturalização de estrangeiros.

2 – (*Revogado.*)

ARTIGO 19º
Registo da nacionalidade

O registo do ato que importe atribuição, aquisição ou perda da nacionalidade é lavrado por assento ou por averbamento.

ARTIGO 20º
Registos gratuitos

(Revogado.)

CAPÍTULO II
Prova da nacionalidade

ARTIGO 21º
Prova da nacionalidade originária

1 – A nacionalidade portuguesa originária dos indivíduos abrangidos pelas alíneas a), b), f) e g) do nº 1 do artigo 1º prova-se pelo assento de nascimento.

2 – É havido como nacional português o indivíduo de cujo assento de nascimento não conste menção da nacionalidade estrangeira dos progenitores ou do seu desconhecimento.

3 – É também havido como nacional português o indivíduo de cujo assento de nascimento conste a menção de os progenitores estrangeiros não se encontrarem ao serviço do respetivo Estado.

4 – A nacionalidade originária dos indivíduos abrangidos pelas alíneas c) e d) do nº 1 do artigo 1º prova-se, consoante os casos, pelas menções constantes do assento de nascimento lavrado por inscrição no registo civil português ou pelo registo da declaração de que depende a atribuição.

5 – A nacionalidade originária dos indivíduos abrangidos pela alínea e) do nº 1 do artigo 1º prova-se pelo assento de nascimento onde conste a menção da naturalidade portuguesa de um dos progenitores e a da sua residência no território nacional.

ARTIGO 22º
Prova da aquisição e da perda da nacionalidade

1 – A aquisição e a perda da nacionalidade provam-se pelos respetivos registos ou pelos consequentes averbamentos exarados à margem do assento de nascimento.

2 – À prova da aquisição da nacionalidade por adoção é aplicável o nº 1 do artigo anterior.

ARTIGO 23º
Pareceres do conservador dos Registos Centrais

Ao conservador dos Registos Centrais compete emitir parecer sobre quaisquer questões de nacionalidade, designadamente sobre as que lhe devem ser submetidas pelos agentes consulares em caso de dúvida sobre a nacionalidade portuguesa do impetrante de matrícula ou inscrição consular.

ARTIGO 24º
Certificados de nacionalidade

1 – Independentemente da existência do registo, podem ser passados pelo conservador dos Registos Centrais, a requerimento do interessado, certificados de nacionalidade portuguesa.

2 – A força probatória do certificado pode ser ilidida por qualquer meio sempre que não exista registo da nacionalidade do respetivo titular.

CAPÍTULO III
Contencioso da nacionalidade

ARTIGO 25º
Legitimidade

Têm legitimidade para interpor recurso de quaisquer atos relativos à atribuição, aquisição ou perda de nacionalidade portuguesa os interessados diretos e o Ministério Público.

ARTIGO 26º
Legislação aplicável

Ao contencioso da nacionalidade são aplicáveis, nos termos gerais, o Estatuto dos Tribunais Administrativos e Fiscais, o Código de Processo nos Tribunais Administrativos e demais legislação complementar.

TÍTULO III
Conflitos de leis sobre a nacionalidade

ARTIGO 27º
Conflitos de nacionalidade portuguesa e estrangeira

Se alguém tiver duas ou mais nacionalidades e uma delas for portuguesa, só esta releva face à lei portuguesa.

ARTIGO 28º
Conflitos de nacionalidades estrangeiras

Nos conflitos positivos de duas ou mais nacionalidades estrangeiras releva apenas a nacionalidade do Estado em cujo território o plurinacional tenha a sua residência habitual ou, na falta desta, a do Estado com o qual mantenha uma vinculação mais estreita.

TÍTULO IV
Disposições transitórias e finais

ARTIGO 29º
Aquisição da nacionalidade por adotados

Os adotados por nacional português, antes da entrada em vigor da presente lei, podem adquirir a nacionalidade portuguesa mediante declaração.

ARTIGO 30º
Aquisição da nacionalidade por mulher casada com estrangeiro

1 – A mulher que, nos termos da Lei nº 2098, de 29 de julho de 1959, e legislação precedente, tenha perdido a nacionalidade portuguesa por efeito do casamento, adquire-a:

a) Desde que não tenha sido lavrado o registo definitivo da perda da nacionalidade, exceto se declarar que não quer adquirir a nacionalidade portuguesa;

b) Mediante declaração, quando tenha sido lavrado o registo definitivo da perda da nacionalidade.

2 – Nos casos referidos no número anterior não se aplica o disposto nos artigos 9º e 10º

3 – Sem prejuízo da validade das relações jurídicas anteriormente estabelecidas com base em outra nacionalidade, a aquisição da nacionalidade portuguesa

nos termos previstos no nº 1 produz efeitos desde a data do casamento, independentemente da data em que o facto ingressou no registo civil português.

ARTIGO 31º
Aquisição voluntária anterior de nacionalidade estrangeira

1 – Quem, nos termos da Lei nº 2098, de 29 de julho de 1959, e legislação precedente, perdeu a nacionalidade portuguesa por efeito da aquisição voluntária de nacionalidade estrangeira, adquire-a:

a) Desde que não tenha sido lavrado o registo definitivo da perda da nacionalidade, exceto se declarar que não quer adquirir a nacionalidade portuguesa;

b) Mediante declaração, quando tenha sido lavrado o registo definitivo da perda da nacionalidade.

2 – Nos casos referidos no número anterior não se aplica o disposto nos artigos 9º e 10º

3 – Sem prejuízo da validade das relações jurídicas anteriormente estabelecidas com base em outra nacionalidade, a aquisição da nacionalidade portuguesa nos termos previstos no nº 1 produz efeitos desde a data da aquisição da nacionalidade estrangeira.

ARTIGO 32º
Naturalização imposta por Estado estrangeiro

É da competência do Tribunal Central Administrativo Sul a decisão sobre a perda ou manutenção da nacionalidade portuguesa nos casos de naturalização direta ou indiretamente imposta por Estado estrangeiro a residentes no seu território.

ARTIGO 33º
Registo das alterações de nacionalidade

O registo das alterações de nacionalidade por efeito de casamento ou por aquisição voluntária de nacionalidade estrangeira em conformidade com a lei anterior é lavrado oficiosamente ou a requerimento dos interessados, sendo obrigatório para fins de identificação.

ARTIGO 34º
Atos cujo registo não era obrigatório pela lei anterior

1 – A aquisição e a perda da nacionalidade que resultem de atos cujo registo não era obrigatório no domínio da lei anterior continuam a provar-se pelo registo ou pelos documentos comprovativos dos atos de que dependem.

2 – Para fins de identificação, a prova destes atos é feita pelo respetivo registo ou consequentes averbamentos ao assento de nascimento.

ARTIGO 35º
Produção de efeitos dos atos anteriormente não sujeitos a registo

1 – Os efeitos das alterações de nacionalidade dependentes de atos ou factos não obrigatoriamente sujeitos a registo no domínio da lei anterior são havidos como produzidos desde a data da verificação dos atos ou factos que as determinaram.

2 – Excetua-se do disposto no número anterior a perda da nacionalidade fundada na aquisição voluntária de nacionalidade estrangeira, a qual continua a só produzir efeitos para com terceiros, no domínio das relações de direito privado, desde que seja levada ao registo e a partir da data em que este se realize.

ARTIGO 36º
Processos pendentes

(*Revogado.*)

ARTIGO 37º
Assentos de nascimento de filhos apenas de não portugueses

1 – Nos assentos de nascimentos ocorridos no território português, após a entrada em vigor da presente lei, de filhos apenas de não portugueses deve mencionar-se, como elemento de identidade do registando, a nacionalidade estrangeira dos progenitores ou o seu desconhecimento, exceto se algum dos progenitores tiver nascido no território português e aqui tiver residência.

2 – Sempre que possível, os declarantes devem apresentar documento comprovativo da menção que deva ser feita nos termos do número anterior, em ordem a demonstrar que nenhum dos progenitores é de nacionalidade portuguesa.

ARTIGO 38º
Assentos de nascimento de progenitores ou adotantes portugueses posteriormente ao registo de nascimento de estrangeiro

1 – Quando for estabelecida filiação posteriormente ao registo do nascimento de estrangeiro nascido em território português ou sob administração portuguesa ou for decretada a sua adoção, da decisão judicial ou ato que as tiver estabelecido ou decretado e da sua comunicação para averbamento ao assento de nascimento constará a menção da nacionalidade dos progenitores ou adotantes portugueses.

2 – A menção a que se refere o número anterior constará igualmente, como elemento de identificação do registado, do averbamento de estabelecimento de filiação ou de adoção a exarar à margem do assento de nascimento.

3 – Quando for estabelecida a filiação, posteriormente ao registo de nascimento, de estrangeiro nascido no território nacional, da decisão judicial ou do ato que a tiver estabelecido, bem como da sua comunicação para averbamento ao registo de nascimento, deve constar a menção da naturalidade do progenitor estrangeiro, nascido no território português, bem como a sua residência ao tempo do nascimento.

ARTIGO 39º
Regulamentação transitória

(*Revogado.*)

ARTIGO 40º
Disposição revogatória

É revogada a Lei nº 2098, de 29 de julho de 1959.

ÍNDICE